车辆电子控制技术

主 编◎石志勇
副主编◎王怀光 韩兰懿

VEHICLE ELECTRONIC CONTROL TECHNOLOGY

北京理工大学出版社
BEIJING INSTITUTE OF TECHNOLOGY PRESS

内 容 简 介

本书对车辆电子控制技术的基础知识进行了介绍，包括车辆电子控制系统用传感器原理和信号调理电路、执行器类型和驱动电路，以及电控单元设计方法。重点介绍了柴油机电控喷油、车辆自动变速控制、车辆主动安全和被动安全等系统的组成和控制策略。

本书可作为车辆工程及相关专业本科生和研究生的教材或参考书，也可作为从事汽车和柴油发动机电控产品开发、维修的技术人员的参考书。

版权专有　侵权必究

图书在版编目（CIP）数据

车辆电子控制技术 / 石志勇主编. —— 北京：北京理工大学出版社，2021.8

ISBN 978－7－5763－0231－8

Ⅰ. ①车… Ⅱ. ①石… Ⅲ. ①汽车－电子控制－高等学校－教材 Ⅳ. ①U463.6

中国版本图书馆 CIP 数据核字（2021）第 172018 号

出版发行 / 北京理工大学出版社有限责任公司
社　　址 / 北京市海淀区中关村南大街 5 号
邮　　编 / 100081
电　　话 /（010）68914775（总编室）
　　　　　（010）82562903（教材售后服务热线）
　　　　　（010）68944723（其他图书服务热线）
网　　址 / http://www.bitpress.com.cn
经　　销 / 全国各地新华书店
印　　刷 / 三河市华骏印务包装有限公司
开　　本 / 710 毫米 × 1000 毫米　1/16
印　　张 / 15.5
字　　数 / 252 千字
版　　次 / 2021 年 8 月第 1 版　2021 年 8 月第 1 次印刷
定　　价 / 68.00 元

责任编辑 / 徐　宁
文案编辑 / 徐　宁
责任校对 / 周瑞红
责任印制 / 李志强

图书出现印装质量问题，请拨打售后服务热线，本社负责调换

前　言

电子控制技术在降低车辆能源消耗、减少污染排放、提高车辆安全性等方面发挥着不可替代的作用，汽车电子化程度已经成为衡量车辆技术性能的重要标志之一。为满足车辆工程本科和机械工程学科研究生培养需求，编者编写本书。

本书从车辆电子控制基础入手，首先对车辆电子控制的基础知识进行了介绍，然后重点介绍了柴油机电控喷油技术、车辆自动变速控制技术、车辆主动安全技术和车辆被动安全技术。车辆电子控制基础知识主要包括：传感器的原理和信号调理电路，执行器的类型和驱动电路，以及电控单元设计相关知识。在发动机电控技术方面，针对目前大部分教材主要介绍汽油机电控、缺少柴油机电控知识的问题，对柴油机电控系统的发展历程、基本理论和基本组成进行了介绍，重点介绍了柴油机电控共轨喷油系统。在自动变速控制技术方面，在介绍自动变速的类型、换挡品质和换挡规律的基础上，重点介绍了液力机械式、电控机械式和机械式无级变速三种自动变速器的组成和控制原理。在主动安全技术方面，主要介绍了为防止车辆发生事故所采取的控制技术，重点介绍了汽车防抱死制动控制技术、驱动防滑控制技术、汽车稳定性控制技术、自适应巡航控制技术、轮胎压力监测技术和车道保持辅助技术。在被动安全技术方面，主要介绍了安全气囊和预紧式安全带组成及控制方法。

本书共分6章，第1章和第3章由石志勇编写，第2章和第4章由王怀光编写，第5章和第6章由韩兰懿编写。

在编写过程中，参考了大量公开出版的同类文献，在此一并表示感谢。

由于编者水平有限，书中难免存在不足和疏漏之处，恳请读者批评指正。

编　者

2021 年 4 月

目 录

第1章 绪论 ·· 001
  1.1 汽车电子控制技术的发展历程 ··· 002
    1.1.1 初级阶段 ··· 003
    1.1.2 大发展阶段 ·· 003
    1.1.3 广泛应用阶段 ··· 003
  1.2 主要电子控制技术 ··· 004
    1.2.1 发动机电子控制技术 ·· 004
    1.2.2 底盘电子控制技术 ··· 006
    1.2.3 车身电子控制系统 ··· 007
  1.3 汽车电子控制技术的发展趋势 ··· 008
    1.3.1 发展集成控制提高整体性能 ·· 009
    1.3.2 优化网络结构提升信息传输能力 ································· 009
    1.3.3 提高智能化水平提供更优质的服务 ······························ 009

第2章 车辆电子控制技术基础 ··· 011
  2.1 车辆控制传感器 ··· 012
    2.1.1 转角传感器 ·· 013
    2.1.2 转速传感器 ·· 017
    2.1.3 压力传感器 ·· 020

2.1.4　空气质量流量计 ·· 023
　　2.1.5　温度传感器 ·· 027
　　2.1.6　氧传感器 ·· 033
2.2　执行器及其驱动电路 ·· 035
　　2.2.1　执行器类型 ·· 036
　　2.2.2　典型功率开关器件及其特性 ·································· 036
　　2.2.3　典型功率驱动电路 ·· 038
　　2.2.4　集成的智能功率驱动芯片 ····································· 043
2.3　电控单元 ·· 047
　　2.3.1　电控单元的输入级 ·· 047
　　2.3.2　电控单元中的微控制器 ·· 052
　　2.3.3　电控单元的输出级 ·· 055
　　2.3.4　电控单元的电源设计 ··· 071

第3章　柴油机电控喷油技术 ··· 075

3.1　柴油机电控喷油系统组成 ··· 076
3.2　柴油机电控喷油系统发展历程 ··· 078
　　3.2.1　第一代电控喷油系统——位置控制式 ····················· 078
　　3.2.2　第二代电控喷油系统——时间控制式 ····················· 082
　　3.2.3　第三代电控喷油系统——电控共轨式喷油系统 ········ 083
3.3　柴油机电控喷油基本理论 ··· 084
　　3.3.1　喷油量控制 ·· 084
　　3.3.2　喷油时间控制 ·· 089
　　3.3.3　喷油压力控制 ·· 091
　　3.3.4　喷油率控制 ·· 092
3.4　电控共轨喷油系统基本组成 ·· 092
　　3.4.1　电子控制系统 ·· 092
　　3.4.2　燃油供给分系统 ·· 094
3.5　典型共轨式喷油系统 ·· 095
　　3.5.1　日本电装公司的 ECD-U2 高压共轨式喷油系统 ······· 095
　　3.5.2　美国 Caterpillar 公司的 HEUI 共轨式液压喷油系统 ··· 102
　　3.5.3　采用压电晶体驱动技术的高压共轨电控喷油系统 ····· 105
3.6　共轨电控喷油系统的控制策略 ··· 109
　　3.6.1　喷油压力控制技术 ·· 109

目　录

  3.6.2　喷油量控制技术 …………………………………………… 113
  3.6.3　喷油率控制技术 …………………………………………… 115
  3.6.4　喷油定时控制 ……………………………………………… 120

第4章　车辆自动变速控制技术 ……………………………………… 123

4.1　概述 ………………………………………………………………… 124
  4.1.1　自动变速的类型 ……………………………………………… 124
  4.1.2　换挡品质 ……………………………………………………… 125
  4.1.3　换挡规律 ……………………………………………………… 127

4.2　液力机械式自动变速系统 ………………………………………… 130
  4.2.1　概述 …………………………………………………………… 130
  4.2.2　液力变矩器 …………………………………………………… 133
  4.2.3　辅助变速器 …………………………………………………… 137
  4.2.4　液压系统 ……………………………………………………… 140
  4.2.5　电子控制系统 ………………………………………………… 146

4.3　电控机械式自动变速系统 ………………………………………… 155
  4.3.1　系统组成 ……………………………………………………… 155
  4.3.2　离合器控制 …………………………………………………… 156
  4.3.3　选挡与换挡控制 ……………………………………………… 159
  4.3.4　油门控制 ……………………………………………………… 160

4.4　机械式无级变速系统 ……………………………………………… 162
  4.4.1　CVT的基本概念 ……………………………………………… 162
  4.4.2　CVT的组成及原理 …………………………………………… 163
  4.4.3　CVT控制系统 ………………………………………………… 167

第5章　车辆主动安全技术 …………………………………………… 171

5.1　车辆路面附着性能 ………………………………………………… 172
  5.1.1　车轮运动状态的描述 ………………………………………… 172
  5.1.2　车轮附着系数 ………………………………………………… 173
  5.1.3　附着系数与滑移率、滑转率的关系 ………………………… 175

5.2　汽车防抱死制动控制技术 ………………………………………… 175
  5.2.1　ABS的组成及原理 …………………………………………… 175
  5.2.2　ABS的类型 …………………………………………………… 180
  5.2.3　ABS控制算法 ………………………………………………… 184

5.3 驱动防滑控制技术 ·················· 189
5.3.1 驱动防滑基本原理 ················ 189
5.3.2 驱动防滑控制方法 ················ 191
5.3.3 典型 ARS 结构组成与工作原理 ·········· 202
5.4 汽车稳定性控制技术 ·················· 203
5.4.1 基本原理 ···················· 203
5.4.2 车辆稳定性控制系统组成及工作原理 ······· 204
5.5 自适应巡航控制技术 ·················· 207
5.5.1 ACC 系统的功能 ················ 207
5.5.2 ACC 系统的基本组成 ·············· 207
5.5.3 ACC 系统的工作原理 ·············· 208
5.5.4 ACC 系统的毫米波雷达技术 ··········· 209
5.5.5 主动避撞控制技术 ················ 211
5.6 轮胎压力监测技术 ··················· 217
5.6.1 轮胎气压对汽车性能的影响 ············ 217
5.6.2 轮胎压力监测系统的类型 ············· 218
5.6.3 轮胎压力监测系统组件 ·············· 222
5.6.4 TPMS 的发展趋势 ················ 223
5.7 车道保持辅助系统 ··················· 223
5.7.1 分类和组成 ··················· 223
5.7.2 工作原理 ···················· 224
5.7.3 功能 ······················ 224

第 6 章 车辆被动安全技术 ················· 227
6.1 概述 ························· 228
6.2 安全气囊 ······················ 229
6.2.1 安全气囊保护原则 ················ 229
6.2.2 安全气囊系统的组成 ··············· 230
6.2.3 安全气囊系统工作原理 ·············· 234
6.3 安全带 ······················· 235
6.3.1 预紧式安全带作用原理 ·············· 236
6.3.2 锁扣预紧器 ··················· 236
6.3.3 卷收器预紧器 ·················· 236

参考文献 ·························· 238

第 1 章

绪 论

车辆电子控制技术是为解决车辆能源、环境保护和交通安全等社会问题，提高其动力性、经济性、安全性、舒适性、操纵性、通过性与排放等性能而采取的电子控制技术。它将以计算机为代表的微电子技术、信息技术引入汽车工业领域，使传统汽车机械系统与电子技术、信息技术相融合，实现汽车产品的电子数字化、网络信息化和控制智能化，满足人们对汽车"安全、舒适、方便、节能、环保"的要求。

电子控制技术的广泛应用，更新了传统的汽车概念。传统的汽车主要是一个机械系统，现代汽车是一个机械电子体系，现代汽车正在成为机电一体化、多种高新技术综合集成的载体。可以形象地说，现代汽车是车轮上的计算机。传统汽车工程学科的基础是力学、机械工程、材料科学；现代汽车工程除了上述学科之外，电子学、计算机、自动控制、信息技术、互联网技术正在快速向汽车工业渗透并成为现代汽车的支撑学科。

|1.1 汽车电子控制技术的发展历程|

自1886年发明以来，经过100多年的发展，汽车已经成为国民经济和国防建设的重要组成部分，也是人们日常生活不可或缺的交通工具。环保、能源和安全意识的不断提高，对汽车能耗、排放和安全性、舒适性提出了更高的要求，机械控制的局限性不断显现。电子技术、控制技术和信息技术的发展，为提高汽车性能提供了技术支撑。目前，电子控制技术在车辆中应用的广泛程度已经成为衡量汽车性能的重要指标。回顾车辆电子控制技术的发展,可以分为三个阶段。

1.1.1 初级阶段

20世纪60年代中期至20世纪70年代末期,随着半导体技术的发展,硅二极管整流器和晶体管在电源系统中得到应用,汽车电源性能明显改善,发电机体积缩小,电源电压稳定度提高。晶体管点火装置提高了点火能量,改善了发动机的经济性。随着集成电路技术的发展,电子燃油喷射(EFI)控制系统、巡航控制系统和防抱死制动系统(anti-lock braking system,ABS)陆续诞生,但这些新技术的应用,存在的共同问题是价格昂贵、可靠性差,复杂的电路使它们的维修费用也很高。

1.1.2 大发展阶段

20世纪70年代末至90年代中期,大规模集成电路和超大规模集成电路技术的快速发展,特别是微处理器的广泛应用,极大地推动了汽车电子控制技术的进步。自动变速箱的微型计算机控制系统,改善了汽车换挡时的平稳性,使汽车的使用油耗大幅度降低。牵引力控制系统(TCS)帮助车辆在光滑的道路表面上加速;在恶劣的驾驶条件下,防抱死制动系统可以保证汽车良好的制动性能;装有四轮转向系统的车辆,在陷入一个狭窄的空间或拐角里时,控制系统可以准确地操纵前、后轮,使车辆摆脱困境;电子控制悬架系统可以改善车辆的舒适性和操纵性。在车内,电子装置已经用来大幅改善乘员的舒适性和方便性。许多汽车都配置了电操纵的座椅、后视镜、遮阳顶篷和车窗等。安全气囊已被证明是保证驾驶员和乘员生命安全非常重要的安全设备。

1.1.3 广泛应用阶段

20世纪90年代以后,汽车电子控制技术几乎渗透到了汽车的各个组成部分。汽车电子控制技术成为提高和改善汽车性能的主要途径。在此期间,各种控制系统的功能进一步增强,性能更加完善。

(1)动力控制方面。在发动机管理系统(engine management system,EMS)的基础上,增加了变速器控制功能,拓展为动力传动控制模块(powertrain control module,PCM)。

(2)汽车主动安全控制方面。在防抱死制动系统的基础上,增加驱动防滑系统(acceleration slip regulation system,ASR)控制的功能。车辆稳定性控制(vehicle stable control,VSC)的应用提高了车辆操作稳定性,可以保证车辆根据驾驶员的意图进行转弯,避免车辆冲出车道。

(3) 被动安全控制方面。发展了主动安全带和安全气囊的综合控制技术。

(4) 改善驾驶员劳动强度和保障行车安全方面。在传统的巡航控制系统的基础上,出现了智能巡航控制(也称自适应巡航控制,adaptive cruise control,ACC),其控制项目包括防抱死制动、牵引力控制及车辆稳定性控制等。驾驶员即使没有踩制动踏板,智能巡航控制也能在必要的时刻自动完成汽车制动操作,以保证安全。

此外,在汽车内部环境的人性化设计方面、无线网络通信技术、防盗报警系统和车载防撞雷达等电子装置,都得到了进一步的开发和应用。

1.2 主要电子控制技术

目前,电子控制技术已渗透到车辆的各个组成部分,成为提高车辆性能的主要技术手段。图 1-1 显示了电子控制技术在汽车中的应用情况。根据控制对象的不同,电子控制技术可以分为发动机电子控制技术、底盘电子控制技术和车身电子控制技术。

1.2.1 发动机电子控制技术

发动机电子控制技术通过对发动机点火、喷油、空气与燃油的比率、排放废气等进行电子控制,使发动机在最佳工况状态下工作,以达到提高整车性能、节约能源、降低废气排放的目的。

1. 燃油喷射控制

燃油喷射控制根据进气量确定基本喷油量,再根据其他传感器(如冷却液温度传感器、节气门位置传感器等)信号等对喷油量进行修正,使发动机在各种运行工况下均能获得最佳浓度的混合气,从而提高发动机的动力性、经济性和排放性。

2. 点火控制

点火控制根据发动机的工况对点火提前角进行适时控制,因而可获得混合气的最佳燃烧,从而能最大限度地改善发动机的高速性能,提高其动力性、经济性,减少排气污染。

第1章 绪 论

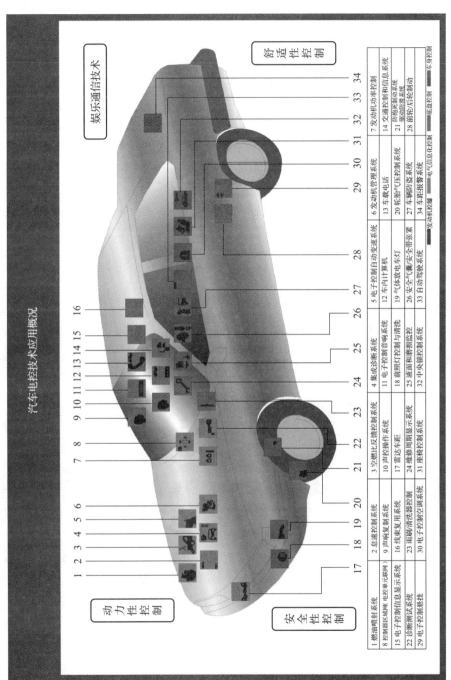

图1-1 汽车中的电子控制技术

3. 排放控制

排放控制通过对发动机排放控制装置的工作进行电子控制,降低发动机排放,提高发动机效率。其包括废气再循环(EGR)技术、催化转化技术、二次空气喷射技术和燃油蒸汽回收技术等。

4. 怠速控制

怠速控制通过怠速旁通空气道,对发动机的怠速转速进行控制,使发动机在内部阻力矩不断变化的情况下,运转更平稳,排放更好。

5. 增压控制

增压控制通过将空气预先压缩,增大气体密度供入气缸,增加进气质量,增加循环供油量,从而可以增加发动机功率和扭矩,提高燃烧效率,提高使用经济性。

6. 汽车巡航控制

在一定的车速范围内,当汽车受到干扰外力时,汽车巡航系统允许驾驶员不用控制加速踏板,而是通过该控制系统自动调整节气门开度,从而使汽车按设定的车速恒速行驶。

1.2.2 底盘电子控制技术

1. 电子控制自动变速系统

电子控制自动变速系统根据发动机的载荷、转速、车速、制动器工作状态及驾驶员意图,自动地按照换挡特性改变变速比,实现变速器换挡的最佳控制,大大减轻驾驶员的劳动强度,提高汽车行驶的机动性和越野性。

目前用于车辆传动的电子控制自动变速系统有电控液力自动变速器、电控机械式自动变速器(automatic mechanical transmission,AMT)、双离合器自动变速器(dual clutch transmission,DCT)和在输入轴转速不变情况下输出轴转速可以在一定范围内连续变化的无级变速器。

2. 防抱死制动系统

在汽车制动过程中,防抱死制动系统自动调节车轮的制动力,防止车轮抱死滑移,从而获得最佳制动性能(缩短制动距离、增强转向控制能力、提高行驶稳定性），减少交通事故。

3. 驱动轮防滑转调节系统

驱动轮防滑转调节系统也称牵引力控制系统，主要功能是在车轮开始滑转时，通过降低发动机的输出转矩或增大滑转驱动轮上的阻力，来减小传递给驱动车轮的驱动力，防止驱动力超过轮胎与路面之间的附着力，从而提高车辆的通过性以及起步、加速时的安全性。

4. 车身稳定性控制系统

车身稳定性控制系统也称车身动态稳定性控制系统，其主要功能是当出现跑偏或侧滑现象，汽车将要丧失稳定性时，通过及时减少驱动力或对某一车轮施加制动力而产生横摆力矩来平衡汽车的横向运动，使汽车回到稳定行驶工况。

5. 电控动力转向系统

电控动力转向系统根据车速或发动机转速来改变动力放大倍数，可使汽车在停车或低速行驶时转动方向盘所需的力减少；而当汽车高速行驶时，能保证最佳传动比和稳定的手感，从而提高高速行驶时的稳定性。

6. 电子调节悬架系统

电子调节悬架系统也称电子控制悬架系统，其主要功能是通过控制调节悬架的刚度和减震器阻尼，突破传统被动悬架的局限区域，使汽车的悬架特性与行驶的道路状况相适应，使平顺性和操纵性的要求能同时得到满足。

7. 轮胎压力监测系统

轮胎压力监测系统（tire pressure monitoring system，TPMS）属于主动型安全系统，它能在汽车行驶时实时地对轮胎气压进行自动监测，可在轮胎出现漏气和低气压等危险征兆时及时预警，将事故消灭在萌芽状态，从而保障行车安全。

1.2.3 车身电子控制系统

1. 安全气囊系统

安全气囊系统（supplemental restraint system，SRS）也称辅助乘员保护系

统。它是一种被动安全装置，当汽车遭到冲撞而急剧减速时，缓冲垫很快膨胀起来，能保护车内乘员不致撞到车厢内部，从而减轻了乘员的伤害程度。

2. 安全带紧急收缩触发系统

安全带紧急收缩触发系统也是一种被动安全装置，通常与安全气囊系统协同工作。SRTS（座椅安全带紧急收缩触发系统）可在汽车发生碰撞时，立刻收紧安全带，从而限制或减缓乘员因惯性发生的前冲，对乘员进行有效的保护，使得驾乘人员向前移动的距离缩短，防止其胸部、脸部和方向盘、风窗玻璃、仪表板等相撞，达到保护的目的。

3. 座椅位置调节系统

座椅位置调节系统通过对汽车座椅进行高度调节、水平位置调节以及座椅靠背倾角的调节，使汽车座椅的调节能够更加简单、方便、快捷。

4. 碰撞警示和预防系统

当与周围的车或障碍物距离过近时，碰撞警示和预防系统通过类似于刹车灯的警示灯亮起，提醒驾驶员注意。如果驾驶员未能对警告做出反应，该系统判定即将发生碰撞，汽车会自动激活全力自动刹车。

5. 中央门锁控制系统

中央门锁控制系统具有锁门控制、开门控制、防止钥匙遗忘、行李舱门开启器控制等多种功能。

6. 自适应前照灯照明系统

自适应前照灯照明系统根据汽车转向而自适应改变照射角度，给出最佳的照明方式，为安全驾驶提供有力保障。

1.3 汽车电子控制技术的发展趋势

据公安部统计，2020年我国机动车保有量达到3.72亿辆，其中汽车保有量为2.81亿辆，同年，美国汽车保有量与我国相当，全球汽车保有量将是一个巨大的数字。面对如此庞大的汽车数量，汽车技术的发展必须面对能源需求、环境保护和行驶安全等问题。随着电子技术、控制技术、信息技术,特别是人工智能技术的发展,汽车电子控制技术将进一步提高集成化、网络化和智能化水平。

1.3.1 发展集成控制提高整体性能

集成控制的目的是对各系统进行综合控制,使车辆的整体性能进一步优化。目前,随着计算机技术的发展,集成控制技术已经得到应用,如前所述,发动机管理系统集成变速器控制功能,拓展为动力传动控制模块;防抱死制动系统与驱动防滑系统、车辆稳定性控制系统结合提高了车辆主动安全性。随着传感器技术、网络技术和计算机技术的进一步发展,集成控制将进一步发展,控制器通过复杂的控制运算,对各子系统进行协调,将车辆经济性、动力性、安全性和舒适性提高到一个更高的水平。

1.3.2 优化网络结构提升信息传输能力

电子控制系统控制功能的发展和优化,必然要求更多的传感器采集车辆工作状态、驾驶员意图和环境信息,以及道路气象等信息,更多执行机构完成控制功能,需要传输的信息将急剧增加。网络通信能力将是制约控制系统性能的重要因素。下一代车辆控制局域网对通信速率、容错能力提出更高的要求,TTP/C 和 FlexRay 有望取代目前广泛应用的 CAN(控制器局域网络)总线。光纤凭借其高的传输速率和抗干扰能力,可能被用作高速信息传输介质。

1.3.3 提高智能化水平提供更优质的服务

智能汽车是一个集环境感知、规划决策、多等级辅助驾驶等功能于一体的综合系统,集中运用了计算机、现代传感、信息融合、通信、人工智能及自动控制等技术,是典型的高新技术综合体。它将电子仪表系统与无线通信技术完美结合,使驾驶员不仅可得到汽车运行状态信息,还可与智能交通信息网络、汽车服务与援救网络等进行信息交流,并获得帮助。红外摄像、微波雷达、激光雷达、超声波测距等传感器的应用,将会使汽车电子控制系统的"眼睛"更亮,汽车行车间距自动控制、障碍物监测和报警、汽车跑偏自动纠正和报警、驾驶员困倦和酒后提醒及报警等控制功能将会成为汽车通常的功能配备,这些电子控制技术的应用,可使汽车的行驶安全性、乘坐舒适性等有更充分的保障。

汽车、交通智能化代表着未来汽车和未来交通系统的发展方向。

第 2 章

车辆电子控制技术基础

2.1 车辆控制传感器

根据国家标准 GB/T 7665—2005，传感器（transducer/sensor）被定义为：能感受被测量并按照一定的规律转换成可用输出信号的器件或装置，通常由敏感元件和转换元件组成。在车辆中，传感器主要用于感受系统或部件工作状态，如温度、压力等，或感受驾驶员操作意图，如加速、制动等。

在现代汽车中通常包含几十个传感器，根据用途不同，其大致分为如下几种。

（1）温度传感器：冷却水、排出气体（催化剂）、吸入空气、发动机机油、自动变速器液压油、车内外空气。

（2）压力传感器：进气歧管压力、大气压力、燃烧压力、发动机油压、自动变速器油压、制动压、各种泵压、轮胎压力。

（3）转速传感器：曲轴转角、曲轴转速、方向盘转角、车轮速度。

（4）速度、加速度传感器：车速（绝对值）、加速度。

（5）流量传感器：吸入空气量、燃料流量、废气再循环量、二次空气量、制冷剂流量。

（6）液量传感器：燃油、冷却水、电解液、洗窗液、机油、制动液。

汽车传感器的工作环境恶劣，温度变化范围大，需要承受剧烈的振动冲击。

(1) 使用温度：车内 -40~80 ℃，发动机室内 120 ℃，发动机机体上和制动装置上高达 150 ℃。

(2) 振动负载：车身频率为 10~200 Hz，承受力为 10 g，在发动机机体上频率为 10~2 000 Hz，承受力为 40 g（在不合适的位置上达 100 g），在车轮上达 100 g。

(3) 干扰电磁场：在 500 kHz~1 GHz 频率范围内达 200 V/m，在 100 kHz~750 MHz 频率范围达 300 V/m。

(4) 污染：在汽车内较少，在发动机箱内和驱动轴上则非常严重。

(5) 湿度：10%~100% RH，-40~120 ℃。

2.1.1 转角传感器

车辆电子控制系统中很多地方都用到转角的测量，如加速踏板、电子节气门传感器、方向盘转角传感器等。转角测量传感器根据基本原理可以分为电位器式、霍尔效应和光电式。

1. 电位器式转角测量传感器

这种传感器基本的工作原理就是可变电阻器的工作原理，如图 2-1 所示。它由一个电阻体和一个转动系统组成。当电阻体的两个固定触点之间外加一个电压 U_0 时，通过转动系统改变动触点在电阻体上的位置，在动触点与任何一个固定触点之间便可以得到一个与动触点位置成一定关系的电压。

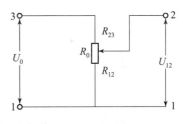

图 2-1 可变电阻器

电位器大多是做分压器用，这时电位器是一个四端元件。当调节电位器的转轴时，动触点随之移动，在输出端就可以得到平滑连续变化的输出电压。

这种电位器式转角测量传感器输出电压与转角之间的关系在生产时经过标定。

电子节气门传感器采用电位器测量节气门开度，如图 2-2 所示，其中包含有两个独立的位置传感器。一个传感器（主传感器，电位计1）的输出随节气门角度的增大而增大；另外一个传感器则随节气门角度的增大，其输出线性减小，如图 2-3 所示。利用两个传感器一方面可以相互进行故障诊断，另一方面也可以通过冗余提高控制系统的可靠性。图 2-2 所示的传感器在设计中，为了保证电位计的检测电刷和电阻的接触，将检测电刷设计为多钢丝组成的多触头以及具有良好弹性的电刷，以提高抗振性能和耐磨性能。

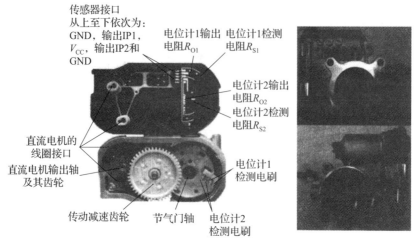

图 2-2　电子节气门的两个位置传感器照片

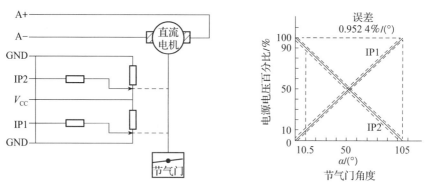

图 2-3　电子节气门的两个位置传感器的接线定义和输出特性曲线

2. 霍尔效应转角测量传感器

霍尔效应是美国科学家霍尔在 1879 年发现的一种物理效应。它的具体原理可用图 2-4 来说明。

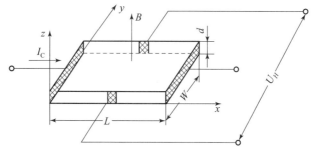

图 2-4　霍尔效应原理示意图

第 2 章 车辆电子控制技术基础

在一个长度为 L、宽度为 W、厚度为 d 的长方形半导体片上，沿长度方向和宽度方向端面分别制上电极。当在长度方向（x 轴）上通过直流电流 I、在厚度方向（z 轴）上施加磁感应强度为 B 的磁场时，那么在宽度方向（y 轴）上就会产生电位差 U_H，这种现象就称为霍尔效应。

可以推导得

$$U_H = \frac{R_H}{d} I \cdot B \qquad (2-1)$$

从式（2-1）可知，霍尔电压 U_H 与输入电流 I 和磁感应强度 B 都呈线性关系。而这种线性关系可构成三种传感器的应用方式。

（1）当输入控制电流 I 保持不变时，传感器的输出就正比于磁感应强度。因此，凡是能转化成磁感应强度 B 变化的物理量，都可以测量。如位移、角度、转速。

（2）当磁感应强度 B 保持不变时，传感器的输出则正比于输入控制电流 I。因此，凡是能转化为电流变化的物理量，都可以进行测量。

（3）由于传感器的输出正比于输入控制电流 I 和磁感应强度 B 的乘积，所以凡是可以转化为乘法或功率方面的物理量，也都可以测量。

霍尔元件式加速踏板位置传感器利用的正是上述第一个特性的。日本电装公司 ECD-U2 共轨电控喷油系统中应用的就是这种加速踏板位置传感器，如图 2-5 所示。与加速踏板联动的轴上装有磁铁。当轴旋转时，改变了轴与霍尔元件之间的相对位置，从而改变了作用在霍尔元件上的磁场强度，结果使霍尔元件的输出电压也变化。测量此电压就可测得加速踏板的角位移。

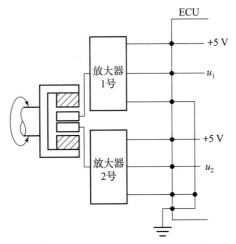

图 2-5 霍尔元件式加速踏板位置传感器

3. 光电式转角测量传感器

光电式转角测量传感器可以分为绝对位置光电编码器和相对位置光电编码器。

1) 绝对位置光电编码器

绝对位置光电编码器可以用来测量绝对位置。如图 2-6 所示，光线由光源经过编码半圆到采样盘，被光电管接收。每一个光电管对一个编码盘上的一个轨道，因此一个分辨率为 2^n 的光电传感器，一共需要 n 个光电管和 n 路轨道，检测轴的每个位置对应唯一的一个编码。这种绝对位置传感器的优点是：精度好，抗干扰能力强；缺点是：需要多个编码盘的轨道和光电管，结构复杂，而且成本高，目前应用较少。

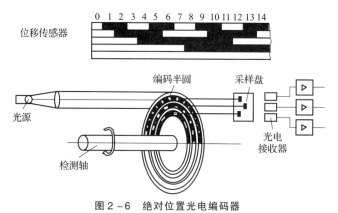

图 2-6 绝对位置光电编码器

2) 相对位置光电编码器

相对位置光电编码器如图 2-7 所示，由光源、直线光栅、采样板和 4 个光电二极管组成；为了确定传感器的初始位置，还有一个参考位置和辅助光栅及辅助光电管。

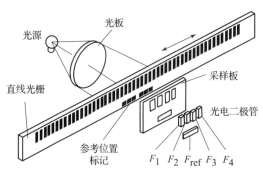

图 2-7 相对位置光电编码器

方向盘转角传感器也可以采用光电传感器。典型的方向盘转角传感器如图2-8所示。

2.1.2 转速传感器

转速传感器主要用于发动机转速或车轮转速的测量。基于工作原理，转速传感器可以分为磁电式、霍尔效应式。它们都是采用传感器和测速齿轮之间的相互作用来测量转速。

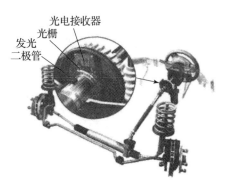

图2-8 典型的方向盘转角传感器

1. 磁电式转速传感器

磁电式转速传感器由永磁铁定子、线圈和转子组成，如图2-9所示。触发轮（或信号盘）与曲轴同步旋转，在其外圆上加工了若干齿（可为凸齿或凹齿），传感器固定在机体上，其磁头与触发轮的齿保持有 0.5~1.2 mm 的间隙。当发动机旋转时，触发轮的齿依次通过磁头，使磁隙不断发生变化。当触发轮转至与齿顶相对时，磁隙最小，磁回路中磁阻最小；当触发轮转至齿槽时，磁隙最大，磁回路中磁阻最大。通过感应线圈绕组的磁通也不断发生变化，从而在线圈的两端产生了交变的感应电动势。交变电动势的频率与发动机转速成正比。

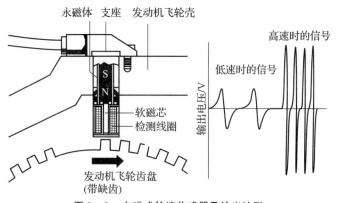

图2-9 电磁式转速传感器及输出波形

这种磁感应式传感器的突出优点是不需要外加电源，永久磁铁起着将机械能变换为电能的作用，其磁能不会损失。当发动机转速变化时，转子凸齿转动的速度将发生变化，铁芯中的磁通变化率也将随之发生变化。转速越高，磁通变化率就越大，传感线圈中的感应电动势也就越高，传感器输出信号的电压值随之升高，所以有时又称为可变磁阻感应器。该传感器有足够振幅的最低转速为 50 r/min。

磁电式转速传感器输出信号整形可以采用集成电路 NCV1124，该电路是一款双通道磁电式传感器接口集成电路芯片，对可变磁阻式传感器的信号处理有较好的效果。该芯片内部有集成的动态钳位电路，可以将不同的输入信号的电压钳位到一定范围值，图 2 - 10 为可变磁阻传感器调理电路。

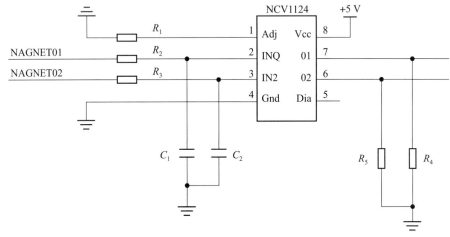

图 2 - 10 可变磁阻传感器调理电路

2. 霍尔效应转速传感器

与磁电式转速传感器相比，霍尔效应转速传感器输出信号有两个突出优点：一是输出电压信号近似于方波信号；二是输出电压高低与被测物体的转速无关。霍尔效应传感器与磁电感应式传感器不同的是需要外加电源。

霍尔信号发生器的示意图如图 2 - 11 所示。整个装置含有一个触发轮和一个传感器。

触发轮 2 带若干叶片，通常装在曲轴上，随发动机旋转。传感器含一个永久磁铁 3 和一个霍尔元件 4，两者固定在同一底板上，其间的空气间隙可让旋转的触发轮叶片通过。当叶片不在气隙中，永久磁铁的磁通就穿过霍尔元件，产生霍尔电压。当叶片进入气隙时，磁场被叶片旁路，霍尔电压为零。随着触发轮的不断旋转，间隙产生的霍尔电压信号形成曲轴转速信号。该信号的频率与发动机转速成正比。

霍尔效应转速传感器可以采用图 2 - 12 所示电路进行调理。

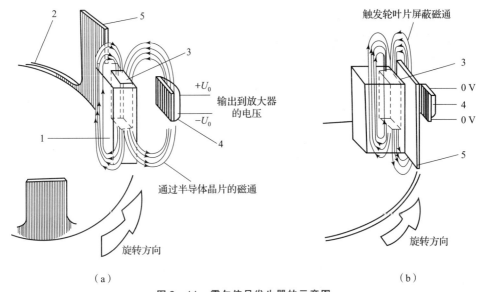

（a） （b）

图2-11 霍尔信号发生器的示意图

（a）霍尔电压高电平；（b）霍尔电压低电平

1—支撑座；2—触发轮；3—永久磁铁；4—霍尔元件；5—触发轮叶片

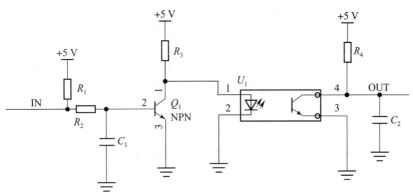

图2-12 霍尔效应转速传感器调理电路

3. 瞬时转速的测量方法

目前瞬时转速的测量装置已有多种形式，其中最具代表性的有两种类型。

第一种类型如图2-13所示，先把转速传感器（如磁电式）的电压波形（为正弦信号）通过频—压转换，把传感器的信号频率（代表转速）转化为电压量，再进行带通滤波，去掉不必要的高频分量和低频分量。利用外部采样电路产生的采样脉冲，把代表转速的电压量送入微控制器，微控制器通过A/D测量瞬时转速。这是一种通过模拟信号处理的方法完成采样的方法，其中滤波器是通过硬件电路来实现的，可称为模拟采样法。这种方法的难点在于外部采样电路的触发频率必须与发动机的工作频率同步，而由于平均转速是变化的，采样电路的触发频率也应是变化的。

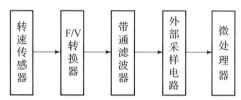

图 2-13　采用频压转换和数模转换的测量方式

第二种类型为图 2-14 所示的转速测量方法。转速传感器的信号首先通过触发电路成为方波脉冲，一个独立的高频时钟发生器和计数电路能够通过计数脉冲的方式计算时间。代表转速的方波脉冲通过定时电路控制计数电路的运行，使计数电路能够准确计量转速方波之间的计数脉冲（即时间）。微控制器通过数据总线直接读取计数脉冲的个数，从而计算出转速。显然，这是一种通过数字信号处理的方法来完成采样的方法，可称为数字采集法。

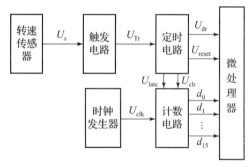

图 2-14　采用高频计数脉冲的测量方法

U—电压信号；d—数字信号

上述两种采集方法，第一种方法的缺点在于滤波器采用硬件设计，因此显得不灵活，当发动机转速改变时，采样电路的触发频率和滤波器的参数只能随着发动机工作频率的改变而改变，才能获得相对于发动机工作频率的瞬时转速信号。因此，第一种方法虽然看似简单，实际上对瞬时转速的分析和测量有较大的困难。数字采集方法虽相对复杂，但由于整个处理过程均基于数字信号，抗干扰能力强，测量精度易保证。

2.1.3　压力传感器

压力传感器的功用是将气体或液体的压力转换为电信号。大多数压力传感器都是基于压阻效应。所谓压阻效应就是固体受外力作用后，电阻率将发生显著变化的现象。

设有一根长为 l、半径为 r、截面积为 A、电阻率为 ρ 的金属丝，其起始电阻为 R，于是有

$$R = \rho \frac{l}{A} \qquad (2-2)$$

对式（2-2）进行微分可得

$$\frac{dR}{R} = \frac{dl}{l} - 2\frac{dr}{r} + \frac{d\rho}{\rho} \qquad (2-3)$$

式中，dR/R 为金属丝电阻的相对变化，即电阻变化率；$d\rho/\rho$ 为电阻率的相对变化；dl/l 为金属丝轴向长度的相对变化，即轴向应变；dr/r 为金属丝径向的相对变化，即径向应变。

式（2-3）表明了金属丝的电阻变化率的规律。将此式用于半导体材料时，式中的 dl/l 和 dr/r 两项很小，即几何尺寸的变化率很小，而电阻率的变化率 ρ 很大，故半导体电阻的变化率主要由 $d\rho/\rho$ 项引起的，即对于半导体材料，电阻的变化率

$$\frac{dR}{R} \approx \frac{d\rho}{\rho} \qquad (2-4)$$

如果引用 $\dfrac{d\rho}{\rho} = \pi\sigma$，则

$$\frac{dR}{R} = \frac{d\rho}{\rho} = \pi\sigma \qquad (2-5)$$

式中，π 为压阻系数，$m^2 \cdot N^{-1}$；σ 为应力，Pa。

式（2-5）说明，半导体材料受力变形后，电阻的变化率 dR/R 主要由 $d\rho/\rho$ 引起，这就是压阻式传感器所依据的原理。

由于半导体材料是各向异性材料，它的压阻效应与晶向有关，因而一般表达为

$$\frac{dR}{R} = \pi_r \sigma_r + \pi_t \sigma_t \qquad (2-6)$$

式中，π_r、π_t 分别为纵向、横向压阻系数；σ_r、σ_t 分别为纵向、横向应力。

半导体应变片正是基于此原理而制成的。使用应变片时，测量电路都是电桥，所以用半导体应变片做的传感器都是将应变片和 4 个桥臂连接在一起的。将半导体材料按一定晶向切成薄片，用它作为基底，类似于应变式传感器的弹性元件，加工成薄片、圆柱形、杯形等形状。再用渗透和光刻的办法，按不同方向扩散上电阻。将这些电阻连接成电桥的 4 个臂，组合成传感器，这就是压阻式传感器。压阻式压力传感器的结构如图 2-15 所示。

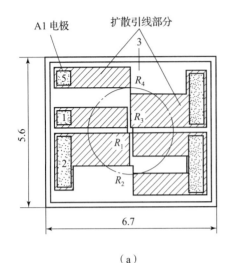
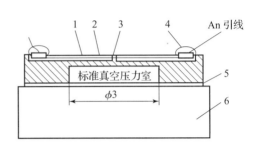

图 2-15 压阻式压力传感器的结构

(a) 传感器结构；(b) 膜片结构

1—硅振动膜；2—SiO2 保护膜；3—应变仪；
4—硅橡胶；5—玻璃黏结剂；6—玻璃晶体

固态压阻式传感器的等臂电桥有两种设计形式：一种是将惠斯通电桥的两相对臂电阻分别设计在同一硅片、同一晶向的正负应力区，使其平均应力相等，因此有 $\Delta R_1 = \Delta R_3 = -\Delta R_2 = -\Delta R_4$，传感器有相当好的线性度。另一种是将两相对臂设计在互相垂直的晶向上，使其受到两个相反的力，结果与上面一样。

压阻式传感器有它突出的优点，具体如下。

(1) 体积小。压阻式传感器的体积比同功能其他原理的传感器小一个数量级，是微型化的传感器。

(2) 精度高。压阻式传感器的综合精度高达 0.5‰，大批量生产中一般都可达 0.2% 的精度，这是由它的固有特性决定的。

(3) 优良的频率特性。首先是它的频响很高，这是由于半导体材料硅具有很高的弹性系数，同时应变部分体积小，特别适于测量瞬态信号。

(4) 压阻式传感器还具有良好的静态特性，能长期稳定地工作在超低频和静态情况下。

另外，压阻式传感器还克服了半导体具有很高的温度系数这一弱点，利用惠斯通电桥原理的自补偿方法和其他的补偿技术可有效地解决这个问题。所以，压阻式传感器的长期稳定性也得到了解决。

压阻式压力传感器芯片上的 4 个扩散电阻，常接成惠斯通电桥的形式，使输出信号与被测量成正比。为使电桥的灵敏度最大,将一对增加的电阻对接,将另一对减少的电阻对接,如图 2-16 所示。电桥常采用两种供电方式:恒压源供电和恒流源供电。

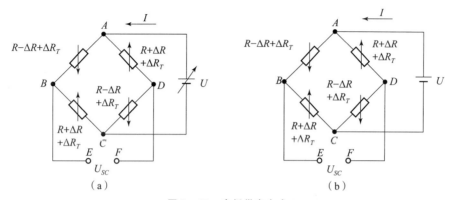

图 2-16 电桥供电方式
(a) 恒压源供电;(b) 恒流源供电

对于恒压源供电方式而言

$$U_{SC} = \frac{U \Delta R}{R + \Delta R_T} \qquad (2-7)$$

若 $\Delta R_T = 0$,即没有温度影响,则

$$U_{SC} = \frac{U \Delta R}{R} \qquad (2-8)$$

由式(2-8)可知,电桥输出电压与 $\Delta R/R$ 成正比,即与被测量成正比;同时与电源电压 U 成正比,也就是该电桥的输出与电源电压的大小与精度有关。若 $\Delta R_T \neq 0$,由式(2-7)可知,输出电压与温度有关。恒压源供电不能消除温度的影响,这是它的缺点。但多个传感器使用时,供电简便。

对于恒压源供电方式而言

$$U_{SC} = \frac{1}{2}I(R + \Delta R + \Delta R_T) - \frac{1}{2}I(R - \Delta R + \Delta R_T) = I \Delta R \qquad (2-9)$$

电桥的输出电压与电阻的变化量成正比,同时也与电源电流成正比,因此电桥的电压输出与恒流源的电流大小和精度有关。恒流源供电时,电桥的输出与温度无关,这是它的主要优点。但恒流源供电,最好一个传感器配备一个电源。

2.1.4 空气质量流量计

空气质量流量计是汽油发动机电控系统不可缺少的重要部件,通过其测量进气量，从而决定喷油量。空气质量流量计在早期的柴油机电控喷油系统中未被采用，但现在为优化柴油机燃烧、有效控制排放，尤其采用废气再循环后，都需要知道进气的质量流量。早期的空气质量流量计还包括卡门涡流式和页板式，目前用得比较多的是热线式空气流量计和热膜式空气流量计。

1. 热线式空气流量计

1）结构

热线式空气流量计由感知空气流量的铂金热线、根据进气温度进行修正的温度补偿电阻（冷线）、控制热线电流并产生输出信号的控制线路板，以及空气流量计的壳体组成。根据铂金热线在壳体内安装的部位不同，其可分为主流测量方式和旁通测量方式两种结构形式。

图 2-17 为采用主流测量方式的热线空气流量计的结构，取样管 2 置于主空气通道中央，两端有金属防护网 1，防护网用卡箍固定在壳体上，取样管由两个塑料护套和一个热线支承环构成。热线为线径 70 μm 的铂金丝，布置在支承环内，其阻值随温度变化，是惠斯通电桥电路的一个臂 R_H（图 2-18）。热线支承环前端的塑料护套内安装一个铂金薄膜电阻器，其电阻值随进气温度变化，称为温度补偿电阻，是惠斯通电桥电路的另一个臂 R_K。热线支承环后端的料护套上粘接着一只精密电阻，并设计成能用激光修整，它也是惠斯通电桥的一个臂 R_A，该电阻上的电压即产生热线空气流量计的输出电压信号。惠斯通电桥还有一个臂 R_B 的电阻器装在控制线路板上面，该电阻器在最后调试试验中用激光修整，以便在预定的空气流下调定空气流量计的输出特性。

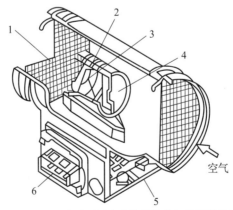

图 2-17 采用主流测量方式的热线空气流量计的结构
1—金属防护网；2—取样管；3—铂金热线；4—温度补偿电阻；
5—控制线路板；6—电连接器

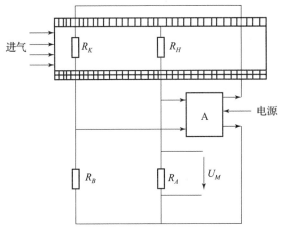

图 2-18 主流热线式空气流量计基本电图

热线式空气流量计的电控线路包括电桥平衡电路、烧净（burn-off）电路和怠速混合气调节电位器，电控装置的大多数原件（除 R_H、R_K、R_A 外）都配置在这块混合集成板上。

图 2-19 是采用旁通测量方式的热线空气流量计的结构，它与主流测量方式在结构上的主要区别在于：将铂金热线和温度补偿电阻（冷线）安装在空气旁通道上，热线和温度补偿电阻是用铅丝缠绕在陶瓷线管上制成的。

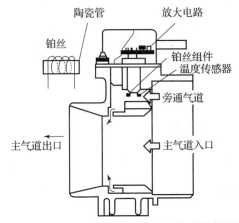

图 2-19 采用旁通测量方式的热线空气流量计的结构

2）工作原理

热线式空气流量计的铂丝热线电阻的 R_H 置于进气空气流中，在单位时间内损失的热量可用式（2-10）表示：

$$H = [(A+B)(\rho v)^n][T_H - T_0] \qquad (2-10)$$

式中，A，B 为常数；ρ 为空气密度；v 为空气流速；T_H 为热线电阻的温度；T_0 为空气温度。

指数 n 随热线的形状和雷诺数 Re 而变化，这里取近似值 0.5，A、B 的值与空气物理性质和热线的形状有关。热线产生的热量 Q 可由式（2-11）表示：

$$Q = R_H I_H^2 \qquad (2-11)$$

在热平衡时，$Q = H$，故当热线和空气流的温度（$T_H - T_0$）为一定时，供给热线的电能就是空气质量流量的衡量尺度。

热线电阻 R_H 和空气温度补偿电阻 R_K 组成惠斯通电桥，控制电路使热线的温度始终保持比空气流温度高 100 ℃。当空气流量增加时，对热线的冷却作用加剧，电阻减小，从而改变电桥中的电压分布，控制电路立即加大加热电流 I_H 予以修正。因此加热电流 I_H 就是空气质量流量的量度，并以精密电阻 R_A 的端电压 U_M 作为输出信号。空气质量流量 q_m 与输出电压 U_M 有如下的关系：

$$q_m = K_1 (U_M^2 - K_2)^2 \qquad (2-12)$$

式中，K_1、K_2 为常数。

加热电流在 50～120 mA 之间变化时，为避免精密电阻 R_A 自热，采用温度系数很低的金属薄膜电阻。电桥另一个臂上的电阻高得多，电流只有几毫安，以减少电损耗。其中 R_K 是铂金薄膜电阻作为温度补偿。电阻 R_B 在最终调整时要激光修整，以便在预定空气流量下调准空气流量计。

由于这种空气流量计基于热线表面与空气的热传导，热线上任何沉淀物都将对输出信号产生有害的影响，因此控制电路具备自动烧净功能。每当发动机熄火后 4 s，控制电路发出控制电流，使热线迅速升至 1 000 ℃ 高温，加热 1 s，将黏附于热线表面的污物完全烧净。

这种空气流量计可直接测得进气空气的质量流量，无须温度和大气压力补偿，无运动部件，进气阻力小，响应特性好，可正确测出进气管空气流量，自 20 世纪 80 年代初研制成功后，得到了广泛的应用。不过在流速分布不均匀的情况下它的测量误差较大。

2. 热膜式空气流量计

热膜式空气流量计的结构如图 2-20 所示，其结构和工作原理与热线式空气流量计基本相同，只是将发热体由热线式改为热膜式。热膜是由发热金属铂丝固定在薄的树脂上构成的。这种结构可使发热体不直接承受空气流动所产生的作用力，增加了发热体的强度，提高了空气流量计的可靠性与延长了寿命，它的金属网用以产生微观紊流，以使测量信号稳定。热膜式空气流量计不采用铂丝，而是将热线、补偿电阻及精密电阻用厚膜工艺锁在一块陶瓷基片上，同时它的分析电路比热线式要简单得多，而启动速度几乎相同。由于测定的加热电流无须修正，可直接作为被吸入的空气质量流量的衡量尺度，故测量误差小，仅为 ±2%。

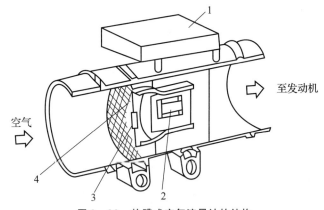

图 2-20 热膜式空气流量计的结构
1—控制回路；2—热膜；3—温度传感器；4—金属网

2.1.5 温度传感器

温度是车辆电子控制系统主要测量参数，温度传感器类型很多，常见的温度传感器类型主要有热电阻、热敏电阻、热电偶等。

1. 热电阻温度传感器

通常将采用金属材料作为敏感元件的温度传感器称为热电阻温度传感器。大多数金属导体的电阻特性方程为

$$R_t = R_0[1 + a(t - t_0)] \qquad (2-13)$$

式中，R_t、R_0 为热电阻在 t 和 0 ℃时的电阻值；a 为热电阻的电阻温度系数（1/℃）。

对于绝大多数金属导体，a 并不是一个常数，而是温度的函数。但是在一定的温度范围内，a 可近似地看作常数。不同的金属导体，a 保持常数所对应的温度范围不同。选作感温元件的材料应满足如下的要求。

材料的电阻温度系数 a 要大。a 越大，热电阻的灵敏度越高；纯金属的 a 比合金高，所以一般均采用纯金属做电阻元件。

在测温范围内，材料的物理、化学性质稳定。

在测温范围内，希望 a 保持常数，便于实现温度表的线性刻度特性。

具有比较大的电阻率，以利于减少热电阻的体积，减少热惯性。

特性复现性好，容易复制。

比较适合以上要求的材料有：铂（Pt）、铜、铁和镍。

金属铂的电阻值随温度变化而变化，并且具有良好的重现性和稳定性，精度高、线性度好，并且有较强的抗干扰能力。其中Pt100是一种应用广泛的铂电阻式测温元件，温度测量范围为 -50~600 ℃。理想情况下Pt100在0 ℃时的阻值应该为100 Ω，在100 ℃时阻值应为138.5 Ω，但由于加工工艺以及导线的影响，其实际的阻值并不等于理想情况下的阻值，所以需要对实验用的Pt100（包括导线）标定在各种温度下的实际阻值，然后将各种温度下的实际阻值进行线性拟合，得到传感器的特性曲线。实验所得数据如表2-1所列。

表2-1 Pt100标定实验数据

温度/℃	20	30	40	50	60	70	80
阻值/Ω	111.8	115.9	119.3	123.0	126.4	130.0	133.8
温度/℃	90	100	110	120	130	140	150
阻值/Ω	137.4	141.1	144.7	148.2	151.7	155.0	158.5

将表2-1中的数据进行线性拟合，可以得到所标定的Pt100传感器的特性曲线，如图2-21所示。

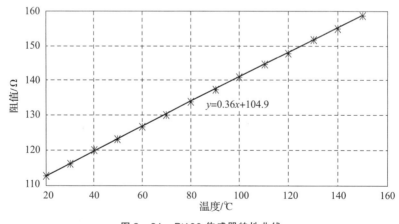

图2-21 Pt100传感器特性曲线

2. 热敏电阻温度传感器

通常将采用半导体材料作为敏感元件的温度传感器称为热敏电阻温度传感器。

1）温度特性

半导体电阻随温度变化的典型特性可分为三种类型：负电阻温度系数（NTC）热敏电阻、正电阻温度系数（PTC）热敏电阻和在某一特定温度下电阻值会发生突变的临界温度系数（CTR）电阻。它们的特性曲线如图 2-22 所示。

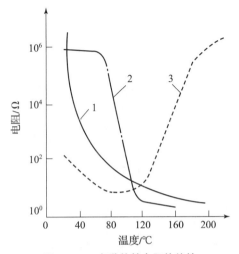

图 2-22　各种热敏电阻的特性

1—负温度系数（NTC）；2—临界温度系数（CTR）；3—正温度系数（PTC）

在温度测量中，使用得最多的是 NTC 型热敏电阻。

由图 2-22 可见，热敏电阻温度传感器温度特性具有较强的非线性。

2）热敏电阻输出特性的线性化处理

当需要线性变换时，就应考虑其线性化处理。常用的方法有以下两种。

（1）线性化网络。对热敏电阻进行线性化处理的最简单方法是，用温度系数很小的精密电阻与热敏电阻串联或并联构成电阻网络（常称为线性化网络）代替单个热敏电阻，其等效电阻与温度呈一定的线性关系。图 2-23 表示了两种最简单的线性化方法。

图 2-23（a）中热敏电阻 R_T 与补偿电阻 r_c 串联，串联后的等效电阻 $R = R_T + r_c$，只要 r_c 的阻值选择得当，可使温度在某一范围内，与电阻的倒数呈线性关系，所以电流 I 与温度 T 呈线性关系。图 2-23（b）中热敏电阻 R_T 与补偿电阻 r_c 并联，其等效电阻 $R = \dfrac{r_c R_T}{r_c + R_T}$。由图 2-23（b）可知，$R$ 与温度的关系曲线显得比较平缓，因此可以在某一温度范围内得到线性的输出特性。

（2）计算修正法。大部分传感器的输出特性都存在非线性，因此实际使用时都必须进行线性化处理，其方法不外乎两大类：硬件（电子线路）法和

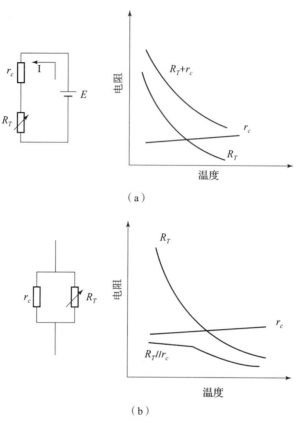

图 2-23 常用补偿电路
（a）串联补偿电路；（b）并联补偿电路

软件（程序）法。在带有微控制器的测量系统中，就可以用软件对传感器进行处理。当已知热敏电阻的实际特性时，可以采用线性插值的方法将特性分段并把分段点的值存入计算机的内存中。实际应用时，计算机将根据热敏电阻的实际输出值进行校正计算，给出温度值。

3. 热电偶式温度传感器

热电偶式温度传感器是一种将温度变化转换为电势变化的传感器。其主要优点是测温范围广，可以在 -272.15 ℃（1 K）~ 2 800 ℃ 范围内使用，其精度高、性能稳定、结构简单、动态性能好，能把温度转换为电势信号，便于处理和远距离传输。

1）基本原理

1823 年，赛贝壳（Seebeck）发现，把两种不同的金属 A 和 B 组成一个闭合回路。如果将它们两个结点中的一个进行加热,使其温度为 T,而另一点置于室温 T_0 中,则在回路中就有电流产生。如果在回路中接入电流计 M,就可以使电流计的指针偏转,这一现象称为热电动势效应,也称热电效应。产生的电动势叫作热电势(也称赛贝壳电势),用 $E_{AB}(T, T_0)$ 来表示,如图 2-24 所示。

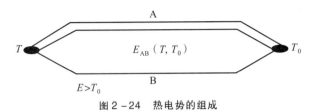

图 2-24 热电势的组成

通常把两种不同金属的组合称为热电偶,A 和 B 称为热电极,温度高的结点称为测量端(也称为工作端或热端),而温度低的结点称为参考端(也称自由端或冷端)。利用热电偶把被测温度信号转变为热电势信号,测量电势大小,就可间接求得被测温度值。T 与 T_0 的温差越大,热电偶的输出电动势越大;温差为 0 时,热电偶的输出电动势为 0。因此,可以用测热电动势大小的方法来衡量温度的大小。

热电势是由接触电势和温差电势两部分组成的,两种电势的原理示意图如图 2-25 所示。

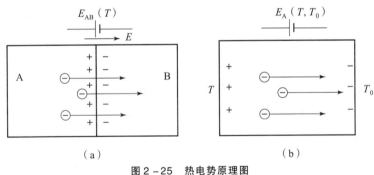

图 2-25 热电势原理图
(a) 接触电势;(b) 温差电势

关于热电势的说明如下。

(1) 接触电势的数值取决于两种金属的性质和接触点的温度,而与金属的形状及尺寸无关。

(2) 如果 A、B 为同一种材料,接触电势为零。

(3) 在一个热电偶回路中,起决定性作用的是两个结点处产生的与材料性质和该点所处温度有关的接触电势。因为在金属中自由电子数目很多，以至于温度不能显著地改变它的自由电子浓度，所以在同一金属内的温差电势极小，可以忽略。

（4）两种均质金属组成的热电偶，其热电势大小与热电极直径、长度及沿热电极长度上的温度分布无关，只与热电极和两端温度有关。

（5）热电极有正、负之分，使用时应注意到这一点。

2）常用热电偶

我国常用热电偶的技术特性见表2-2。

表2-2 我国常用热电偶的技术特性

热电偶名称	分度号		允许偏差			特点
	新	旧	等级	适用温度/℃	允许值（±）	
铜-铜镍	T	CK	I	-40~350	0.5 ℃ 或 0.004×|t|	温度精度高，稳定性好，低温时灵敏度高，价格低廉。适用于在-200~400 ℃范围内测温
			II		1 ℃ 或 0.007 5×|t|	
镍铬-铜铬	E	—	I	-40~800	1.5 ℃ 或 0.004×|t|	适用于氧化及弱还原性气氛中测温，按其偶丝直径不同，测温范围为-200~900 ℃。稳定性好，灵敏度高，价格低廉
			II	-40~900	2.5 ℃ 或 0.007 5×|t|	
铂铑$_{10}$-铂	S	LB-3	I	0~1 100	1 ℃	适用于氧化气氛中测温，其长期最高使用温度为1 300 ℃，短期最高使用温度为1 600 ℃。使用温度高，性能稳定，精度高，但价格贵
			II	600~1 600	0.002 5×|t|	
铂铑$_{30}$-铂铑$_6$	B	LL-2	I	600~1 700	1.5 ℃ 或 0.005×|t|	适用于氧化性气氛中测温，其长期最高使用温度为1 600 ℃，短期最高使用温度为1 800 ℃，稳定性好，测量温度高。参比端温度在0~40 ℃范围内可以不补偿
			II	600~1 700	0.005×|t|	

3）信号调理电路

热电偶产生的电压很小，通常只有几毫伏。K 型热电偶温度每变化 1 ℃时电压变化只有大约 40 μV，因此测量系统要能测出 40 μV 的电压变化。测量热电偶电压要求的增益一般为 100～300。通常采用差分放大器来放大信号，因为它可以除去热电偶连线里的共模噪声。市场上还可以买到热电偶信号调节器，如模拟器件公司的 AD594/595，可用来简化硬件接口。

AD594、AD595、AD597 等是美国 ADI 公司生产的单片热电偶冷端补偿器，内部还集成了应用放大器，所以除能实现对不同的热电偶进行冷端补偿之外，还可作为线性放大器。其引脚功能是：U+、U- 为电源正负端，IN+、IN- 为信号输入端，ALM+、ALM- 为热电偶开路故障报警信号输出端，FB 为反馈端，做温度补偿时 U0 端与 FB 端短接，详细资料见 AD594 芯片的使用说明。

图 2-26 所示为 AD594C 应用电路图。热电偶的信号经过 AD594 的冷端补偿和放大后，再用 OP07 放大后输出。

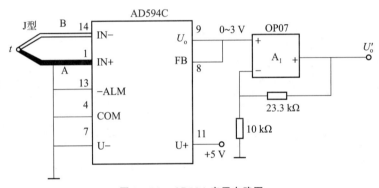

图 2-26　AD594 应用电路图

2.1.6　氧传感器

电喷发动机广泛采用三元催化转化器对发动机尾气进行净化处理，转化效率与混合气的空燃比有关，只有当空燃比在理论空燃比的附近区域时，三种有害气体的转化效率才同时较高。所以，采用氧传感器进行空燃比闭环控制。氧传感器一般安装在排气管内三元催化转化器之前，用来检测排气中的氧气含量，向发动机 ECU（electronic control unit，电控单元）发出反馈信号，发动机根据此信号调节喷油量，把空燃比控制在目标空燃比的附近。有的发动机在三元催化转化器后还配备一个氧传感器，用以检测其催化转化效率。目前使用的氧传感器主要有氧化锆和氧化钛两种。

图 2-27 所示为氧化锆氧传感器，其基本元件是专用陶瓷体，即氧化锆

（ZrO2）固体电解质。陶瓷体制成的锆管固定在带有安装螺纹的固定套中，其内表面与大气相通，外表面与排气接触。锆管内外表面都涂有一层多孔性的铂膜作为电极。为了防止废气中的杂质腐蚀铂膜，在锆管外表面的铂膜上覆盖有一层多孔的陶瓷层，并且还加装一个防护套管，套管上开有槽口。氧传感器的接线端有一个金属护套，其上开有一孔，用于锆管内表面与大气相通。导线将锆管内表面铂电极从传感器引出。

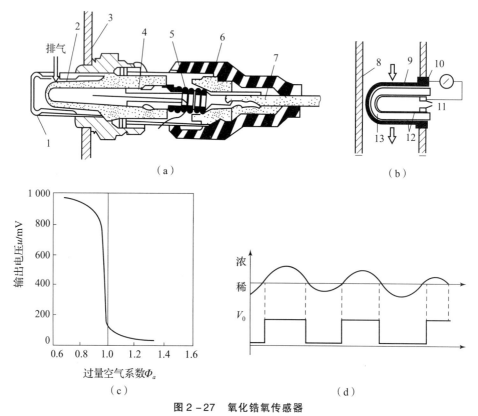

图 2-27 氧化锆氧传感器

（a）传感器结构；（b）工作原理；（c）输出特性；（d）输出信号波形
1—导入排气孔罩；2—锆管；3—排气管；4—电极；5—弹簧；6—绝缘套；7—导线；
8—排气管；9—陶瓷防护层；10—外接线点；11—内接线点；
12—铂电极；13—氧化锆陶瓷体

锆管的陶瓷体是多孔的，允许氧渗入该固体电解质内，温度较高（400 ℃以上）时，氧气发生电离。当陶瓷体内（大气）外（废气）侧氧含量不一致（存在浓度差）时，氧离子从大气一侧向排气一侧扩散，锆管元件成为一个微电池，在锆管内外侧两极间产生电压［图 2-27（b）］。当混合气体稀时，排气中含氧多，两侧氧浓度差小，只产生小的电压。当混合气体浓时，氧含量少，同时伴有较多的未完全燃烧的产物 CO（一氧化碳）、HC（碳氢化合物）等，这些成分在锆管外表面的铂催化作用下，与氧气发生反应，消耗排气中残余的氧，使锆管外表面氧气浓度变成 0，两侧氧浓度差突然增大，两极间产生的电压也突然增大。因此，氧传感器产生的电压将在过量空气系数 $\Phi_a = 1$ 时产生突变。$\Phi_a \geqslant 1$ 时，氧传感器输出电压几乎为 0；$\Phi_a < 1$ 时，氧传感器输出电压接近 1 V。在发动机空燃比闭环控制过程中，氧传感器相当一个浓稀开关，根据空燃比变化向 ECU 输送脉冲宽度变化的脉冲信号，如图 2-27（d）所示。

由于氧化锆只有在 400 ℃ 以上温度时才能正常工作，为保证发动机在进气量小、排气温度低时也能正常工作，有的氧传感器中还装有对氧化锆元件进行加热的加热器，加热器亦受 ECU 控制。氧传感器与 ECU 的接口如图 2-28 所示。

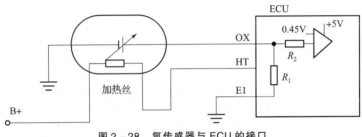

图 2-28 氧传感器与 ECU 的接口

2.2 执行器及其驱动电路

执行器的作用是将控制器发出的控制信号转化为力或者运动，是控制系统中的"手"和"脚"。由于控制器中单片机的输出信号是小功率的微弱信号（电压 5 V，电流 10 mA），而执行器的输出功率则要比其大很多，因此在控制器中需要设计一个功率放大的电路，称为驱动电路，如图 2-29 所示。

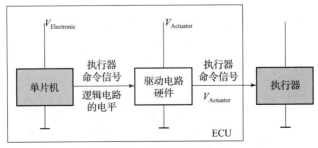

图 2-29 执行器驱动电路

2.2.1 执行器类型

车辆控制用执行器主要包括电动机、控制阀、继电器和电磁铁等，驱动能源和应用范畴见表 2-3。

表 2-3 执行器的驱动能源和应用范畴

名称		驱动能源	应用范畴（系统）
电动机	直流电动机	电能	刮水器
	伺服电动机	电能	节气门开度
	步进电机	电能	节气门开度、电子悬架阻尼及刚度控制
控制阀	2/2 开关阀	液压/气动	ABS、ASR、EAT
	3/3 开关阀	液压/气动	ABS、ASR、EAT
	比例压力阀	液压/气动	离合器控制、CVT 金属夹紧力控制
	比例流量阀	液压/气动	CVT 连续比控制
继电器		电能	电磁阀驱动、电动机驱动
电磁铁	比例	电能	电磁离合器、比例电磁阀
	开关	电能	开关电磁阀

2.2.2 典型功率开关器件及其特性

在图 2-29 所示的驱动电路中，直接控制执行器开关或者通断的元件为功率开关元件（power switches），它是执行器驱动的核心元件。目前，在汽车上应用的功率开关元件主要有继电器（relay）、功率二极管（power diode）、功率三极管（bipolar junction transistor）、场效应功率晶体管（MOS 管）和绝缘栅型三极管（IGBT）等，其特性和对比见表 2-4。继电器主要用在开关速度要求不高、电流要求大的场合，例如车灯控制、起动机控制等。三极管主要用在小型功率驱动场合，具有饱和压降小、电流控制方便等优点；缺点是需要电流控制。MOS 管则从小功率（W 级）到中等功率（1 kW 级）和高频控制等领域得到了广泛的应用。由于 MOS 管是采用电压控制，因此有的 MOS 管直接可以由单片机驱动，而且其内阻低、频率范围大，在汽车上是优先选用的功率开关器件。IGBT 综合了三极管和 MOS 管的优点，既可以采用电压信号控制，又可以保证较低的导通功耗，因此在各种大功率（>5 kW）的电机控制器和变换器中得到了广泛的应用。

表 2-4　主要功率开关器件的特性和对比

器件类型	符号和控制特性	特性曲线	基本特点
继电器 （relay）			线圈不通电，双向截止；线圈通电，双向导通；控制线圈和主回路电势独立；导通电阻小，功耗低。开关速度慢
二极管 （diode）			导通正向电流，反向截止；反向电压过高，会反向击穿。作为辅助元件，在续流、反接保护等场合应用广泛
三极管 （transistor）	NPN（左）和PNP（右）	NPN	只能单向工作，i_C 电流正比于 i_B 的电流。通过 i_B 控制来控制 i_C（负载）电流。电流控制型，导通压降小
场效应功率晶体管 （MOS 管）	N型（左）和P型（右）		通过控制 V_{GS} 之间的电压，来控制 DS 之间的导通和关断，电压控制型。导通内阻低，开关速度快。汽车控制系统应用最广。内阻具有正温度系数，可以多个并联使用
绝缘栅型晶体管 （IGBT）	NPN（左）和PNP（右）		通过控制 V_{GS} 之间的电压，来控制 CE 之间的导通和关断，电压控制型。综合了三极管和 MOS 管的优点。大功率控制领域应用广泛。通常具有负温度系数，一般不能并联使用

2.2.3 典型功率驱动电路

按照执行器和功率开关器件所处位置不同,驱动电路可以分为低边驱动、高边驱动(high side drive)、半桥驱动和全桥驱动四种基本形式。

1. 低边驱动电路

所谓低边驱动,就是将功率开关元件的电势配置在比负载还低的下部。图2-30(a)为采用继电器作为功率开关的低边驱动电路,当继电器导通时,电源电压直接施加在负载上,当继电器断开时,负载上没有电流通过。在负载两端,连接有续流用的二极管。图2-30(b)为采用MOS管作为功率开关的低边驱动电路,当G为高电平时,电流经负载流过MOS管,然后流入地;当G为低电平时,MOS管关断,电流经负载和续流二极管形成回路。由于MOS管的开关频率可以很高,因此能够利用高频PWM(脉宽调制)信号来控制负载L的平均电流,这样利用PWM信号的占空比,就能够控制负载L中流过的平均电流,也就控制了负载的平均输出功率。这种占空比控制负载输出功率的方法,是经常采用的典型方法。

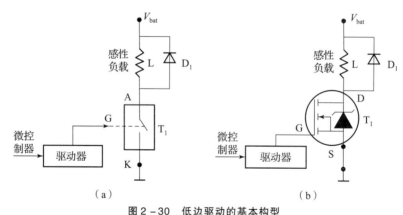

图2-30 低边驱动的基本构型
(a) 继电器作为功率开关;(b) MOSFET作为功率开关

对于继电器控制而言,根据继电器的控制要求,在控制器和继电器之间还需要一个驱动器(或者叫预驱动器,pre-driver)。例如,单片机输出高电平的电压是5 V,而继电器的线圈需要12 V驱动,则需要一个5 V转12 V的驱动器,如图2-31所示。可以看出,图2-31实际上是图2-30(a)和图2-30(b)的结合,即单片机先通过一个MOS管来驱动继电器的控制线圈,再利用继电器来控制功率更大的负载工作。在ECU驱动电流的设计中,这种两级低边驱动的配置是经常采用的。

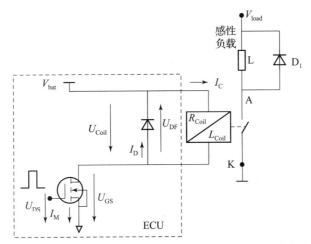

图 2-31　单片机通过 MOS 管驱动继电器线圈的低边驱动电路

对于 MOS 管控制，内阻 R_{ON} 是 MOS 管的重要参数指标，直接影响 MOS 管本身的发热量，目前汽车级的 MOS 管内阻只有几毫欧姆。由于大部分 MOS 管导通时内阻很小，接近于理想短路状态；关断时内阻很大，其漏电流很小，接近于理想断路状态。因此，在开关频率不高的场合，可以忽略上述详细的导通和关断过程，而直接把 MOS 管看成理想的开关器件。

选择 MOS 管的主要参数有最大正向耐压值、导通内阻、最大漏极电流和表征散热能力的从内部到封装表面的热阻值。当 DS 之间的耐压值超过极限值时，MOS 管内部的齐纳二极管会发生雪崩击穿，DS 之间丧失关断能力。因此选择 MOS 管时，需要考虑耐压值上要有余量。

2. 高边驱动电路

典型的高边驱动电路如图 2-32 所示。与图 2-30 所示的低边驱动电路相比，执行器和功率开关正好对调了位置。在电路中功率开关的电势相比执行器处于高电势位置，因此叫高边驱动。继电器的高边驱动电路和低边驱动电路控制上差别不大，因为继电器控制线圈回路本身和主回路电势上就是可以独立的。但是三极管和 MOS 管的高边驱动电路和低边驱动电路差别较大，下面以场效应管为例，重点介绍高边驱动电路的特点。

如图 2-32 所示，当 MOS 管的栅极控制信号 V_G 为低电平（=0 V）时，MOS 管处于关断状态，漏极和源极之间电阻很大，可以视为断路。经过一定时间（负载电感能量释放完）后，$i_m = i_l = i_d = 0$，$V_D = V_{bat}$，$V_S = V_L = 0$。当 $V_{GS} = 12$ V 时，MOS 管处于导通状态，可以认为在漏极和源极之间的内阻 R_{ON} 很小，

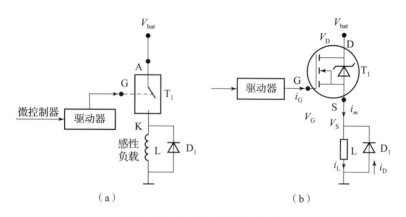

图 2-32 典型的高边驱动电路

(a) 采用继电器；(b) 采用 MOS 管

可以视为短路。于是有 $V_D = V_S = V_L = V_{bat}$，负载和电源接通，开始工作。流过 MOS 管的电路等于流过负载的电流。

为了确保 MOS 管处于保持导通的状态，将栅极电压 V_G 控制到多少才合适呢？可以发现，此时由于源极的电压 V_S 已经被抬高，$V_S = V_{bat} - R_{ON} I_D \approx V_{bat}$，于是有

$$V_G = V_{GS} + V_S \approx V_{GS} + V_{bat} = 12 \text{ V} + V_{bat} \tag{2-14}$$

可见，在图 2-33 所示的高边驱动中，为了确保 MOS 管能够导通，需要在其栅极施加比电源电压还要高的驱动电压。实际上，栅极成为整个系统中电压最高的点。这是高边驱动和低边驱动差别最大的特点。

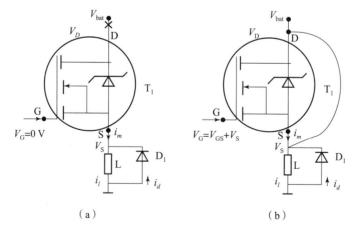

图 2-33 MOS 管关断和导通时的电路分析

(a) MOS 管关断；(b) MOS 管导通

由于单片机的电压往往只有 5 V，因此这里高边驱动必须采用专门的浮动栅极的高边驱动器，才能确保 MOS 管的导通和关断。自举电容式的浮动栅极驱动电路，广泛应用在各种 PWM 控制的应用中。

3. 半桥驱动电路

典型的半桥驱动电路实际上是高边驱动和低边驱动的结合。执行器的两端分别连接相应的 MOS 管，与电源和地都不连接，高边和低边任何一个 MOS 管都可以控制执行器不工作，而执行器要工作，两个 MOS 管必须都工作。半桥驱动的优点是有两个控制信号来控制执行器的工作状态，可实现更加灵活和复杂的控制逻辑。同时，由于有两个 MOS 管控制负载，相当于提高了关断执行器的安全系数，因此能够应用在安全性能苛刻的场合。例如，有的场合高边采用继电器控制执行器是否通电（工作）、低边采用 MOS 管直接控制执行器的电流或者功率。

半桥驱动电路的典型应用包括柴油机喷射电磁阀控制、天然气发动机燃气电磁阀控制、缸内直喷汽油机喷射电磁阀控制等。图 2 – 34 所示为柴油机喷射电磁阀控制电路简图。各缸的电磁阀 $S_1 \sim S_6$ 与 1 个高边 MOS 管（T_H）和 6 个低边 MOS 管组成复合型的半桥驱动。其中，高边 MOS 管用来控制电磁阀的电流波形，而低边 MOS 管的控制代表各缸的选缸脉冲，其典型控制时序和逻辑如图 2 – 35 所示。只选择一个高边 MOS 管既简化了电路，也简化了单片机输出控制逻辑，降低了软、硬件设计的难度。每次喷射过程高边 MOS 管的控制波形一致，而低边的 MOS 管则根据当前曲轴相位来发出喷油脉宽。当发生故障或者喷油结束时，高边和低边的 MOS 管立即关断，从而结束喷油过程。半桥驱动电路也是下述全桥驱动的基础。

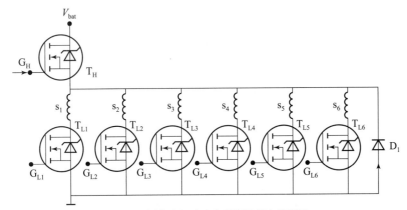

图 2 – 34　柴油机喷油电磁阀控制电路简图

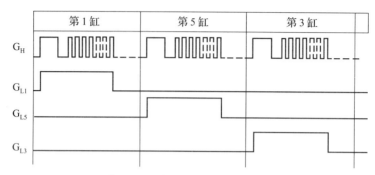

图 2-35　柴油机喷油器驱动器驱动电路的驱动控制时序

4. 全桥驱动电路

典型的全桥驱动电路如图 2-36 所示。为了控制电机相电流的大小和方向，由 4 个 MOS 管构成全桥驱动：T_1 和 T_4 构成一个半桥，T_2 和 T_3 构成另一个半桥。其中 T_1 和 T_3 不能同时导通，T_2 和 T_4 不能同时导通，否则将导致电源和地直接短路。因此电路设计了栅极电平互锁的逻辑电路。当 MOS 管的 T_1 和 T_4 导通时，电机相电流为正，电机输出正转矩。这时，如果 T_1 关断，T_4 保持导通，则由于电机线圈存在电感，电流将从电机→T_4 MOS 管→电源地→T_3 MOS 管→电机，形成续流。如果 T_1 保持导通，T_4 关断，则电流将从电机→T_2 MOS 管→电源地→T_1 MOS 管→电机，形成续流。对于 T_2 和 T_3 工作、电机输出负转矩时控制回路和续流回路的情形，分析方法相似。

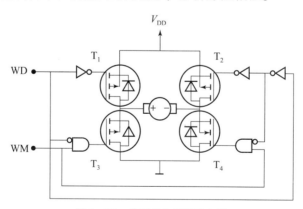

图 2-36　典型的全桥驱动电路

在图 2-37 中，由于 T_1 和 T_3 之间存在互锁，T_2 和 T_4 之间存在互锁，因此实际只需要两路驱动独立的控制信号：一路控制电机输出转矩的方向；另外一路通过脉宽调制控制电机相电流的大小，也就是转矩的大小。可以针对电机的相电流设计相应的保护电路，如图 2-38 所示。在每个 PWM 波控制周期内，如果检测到电机相电流超过给定值，则 PWM 信号被清零，T_3 或者 T_4 被关断，于是电机电流便会自动续流，输出转矩下降。这种保护电路在电机堵转时对保护 MOS 管和防止电机绕组烧毁是非常有效的。

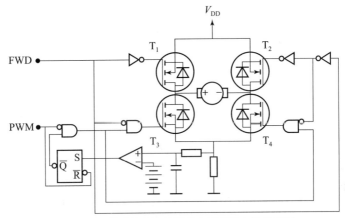

图 2-37　带峰值电流保护的全桥驱动电路示意图

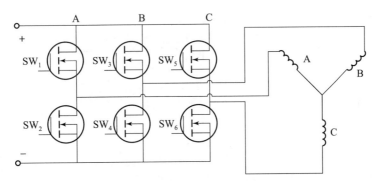

图 2-38　无刷直流电机驱动电路示意图

全桥驱动广泛应用在电机控制中。图 2-38 为典型的 3 相无刷直流（BLDC）电机或者永磁同步电机（PMSM）的驱动电路示意图。该驱动电路为一个复合型的全桥驱动。目前电机控制在汽车工业，尤其是新能源汽车控制系统中已经广泛应用。

2.2.4　集成的智能功率驱动芯片

上述驱动均为离散元件组成的驱动电路，为了提高驱动电路的可靠性和抗干扰性能，减少驱动器件的体积，便于微处理器直接驱动，Freescale、Infineon 以及 ST 推出了集成式功率驱动芯片，内部集成了电平转换、功率元件、温度检测、过压过流保护逻辑等,可以大大提高 ECU 硬件的集成度,规范了底层驱动软件的设计和测试,改善了驱动电路的电磁兼容性,简化了 ECU 的散热和布局,也降低了 ECU 的设计和生产成本,代表了汽车电子发展的趋势。

1. 集成的低边驱动器件

Infineon 公司生产的 TLE6216 芯片是典型的四通道低边驱动芯片,4 个低边驱动的驱动能力分别为 2×5 A 和 2×3 A,对应的导通内阻为 2×0.2 Ω 和 2×0.35 Ω,其内部结构如图 2 – 39 所示。单片机通过 IN1 – IN4 端口直接控制每一路的功率 MOS 管。在 TLE6216 内部,每一路低边驱动都设计了过载关断(overload shutdown)、过热关断(thermal shutdown)、诊断状态反馈(ST1 – ST4)、过压保护(over – voltage protection)和短路保护(shorted circuit protection)等逻辑功能电路,同时还设计了休眠模式(standby mode),芯片在该模式进入低功耗状态。该芯片中 MOS 管的反向击穿电压达到 60 V,完全可以适用于车载 12 V 或者 24 V 电源系统。该芯片采用 P – DSO – 20 的标准功率芯片封装。

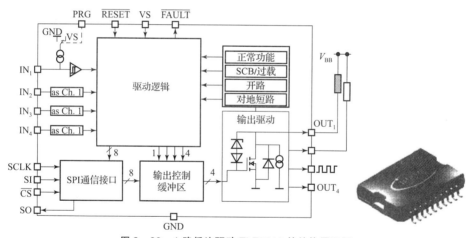

图 2 – 39 4 路低边驱动 TLE6216 的结构原理图

由于 TLE6216 单片机的故障诊断为每个通道对应一个状态反馈,当通道数增加时,单片机的通道数将增加较多。因此出现了并行控制(parallel conctrol)、串行诊断(serial diagnosis)的芯片。所谓并行控制,就像 TLE6216 一样,单片机对每一个低边驱动都有一路独立的控制信号 INx,通道之间没有什么联系;所谓串行诊断,就是所有通道的各种诊断都可以采用 SPI(serial peripheral interface),由集成功率芯片送到单片机。典型的芯片是 4 路低边驱动芯片 TLE6220,如图 2 – 40 所示。该芯片采用 SPI 通信进行故障诊断。每一路低边驱动,如果发生的是短路、断路、过压、过温等故障代码,都可以通过 SPI 由 TLE6220 发给单片机,提高了诊断的针对性和精确度。

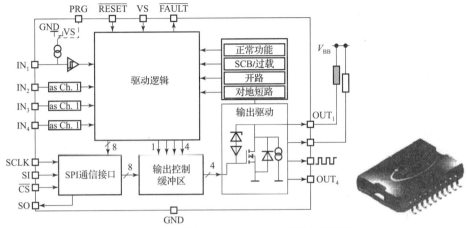

图 2-40　4 路低边驱动 TLE6220 的结构原理图

2. 集成的高边驱动器件

由上述高边驱动的基本电路可知,高边驱动要比低边驱动复杂。为了提高集成度,Infineon 公司推出了智能型的单通道、大电流高边驱动 MOS 管。典型的 BTS6144 如图 2-41 所示。该芯片专门用于 12 V 电源系统中,导通内阻只有 9 mΩ,最大负载电流可达 37.5 A,具有短路保护、电流限制、过载保护、过热保护(可恢复)、过压保护、对地断路保护(loss of ground protection)等功能。从其内部结构图可以看出,该芯片内部集成了高边驱动所需要的充电泵,并设有一路小的电流分支电路,配合外部的采样电阻 R_{IS} 实现电流反馈。

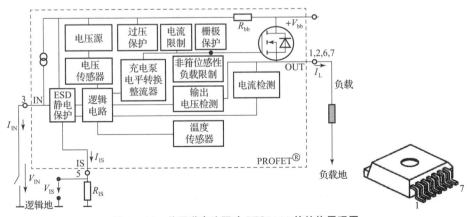

图 2-41　单通道高边驱动 BTS6144 的结构原理图

此外，一些芯片具有多路高边驱动能力，如 Infineon 的 BTS824R 芯片具有 4 路高边驱动能力，还有一些芯片同时具有高边驱动能力和低边驱动能力，如 MC33888 芯片有 4 路低导通内阻的高边驱动能力，还有 8 路低边驱动能力。

3. 集成的半桥/全桥驱动芯片

典型的半桥驱动芯片是 BTS7970B，其特点是封装小、控制电流大（可达 68 A），适用于车载 200~300 W 的电机控制，其内部集成了一个高端的 PMOS（P 型 MOS）和低端的 NMOS（N 型 MOS），组成半个桥臂。

Freescale 的 MC33886 属于集成全桥电机驱动模块，如图 2-42 所示。其工作电压 5~28 V，频率 20 kHz，温度范围 -40~125 ℃。MC33886 导通电阻 225 mΩ，工作电流 5.2 A。图 2-43 为 MC33886 电机驱动电路示意图。

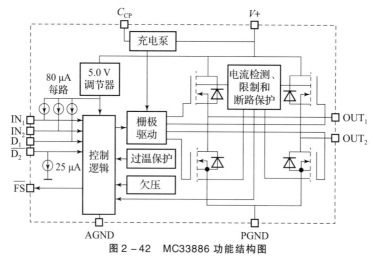

图 2-42　MC33886 功能结构图

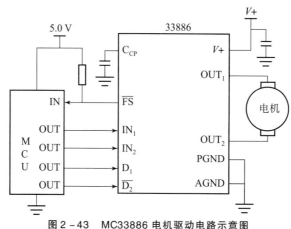

图 2-43　MC33886 电机驱动电路示意图

2.3 电控单元

电控单元是车辆控制的"计算机与控制中心",它利用内部存储的软件(各种函数、算法程序、数据表格)与硬件(各种信号采集处理电路、微控制器、功率输出电路、通信电路),处理从传感器输入的诸多信号,并以这些信号基础,结合内部软件的其他信息,制定出各种控制命令送到各种执行器,从而实现对被控对象的控制。

电控单元一般由输入级、微控制器和输出级组成。

2.3.1 电控单元的输入级

输入级的作用是将各传感器输出信号转换为微控制器能够接收的信号,完成 ECU 对被控对象运行工况的实时检测。

传感器输出信号可以分为模拟信号与数字信号两种。模拟信号一般是随时间连续变化的模拟量,这类信号必须通过模数转换为数字量后,才能进入计算机。数字信号主要是一些开关信号、脉冲信号等,这些信号通常也不能被计算机直接接收,必须转换为标准 TTL(晶体管 - 晶体管逻辑)信号送入计算机。

1. 电控单元输入级的结构类型

输入级是被测对象信号输出到微机数据总线的输入通道,因此,其结构形式取决于被测对象的环境、输出信号的类型、数量、大小等。

根据传感器输出信号的大小、类型,输入通道结构见表 2-5。

表 2-5 输入通道结构

传感器输出信号	前向通道结构示意图
大信号模拟电压 V	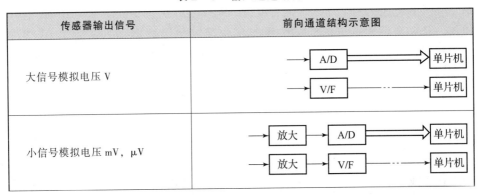
小信号模拟电压 mV、μV	

续表

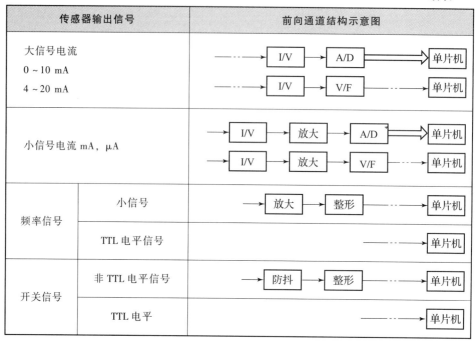

对于电压信号，如果传感器其输出信号能直接满足 A/D 转换输入要求，则可直接送入 A/D 转换器，经过 A/D 转换后再送入微控制器；也可以通过 V/F 转换变化成频率量进入微控制器，这种方法的不足是响应速度慢，多用于一些非快速过程参量的测量，优点是抗干扰能力强，便于远距离传输。如果传感器输出的是小信号模拟电压，则首先应将该信号电压放大到能满足 A/D 转换、V/F 转换要求的输入电压。

对于以电流为输出信号的传感器，则首先应通过 I/V 转换，将电流信号转换成电压信号。最简单的 I/V 转换器就是一个精密电阻，通过精密电阻将电流信号转换为电压信号。对于大信号电流，如标准的 0～10 mA、4～20 mA 信号电流，选择合适阻值（0.5 kΩ）的精密电阻就可以直接获取满足 A/D、V/F 转换输入要求的模拟信号电压（+5 V 或 +10 V）。对于小信号电流通过 I/V 变换后，可再经放大器将电压放大至 A/D、V/F 转换所要求的电压值。

对于频率信号，能满足 TTL 电平要求时可直接输入单片机的 I/O 口、扩展 I/O 口或中断入口；对于小频率信号则应通过放大、整形变换成 TTL 信号后再送入。

对于开关信号，能满足 TTL 电平要求时，可直接输入单片机的 I/O 口、扩展 I/O 口或中断入口。对于高电压的开关信号，可以通过分压电路或光电耦合电路等转换为 TTL 电平。

表 2-5 中只表示了单个信号输入的输入通道结构类型。对于多参数测量系统，输入通道为多输入结构。如果只有一个微控制器，微控制器只能分时对这些信号进行采样，这时的输入通道结构如图 2-44 所示。为了满足多路分时传送，输入通道中必须配置有多路开关。多路开关的选择由单片机控制，而多路开关在通道中的插入位置则应根据传感器输出信号状况而定。当传感器输出信号电压微弱时，应先进行放大，以防止多路开关引入较大的误差，如图 2-44 所示，各路输入信号都通过一个放大器，可以节省硬件费用。如果传感器输入信号电平差异较大，放大器应选用可编程增益放大器，根据信号电平的不同选择不同的增益。如果传感器输出信号电压较大，则多路开关可直接与传感器输出信号相接，如图 2-44（b）所示。

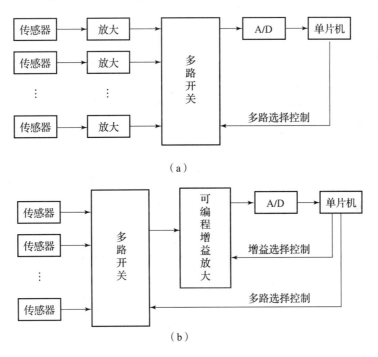

图 2-44 多路信号输入的输入通道结构
(a) 多路放大；(b) 单路可编程增益放大

图 2-44 只表示了多路电压信号的典型情况，对于多路频率信号可省去 A/D 转换及可编程增益放大，只需将各路频率信号通过放大、整形后送入单片机的 I/O 口、扩展 I/O 口或中断入口，多路开关可配置在放大、整形以前或以后。

2. 输入通道设计中应考虑的问题

对于车辆电控系统，在输入通道设计中主要考虑信号的调节、A/D 转换速度的确定以及电源配置与干扰防止等问题。

1）信号的调节

输入通道中，信号调节的任务是将传感器或敏感元件输出的初次电信号，转换成能满足单片机或 A/D 输入要求的标准电平信号。

在一般测量系统中信号调节的任务较复杂，除了小信号放大、滤波外，还有诸如零点校正、线性化处理、温度补偿、误差修正、量程切换等信号处理电路。但在微控制器应用系统中，许多原来依靠硬件实现的信号调节任务都可通过软件实现，从而使信号处理电路大大简化。输入通道中的信号处理重点为小信号放大、信号滤波，以及对频率量的放大整形等。

2）A/D 转换器的选择

（1）A/D 转换器的位数选择。A/D 转换器的位数不仅决定采集电路所能转换的模拟电压动态范围，也在很大程度上影响采集电路的转换精度。因此，应根据对采集电路转换范围与转换精度两方面要求选择 A/D 转换器的位数。

若需要转换成有效数码（除 0 以外）的模拟输入电压最大值和最小值分别为 $V_{1,\max}$ 和 $V_{1,\min}$，A/D 转换器前放大器总增益为 k_o，m 位 A/D 满量程为 E，则应使

$$V_{1,\min} k > q = \frac{E}{2^m}$$ （小信号不被量化噪声淹没）

$$V_{1,\max} < E$$ （大信号不使 A/D 转换器溢出）

所以

$$\frac{V_{1,\max}}{V_{1,\min}} < 2^m \qquad (2-15)$$

通常称量程范围上限与下限之比的分贝数为动态范围，即

$$L = 20\lg \frac{V_{1,\max}}{V_{1,\min}} \qquad (2-16)$$

若已知被测模拟电压动态范围为 L，则 A/D 位数 m 由式 $m \geq L/6$ 确定。

（2）A/D 转换速度的确定。A/D 转换器从启动转换到转换结束后输出一稳定的数字量，需要一定的时间，这就是 A/D 转换器的转换时间，用不同原理实现的 A/D 转换器转换时间是大不相同的。总的来说积分型、电荷平衡型和跟踪比较型 A/D 转换器转换速度较慢，转换时间从几十毫秒到几毫秒不等，属低速 A/D 转换器，一般适用于对温度、压力、流量等缓变参量的检测和控制。逐次比较型的 A/D 转换器的转换时间可从几微秒到 100 μs 左右，属中速 A/D 转换

器，常用于工业多通道单片机检测系统和声频数字转换系统等。转换时间最短的高速 A/D 转换器是用双极性或 CMOS（互补金属氧化物半导体）式工艺制成的全并行型、串并行型和电压转移函数型的 A/D 转换器，转换时间仅 20~100 ns。

A/D 转换器不仅从启动转换到转换结束需要一段时间——转换时间（记为 t_c），而且从转换结束到下一次再启动转换也需要一段时间——休止时间（为 t_0），这段时间除了使 A/D 转换器内部电路复原到转换前的状态外，最主要是等待 CPU（中央处理器）读取 A/D 转换结果和再次发出启动转换的指令。因此，A/D 转换器的转换速率 r_c（单位时间内所能完成的转换次数）应由转换时间 t_c 和休止时间 t_0 二者共同决定，即

$$r_c = \frac{1}{t_c + t_0} \qquad (2-17)$$

转换速率的倒数称为转换周期 T_c，即

$$T_c = t_c + t_0 \qquad (2-18)$$

（3）根据环境条件选择 A/D。如工作温度、功耗、可靠性等级等性能参数，可根据环境条件来选择 A/D 转换器的芯片。

（4）选择 A/D 转换器的输出状态。根据计算机接口特征，考虑如何选择 A/D 转换器的输出状态。例如，A/D 转换器是并行输出还是串行输出（串行输出便于远距离传输），是二进制码还是 BCD（二进码十进数）码输出（BCD 码输出便于十进制数字显示）；是用外部时钟、内部时钟还是不用时钟；有无转换结束状态信号；有无三态输出缓冲器；与 TTL、CMOS 及 ECL（发射极耦合逻辑）电路的兼容性等。

3）电源配置与干扰防止

输入通道中要完成信号的拾取、调节、变换等复杂任务。在信号拾取时，要考虑对传感器的供电。对于不同的信号调节电路中的芯片，如有些运算放大器的电源有特殊要求；有些变换电路需选用特殊芯片时，也要求有特殊的供电。因此，输入通道中，根据电路配置状况要求很好地解决电源供给问题。

输入通道与被测对象靠近，而且传感器常常输出信号微弱，因此，输入通道是干扰侵袭的主要渠道，电源配置时要充分考虑到干扰的隔离与抑制。

一般输入通道配置的电源具有以下特点。

（1）小功率。

（2）高稳定度、高纯净度。

（3）有干扰隔离与抑制措施。

图 2-45 是一种采用 DC/DC 变换器供电的典型输入通道供电方式。利用系统中标准的 +5 V 电源经 DC/DC 变换器变换成输入通道所要求的各种电平

电压。其中干扰的隔离可以通过三个环节解决。

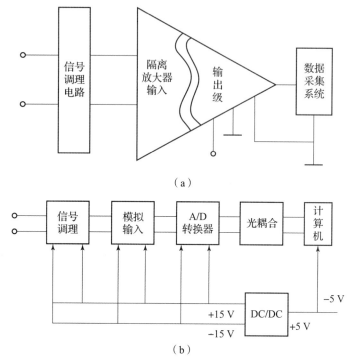

图 2-45　输入通道的电源配置与干扰防止
(a) 通过隔离放大器抗干扰；(b) 通过 DC/DC 变换器和光耦合抗干扰

（1）电源隔离，通过 DC/DC 变换器实现。DC/DC 变换器的输入回路与输出回路是隔离的，这样切断了系统的主电源与输入通道电源间的干扰渠道。

（2）模拟通道隔离，通过隔离放大器实现。信号调节电路中采用隔离放大器作为小信号放大用，可以防止现场干扰源，通过传感器电源进入输入通道。

（3）数字通道隔离，通过光耦合器实现。光耦合一般放在输入通道的数字通道中，紧靠计算机的输入。

2.3.2　电控单元中的微控制器

1. 功能要求

电控单元中的微控制器，是电控单元的"大脑"，是电控单元的核心。它承担整个电控单元的信号采集与处理、数据运算与分析、控制策略的实现、控制指令的产生、数据的通信与交换等功能。因此，它需要采用功能强大、运算速度高、能进行实时控制的微型机；在满足系统功能的前提下，应考虑其性价比；由于其工作环境恶劣（强振动、高温、粉尘、泥土、油污、电磁辐射等），要求有更高的可靠性与耐久性。

电控系统中的微控制器，为实现其功能并能可靠的运行，必须具有以下基本功能。

1）实时处理能力

计算机控制系统是实时运行的，要求严格遵循某一时间顺序"及时""立即"地完成各种数据处理及控制指令的产生。这就要求在控制系统中有严格的时间参数，通常这个时间参数由计算机中的实时时钟提供。实时时钟把计算机的操作与外界的自然时钟相匹配，建立起"时间"的概念。计算机对信息的处理是分时串行的，全部收集到的信息不可能"立即"处理完毕，因此不可能做到完全"实时"。对计算机控制系统所要求的实时性，主要是指在时间上能跟得上过程所提出的任务。为了达到实时控制的目的，计算机应从硬件上满足实时响应的运算速度要求，即在下一个任务尚未提出要求之前，计算机应在规定的时间内完成所有信息的采集、处理及指令输出工作。计算机的实时响应主要由计算机的时钟频率决定。为了保证一定的实时响应速度，应要求计算机的时钟有足够高的时钟频率。

2）比较完善的中断系统

计算机控制系统除了要有实时的响应速度外，还必须能够及时处理系统中发生的各种紧急情况。当系统出现紧急情况需要处理时，可以向主机发出中断请求，计算机可以根据预先的安排，暂停原来的工作而去执行相应的中断服务程序，待中断处理完毕，计算机再返回原程序来工作。此外，在计算机控制系统中还有主机与外部设备交换信息、多机连接、与其他计算机通信等问题，这些也都需用中断方式解决，因此实时控制计算机应具有比较完善的中断功能。

3）对指令系统的要求

计算机控制系统要求主机有较丰富的指令系统。计算机指令种类的多少及功能的强弱，将直接影响到编程的繁简，进而影响解决复杂问题的能力。一般来说，指令越丰富，寻址范围越广，方式越多，编写程序就越简便，功能越强。

4）对内存的要求

为了及时地进行控制，常常要求将那些常用算法及数据存放在计算机的内存中，因此应根据具体要求估算计算机的内存容量。当内存容量不足以存放程序和数据时，应扩充内存，或配置适当的外存储器，系统程序和应用程序可以保存在其内，需用时再调入计算机内存。除了要求有一定的容量外，还要求对内存有一定的保护功能，为了使控制稳定、不出事故，内存中的控制程序及数据在控制过程中不应被任何偶然的错误所改变和破坏，因此应对内存的某些单元加以保护。

2. 微控制器的选择

对微控制器的选择，主要考虑因素包括运算速度、字长及容量。

1）微控制器运算速度的选择

在确定微控制器的运算速度时，应考虑下述几个方面的要求和限制条件。

（1）整个控制系统所需用的计算工作量（包括完成控制算法及系统各种管理程序的计算）。

（2）系统采用的采样周期。在一个采样周期内，通常应完成全部算法的计算。如果采样周期取得小，则在单位时间内所要处理的任务就会增加，为了减少在一个采样周期内的计算工作量，对不同的工作任务可以采用不同的采样周期，即实现多采样周期控制。

（3）计算机的指令系统。同样的计算工作量，若微控制器的指令系统不同，所需用的执行时间也不同。指令系统的功能越强，为了完成系统的计算主机所需的运算时间越短。决定计算机运算速度的基本因素是它的时钟频率。提高运算速度最基本的办法是提高计算机的时钟频率。

（4）硬件的支持。对于某些由软件实现的计算，采用硬件实现也可以减少计算时间，提高运算速度。

2）微控制器字长的选择

微控制器的字长定义为并行数据总线的线数。字长直接影响数据的精度、寻址能力、指令的数目和执行操作的时间。由计算机有限字长而引起的量化误差（乘法量化误差以及系统存储误差）对控制系统的性能有较大的影响。为此，应根据对控制系统的性能的要求，合理地确定计算机的字长。

在考虑微控制器的字长时，应考虑到下述几个方面的要求和限制条件。

（1）考虑量化误差。若给定有限字长对控制算法引起的量化噪声统计特性的要求，就可以估计运算部件所需字长 n。设有用信号的方差为 σ_S^2，噪声方差为 σ_0^2，则信噪比为

$$S = \sigma_S^2 / \sigma_0^2 \qquad (2-19)$$

如果用分贝表示，有

$$S = 10\lg(\sigma_S^2 / \sigma_0^2) \qquad (2-20)$$

而量化噪声的过程可表示为

$$\sigma^2 = q^2/12 = 2^{-2(n+1)}/3 \qquad (2-21)$$

控制算法的量化噪声与输入端的量化噪声之比为

$$K_m = \frac{\sigma_0^2}{\sigma^2} = \frac{1}{2\pi j}\oint_{|z|=1} D(z)D(z^{-1})z^{-1}dz \qquad (2-22)$$

式中，$D(z)$ 为控制算法的传递函数；σ_0^2 为输出端的量化噪声方差；σ^2 为有限字长引起的量化噪声方差。

由式（2-21）、式（2-22）可知，量化噪声的方差是和计算机的位数直接有关的，位数越多，q 越小，量化噪声越小，信噪比越高。相反，n 越小，q 越大，量化噪声就越大，信噪比就越低。

根据式（2-20）~式（2-22）可以推出

$$S = 10\lg\frac{\sigma_s^2}{\sigma^2} = 10\lg\frac{\sigma_s^2}{K_m\sigma^2} = 10\lg\sigma_s^2 - 10\lg K_m - 10\lg\frac{2^{-2(n+1)}}{3} \qquad (2-23)$$

由此可推出

$$n \geq (S - 10\lg\sigma_s^2 + 10\lg K_m - 4.7)/6 \qquad (2-24)$$

由式（2-24）可知，已知输入信号的方差 σ_s^2、系统传递函数 $D(z)$ 和信噪比 $S(\text{dB})$，就可以求出计算机的位数 n。

（2）微控制器字长应与 A/D 的字长协调。对于控制计算机而言，其字长与 A/D 转换器字长之间有一定的关系。若 A/D 字长为 $n_{A/D}$，则数字信号最低有效位为 $2^{-n_{A/D}}$；CPU 对 A/D 变换的近似数进行乘（除）法运算时，运算的位数至少要超过十进制的一位，即要超过二进制的四位，故计算机运算部件的字长至少为

$$n_{\text{CPU}} = n_{\text{A-D}} + 4 \qquad (2-25)$$

（3）考虑信号的动态范围。假设信号的最大值为 $X_{\max}$，最小值为 $X_{\min}$，且 $N = X_{\max}/X_{\min}$。

若计算机的字长为 n，则应有 $2^n \geq N$

所以

$$n \geq \lg N/\lg 2 \qquad (2-26)$$

对于少量的大数，可以用双字长来表示，但这样做在运算时就比较麻烦。若系统中用双字长表示的量较多，说明计算机字长选择得不合适，这时应重新选择计算机的字长。

（4）考虑信号与采样周期的关系。采样周期减小，若量化误差一定，则所需的计算机字长就要相应增加。

2.3.3 电控单元的输出级

电控单元的输出级，也像其输入级一样，可分为模拟量的输出通道和数字

量的输出通道。模拟量的输出通道将微控制器输出的数字控制信号转换为模拟信号（电压和电流）作用于执行器，以实现对被控对象的控制，如要控制比例电磁铁、动圈式力电动机，就必须先将微控制器的输出的数字信号转换为模拟信号，即电压，将此电压信号传送到功率放大级，然后作用于这些执行器。而数字量的输出通道将计算机输出的数字信号经锁存、隔离后，再经功率放大输出去控制那些可接受数字信号的执行器，实现对执行器的控制，例如控制高速电磁开关阀、步进电动机等。

1. 模拟量的输出通道

模拟量的输出通道就是将微控制器输出的数字量转换为模拟量，这个工作主要由数/模（D/A）转换器来完成。对于模拟量输出通道，要求可靠性高，满足一定的精度，还必须具有保持功能。

1）模拟量输出通道的结构形式

对于要求多路模拟量输出的情况，其结构形式主要取决于输出保持器的结构形式。输出保持器的作用主要是在新的控制信号到来之前，使本次控制信号维持不变。保持器一般有数字保持与模拟保持两种，这就决定了模拟量输出通道的两种基本形式。

（1）独立数/模（D/A）转换器形式。图 2-46 为这种形式的结构图。在这种形式中 CPU 和通道之间通过独立的接口缓冲器传送信息，因此这是数字保持的方案。它的特点是传送速度快、工作可靠，每条输出通道相互独立，不会由于某一路 D/A 故障而影响其他通道的工作。由于使用了较多的 D/A 转换器，因此其成本高，但随着大规模集成电路的发展，成本将不成问题。

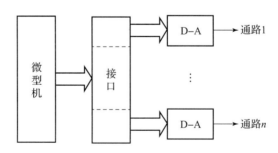

图 2-46 独立数/模（D/A）转换器结构形式

（2）共用数/模（D/A）转换器形式。这种形式的原理框图如图 2-47 所示，因为共用一个数模（D/A）转换器，故它必须在 CPU 控制下分时工作，即依次把数-模（D/A）转换器转换成的模拟电压（电流），通过多路模拟开关传送给输出采样保持器。这种结构节省了数/模（D/A）转换器，但因为分时工作，只适用于通道数量多，且速率要求不高的场合。由于需用多路转换器，且要求输出采样保持器的保持时间与采样时间之比很大，因而其可靠性较差。

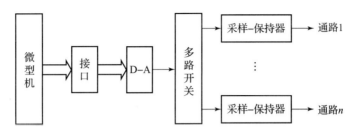

图 2-47　共用数-模（D/A）转换器结构形式

2）数-模（D/A）转换接口设计的一般性问题

模拟量输出通道不论采用何种形式，都要取决于数-模转换器和与 CPU 的接口。

在 D/A 转换器接口设计中，主要考虑的问题包括 D/A 转换芯片的选择、数字量码的输入及模拟量的极性输出、参考电压配置、模拟电量输出的调整与分配等。

（1）D/A 转换芯片的选择原则。选择 D/A 转换芯片时，主要考虑芯片的性能、结构及应用特性。在性能上必须满足 D/A 转换的技术要求，在结构的应用特性上满足接口方便、外围电路简单、价格低廉等要求。

D/A 转换器性能指标包括静态指标（各项精度指标）、动态指标（建立时间、尖峰等）、环境指标（使用的环境温度范围、各种温度系数）。

D/A 转换器结构特性与应用特性主要表现为芯片内部结构的配置状态，它对接口电路设计影响很大。其主要特性有以下几点。

①数字输入特性。数字输入特性包括接收数码制、数据格式及逻辑电平等。D/A 转换器一般只能接收二进制数码，当输入数字代码为偏置码或补码等双极性数码时，应外接适当偏置电路才能实现。D/A 转换器一般采用并行码和串行码两种数据形式，采用的逻辑电平多为 TTL 或低压 CMOS 电平。

②数字输出特性。数字输出特性指 D/A 转换器的输出电量特性（电压还是电流），多数 D/A 转换器采用电流输出。对于输出特性具有电流源性质的 D/A 转换器，用输出电压允许范围来表示由输出电路（包括简单电阻或运算放大器）造成输出电压的可变动范围，只要输出端电压在输出电压允许范围内，输出电流与输入数字间保持正确的转换关系，而与输出电压的大小无关，

对于输出特性为非电流源特性的 D/A 转换器，无输出电压允许范围指标，电流输出端应保持公共端电流或虚地，否则将破坏其转换关系。

③锁存特性及转换控制。D/A 转换器对输入数字量是否具有锁存功能，将直接影响与 CPU 的接口设计。若无锁存功能，通过 CPU 数据总线传送数字量时，必须外加锁存器。同时有些 D/A 转换器对锁存的数字量输入转换为模拟量要施加控制，即施加外部转换控制信号才能转换和输出，这种 D/A 转换器在分时控制多路 D/A 转换器时，可实现多路 D/A 转换的同步输出。

④参考电压源。参考电压源是影响输出结果的模拟参量，它是重要的接口电路。对于内部带有参考电压源的 D/A 转换芯片不仅保证有较好的转换精度，而且可以简化接口电路。

（2）参考电压源的配置。多数 D/A 转换器不带参考电压源，因而设计 D/A 接口电路时要配置参考电压源。

目前参考电压源主要有带温度补偿的齐纳二极管、能隙电压源，由于能隙电压源工作在正常线性区域，因而内部噪声小，工作稳定性好，在制作精密参考电压源时经常采用。

外接参考电压源，可以采用简单的稳压电路形式，如图 2-48（a）所示，也可采用带运算放大器的稳压电路，如图 2-48（b）、（c）所示，简单稳压电路提供的参考电压恒定，带运算放大器的参考电压源具有驱动能力强、负载变化对输出参考电压没有影响，所供参考电压可以调节等性能，目前已有缓冲运算放大器的精密参考电压源使用。

（3）数字输入码与模拟输出电压的极性。

所有的 D/A 转换器的输出电压 V_0，都可表示为输入数字量 D 和模拟参考电压 V_R 的乘积，即

$$V_0 = DV_R \qquad (2-27)$$

二进制代码 D 可表示为

$$D = \alpha_1 2^{-1} + \alpha_2 2^{-2} + \cdots + \alpha_n 2^{-n} (\alpha_i \text{取} 0 \text{或} 1) \qquad (2-28)$$

目前大多数 D/A 转换器输出的是电流量，这个电流要通过一个反相器才能变换为电压输出，图 2-49 为 D/A 转换器输出电路。图 2-49 所对应的输出电压为

$$V_0 = DV_R (0 \leqslant D < 1) \qquad (2-29)$$

如果需用双极性电压信号，这时模拟输出通道必须双极性输出。

采用偏移二进制码方法实现 D/A 转换器的双极性输出比较容易，而且与计算机输出兼容，因为只需将最高位求反，就可将二进制的补码转换为偏移码。

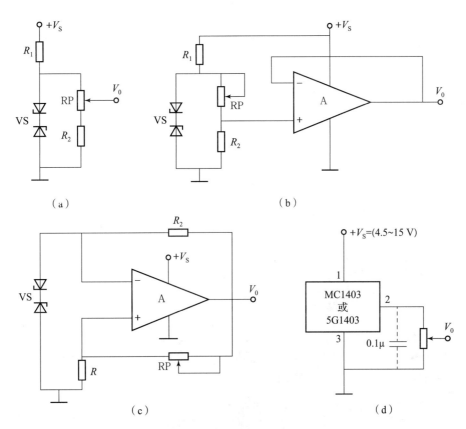

图 2-48 参考电压电路形式

（a）简单参考电压源；（b）带运算放大器的参考电压源；
（c）无负载影响的参考电压源；（d）精密参考电压源

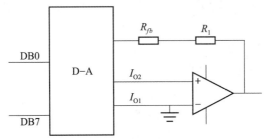

图 2-49 D/A 转换器输出电路

D/A 转换器双极性输出原理图如图 2-50 所示。在单极 D/A 性（常常为运算放大器的反相输出）之后，再加上一级运算放大器反相输出。

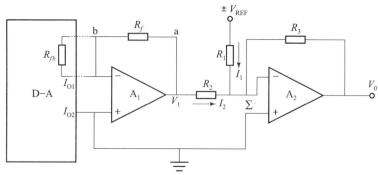

图 2 – 50 D/A 转换器双极性输出原理图

在图 2 – 50 中，$R_1 = R_3 = 2R_2$，对内部有反馈电阻 R_{fb} 的 D/A 转换器，R_f 可以不要，可直接将 a、b 短接后接到 R_{fb} 引脚上。在 A_1 单极性输出基础上，A_2 运算放大器起反相求和作用，即参考电压 V_{REF}，提供的偏流 I_1，它与 A_1 提供的偏流 I_2 相反。由于 $R_1 = 2R_2$，A_2 的输出在 A_1 输出的基础上偏移 $1/2V_{REF}$。输入数据码与理想输出电压的对应关系见表 2 – 6。

表 2 – 6 输入数据码与理想输出电压的对应关系

输入数据码	理想输出电压 V_{OUT}		输入数据码	理想输出电压 V_{OUT}	
MB LSB	$+V_{REF}$	$-V_{REF}$	MSB LSB	$+V_{REF}$	$-V_{REF}$
1 1 1 1 1 1 1 1	$V_{REF} - 1LSB$	$\|V_{REF}\| + 1LSB$	0 1 1 1 1 1 1 1	$-1LSB$	$+1LSB$
1 1 0 0 0 0 0 0	$V_{REF}/2$	$-\|V_{REF}\|/2$	0 0 1 1 1 1 1 1	$-\|V_{REF}\|/2 - 1LSB$	$\|V_{REF}\|/2 + 1LSB$
1 0 0 0 0 0 0 0	0	0	0 0 0 0 0 0 0 0	$-\|V_{REF}\|$	$+\|V_{REF}\|$

上述双极性输出方式把最高位做符号位使用，与单极性输出比较，其分辨率降低一位。在双极性接法时，如果再改变参考对应极性，便可实现 4 个象限的乘积输出，实现参考电压正负极性切换的方法如图 2 – 51 所示。

基准电压切换时要由计算机输出一位控制信号来切换模拟开关。图 2 – 51（a）切换的是小电流，模拟开关对电源精度影响减小，但要求正、负电源性能一致，温度系数匹配。图 2 – 51（b）是另一种切换方式，它没有温度系数问题，但运算放大器的温度漂移，有可能影响参考电压精度。

（4）应用脉宽调制技术替代数 – 模转换 D/A 功能。脉宽调制技术是利用微控制器的数字输出来对模拟电路进行控制的一种有效技术。简言之，脉宽调制技术是一种对模拟信号电平进行数字编码的方法，通过高分辨率的计数器的使用，方波的占空比被调制用来对一个具体的模拟信号的电平进行编码，

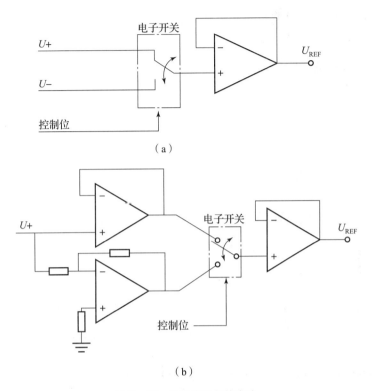

图 2-51 基准电压切换方法
(a) 切换方法 1；(b) 切换方法 2

PWM 信号仍然是数字的，因为在给定的任何时刻，满幅值的直流供电要么完全有（ON），要么完全无（OFF），电压或电流是一种通（ON）或断（OFF）的重复脉冲序列被加到模拟负载上去，通的时候即直流供电被加到负载上去的时候，断的时候即直流供电被断开的时候。只要带宽足够，任何模拟量都可以应用 PWM 技术进行编码。

PWM 技术的一个优点是从微控制器到被控系统信号都是数字形式，无须进行数-模转换。让信号保持为数字形式可将噪声的影响降到最低。噪声只有强烈到足以将逻辑 1 改为逻辑 0，或将逻辑 0 改为逻辑 1 时，才可能对数字信号造成影响。

PWM 技术已经在很多场合替代了以前使用的数-模转换技术 D/A，对比数-模转换技术 D/A，PWM 技术既容易实现又有较好的应用场合，因此获得了广泛的应用。

2. 开关量的输出通道

1）开关量的输出通道的结构形式

开关量输出通道将计算机输出的数字量控制信号传递给开关型或脉冲型的执行器,其典型结构形式如图2-52所示。

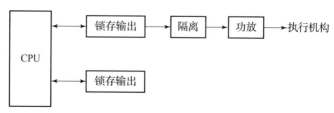

图2-52 开关量输出通道的典型结构形式

2）开关量输出通道与计算机的接口

开关量输出通道与计算机接口的任务是将计算机输出的数字量锁存后再输出,以保证在程序控制规定的期限内输出的开关状态不变。开关量输出通道与计算机的接口可以采用以下方法。

（1）微控制器直接控制。微控制器本身带有具有锁存功能的I/O口作为输出,所以无须另加接口电路,如8031的P1口作为输出。

（2）采用通用集成可编程输入/输出接口芯片。可编程芯片的最大特点,就是在不增加任何硬件的条件下,通过改变程序内容就可达到改变芯片功能的目的。可编程并行接口芯片一般有两个以上具有锁存或缓冲功能的数据端口,一个以上的控制寄存器和中断逻辑电路,因此使用非常方便。这类芯片主要有8155、8255等。

（3）采用通用逻辑芯片。采用通用逻辑芯片可用TTL或CMOS逻辑芯片实现。这类芯片有TTL和CMOS系列锁存器等。图2-53为74LS273与8031的接口电路。

3. 功率放大器

计算机输出的控制信号经过输出通道的处理后,一般还要经过功率放大器后才能作用于执行机构,这是因为经输出通道所处理的信号的能量不足以驱动各种执行机构。

功率放大器的负载可能是直流伺服电动机、动圈式力电动机、直流比例电磁铁、高速电磁阀、步进电动机等。功率放大级除了必须具有足够的输出功率外,还必须具有良好的稳态和动态特性。

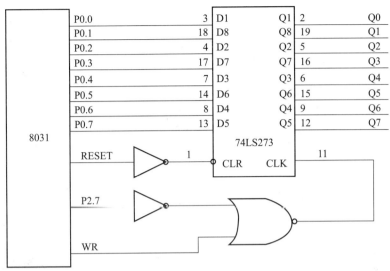

图 2-53　74LS273 与 8031 的接口电路

根据驱动负载的不同，功率放大器可分为电压反馈型和电流反馈型，直流伺服电动机配用前者，而动圈式和动铁式电-机械转换器及比例电磁铁毫无例外地采用后者。

1）电压反馈型功率放大器

直流伺服电动机的转速控制是通过对其电枢绕组的电压控制来实现的，因此可采用带输出电压负反馈的功率放大器，如图 2-54 所示，由于电压负反馈的存在，该功率放大器的输出电阻可以减小到无反馈时的

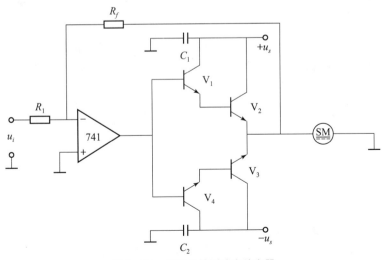

图 2-54　电压反馈型功率放大器

$$R = \frac{1}{1 + AK_f} \quad (2-30)$$

式中，A 为放大器开环增益；K_f 为反馈增益。

一般来说，控制放大器的输出电阻越小，直流伺服电动机的快速性越好。

2）电流反馈型功率放大器

对动圈式和动铁式电－机械转换器，控制线圈的电感一般较大，如采用电压反馈方式放大器，其电气时间常数变得不可忽略，故往往采用电流反馈，使功率放大器只有很小的电气时间常数。

图 2-55 描绘了两种电路的等效电路。对图 2-55（a）所示的电压反馈放大器，根据 a 点虚地的概念，有

$$u_i \approx \frac{R_1}{R_f} u_0 \quad (2-31)$$

$$u_0 = i(L_c s + R_c + R_o) \quad (2-32)$$

式中，R_c、R_o 为控制线圈电阻和放大器内阻；L_c 为控制线圈电感；U_o 为放大器输出端电压；R_1、R_f 为输入电阻和输出电阻。

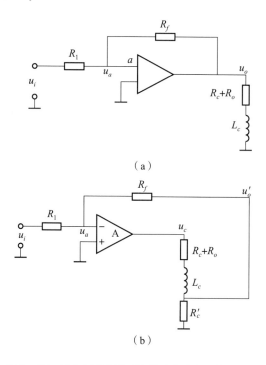

图 2-55 带电压或电流反馈的功率放大器等效电路

（a）带电压反馈；（b）带电流反馈

由式（2-31）和式（2-32）可得输入电压至控制电流的传递函数为

$$\frac{i(s)}{u_i(s)} = \frac{\dfrac{R_f}{R_1(R_c + R_o)}}{\dfrac{L_c}{R_c + R_o}s + 1} \quad (2-33)$$

时间常数

$$T = \frac{L_c}{R_c + R_o}$$

图2-55（b）所示的电流反馈电路增加了一个输出电流采样电阻 R'_c，可得

$$u_i - u_a = \frac{R_1}{R_f}u'_o \quad (2-34)$$

$$u_o = u_a A, \quad u'_o \approx iR'_c \quad (2-35)$$

$$u_c = i(L_c s + R_c + R_o + R'_c) \quad (2-36)$$

由式（2-34）、式（2-35）和式（2-36）可解得电流反馈放大器的输入电压 u_i 至控制电流 i 的传递函数为

$$\frac{i(s)}{u_i(s)} \approx \frac{R_f/R_1 R'_c}{T's + 1} \quad (2-37)$$

式中，时间常数为

$$T' = \frac{L_c/(R_c + R_o + R'_c)}{\dfrac{AR_1 R'_c}{R_f(R_c + R_o + R'_c)} + 1}$$

因 R'_c 很小，故有

$$T' \approx \frac{R_f(R_c + R_o + R'_c)}{AR_1 R'_c}T \quad (2-38)$$

由于放大器开环电压增益很大，由式（2-38）可见，采用电流反馈的放大器电气时间常数可大幅度减小。由于 $R'_c \ll R_c$，故在采样电阻上的功耗可以忽略。

图2-56为带电流负反馈的电-机械转换器功率放大级电路。末级采用了一对互补型达林顿管，二极管的作用在于消除末级的交越失真，以改善输出电流信号的保真度。目前，输出为数十瓦级的功率放大级集成块已经十分普遍，其工作稳定性和可靠性均比分立元件为优。由于功率放大管功耗较大，故需注意冷却。

3）开关式功率放大器

高速电磁开关阀（数字阀）、步进电动机等数字式执行元件不论是脉宽调

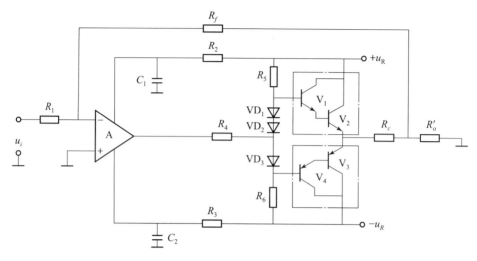

图 2-56 带电流负反馈的功率放大器

制式还是增量式的,都采用开关型放大器。数字式执行元件使用这种放大器除节省能耗外,还有与计算机连接方便、能消除摩擦影响、省去颤振信号等优点。

与模拟电量的电流反馈型放大器比较,数字信号的放大器只在开、关两种状态工作,并不要求输入电压与输出电流的线性关系。它的功率管工作在饱和导通段和截止段。当导通时管压降近于零,而截止时电流近于零,因此放大器的功耗很小。

数字信号的放大器除放大电信号外,还要求尽可能减少开、关过程中的时间。由于像高速电磁阀等电-机械转换器的线圈是感性负载,必然带来时间滞后问题,因此必须考虑两个问题:一是如何保护功率管不受电流切断时由电感引起的尖峰信号的冲击;二是如何减少感性负载的切换响应时间。

(1) 抑制电路。为保护功率管免受感性电势峰值的冲击,有以下几种抑制电路。

①二极管抑制。最简单的电压抑制如图 2-57 (a) 所示。这是使用一个释能二极管跨接在电-机械转换器线圈的两端,当线圈通电运行时,二极管置反向电压,其作用如同一个对线圈进行分路的极高阻抗。当线圈断电时,线圈极性立即反向,二极管处于正向电压下导通,为电流提供了一个低阻抗的通路。

当线圈断电,储存在线圈中的能量必须消耗在电阻 R_m 中,衰减的时间常数是 L_m/R_m 在增量式数字控制中,若步进电动机的步进率低于它的时间常

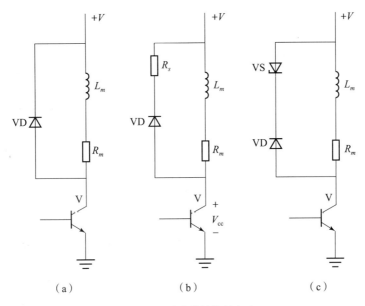

图 2-57 功率管的抑制电路
(a) 二极管抑制；(b) 二极管—电阻抑制；(c) 稳压二极管抑制

数，经过释能二极管的平均电流将很小，因而可以不用二极管也不致损坏功率管。

②二极管—电阻抑制。如图 2-57（b）所示，在要求高速运动时，断电线圈里的能量必须尽快消耗掉。这可在"释能"二极管外串联一个电阻 R_s，以减小断电电路的时间常数来实现。在图 2-57（b）所示的情况下，电流断开期间的时间常数是 $L_m/(R_m+R_s)$。可利用的抑制电阻 R_s 的最大值取决于集电极—发射极的击穿电压值 V_{cer}，即

$$R_s < R_m\left(\frac{V_{cer}}{V_{cc}} - 1\right) \tag{2-39}$$

③稳压二极管抑制。如图 2-57（c）所示，在要求比二极管电阻抑制电流衰减得更快时可以使用这种电路。断开线圈的电压升高到使稳压二极管击穿并开始导通，能量以热能的形式在稳压管内消散。

以上三种是较常用的抑制电路，但需消耗相当能量，效率较低。为更进一步提高效率，可用有源抑制的功率放大器，如图 2-58 所示。

图 2-58 中，当线圈通电时，晶体管 VT_1 和 VT_2 导通，二极管 VD_1 和 VD_2 反向偏置，电流从电源经晶体管 VT_1 和 VT_2 及线圈流过；当线圈断电时，晶体管 VT_1 和 VT_2 截止，跨越线圈的电压反向，引起二极管 VD_1 和 VD_2 导通直至线圈电流变为零。VT_1 和 VT_2 绝不能出现峰值电压。

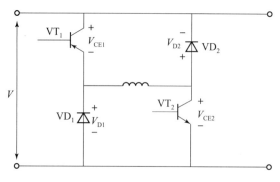

图 2-58 有源抑制电路

这种有源抑制功率放大器,改进了稳定性。在步进电动机中,断电相的能量可输送到即将接通的下一相,能量不会损失,电流容量大,功率管损坏的危险性小,所以比常用放大器有更高的效率,但成本较高。

(2) 高速增加电流的方法。功率放大器的能量输入方式直接影响到高速电磁阀的工作性能。高速电磁阀的快速响应特性和强电磁吸力特性,要求其功率驱动模块在尽可能短的时间内能够提供高能量,使电磁阀得到尽可能高的电流变化率和电流峰值。

功率驱动模块的能量输入方案如图 2-59 所示。通常是在电磁阀运动阶段,驱动模块提供给电磁线圈一定常高电压,在这期间电流逐渐达到最大值,工作气隙逐渐减小到最低值,磁通密度和电磁吸力也逐渐增大,并在衔铁运动终了时达到最大值。当电磁阀闭合进入保持阶段,驱动模块提供给电磁线圈一定常低电压,电流被降到能够维持衔铁处于闭合状态即可。使用这种常规能量输入方案工作的电磁阀,由于衔铁运动起始阶段电磁吸力很小,衔铁运动非常缓慢,绝大部分衔铁运动行程是在运动末了短时间内才能完成的,因此响应速度没有达到最大值。理想的能量输入方案是当衔铁运动刚开始时,就能得到最大作用力,使其在整个运动过程中都能以最大加速度运动,以保证衔铁吸合时间最短;因为电磁吸力是由磁通密度和吸合作用面积决定的,所以要实现电磁阀上述工作过程,需要当工作气隙仍然很大时磁通密度就达到饱和,这就要求电磁阀在初始运动阶段电流有很高的变化率并达到很大的峰值;随着衔铁的运动,工作气隙减小,磁阻降低,电流逐渐变低仍能保持电磁作用力不变,在运动阶段衔铁始终以最大加速度工作(图 2-60)。

因为功率驱动模块的能量输入方案直接影响电磁阀的工作性能,人们经过努力已研制和开发出多种各具特色的驱动模块。目前比较成熟的驱动模块类型可分为调压式、增压式和电容式。

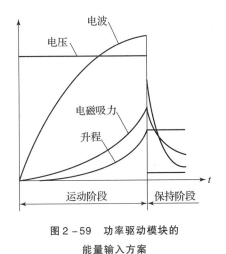

图2-59 功率驱动模块的
能量输入方案

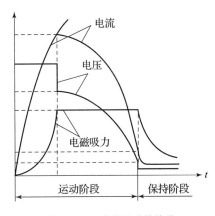

图2-60 功率驱动模块的
优化能量输入方案

①调压式驱动模块,按工作方式不同又可分为线性调压式驱动和PWM调压式驱动。线性调压式驱动模块采用12 V车用蓄电池电压,对蓄电池电压进行线性调节以得到合理的电磁线圈驱动电流。PWM调压式驱动模块与线性调压式驱动模块相比,具有节约能耗、电路结构简单以及电路板所占体积小等优点。在相同工作条件下,PWM调压式驱动模块消耗的能量比线性驱动模块少1/3,因为当电磁阀关闭后,PWM调压式驱动模块可以调节电磁线圈中的维持电流,而线性调压式驱动模块却只能提供定常的维持电流。

②增压式驱动方式也叫高低双电压驱动方式。这种方式使用增压电路提供远高于12 V的电压作为电磁线圈的初始驱动电压。在电磁阀初始运动阶段,增压式驱动方式提供电磁线圈90~120 V的高电压,使线圈中电流以极高电流变化率上升,保证电磁阀的快速响应性;当电磁阀关闭后,驱动模块提供低电压用以维持电磁阀的工作状态。增压式驱动模块可以提供快速、可预知和不受蓄电池电压变化影响的线圈电流上升波形,从而保证电磁阀关闭始点的一致性,降低喷射定时的误差。但其电路设计比调压式驱动模块复杂,能耗较高。增压式驱动模块的特点是:对蓄电池电压变化不敏感;在大电流功率线束中使用更少的导线;对导线电阻变化不敏感,从而提高高速电磁阀控制燃油喷射的一致性。

图2-61是高低双电压驱动的电路原理图及控制信号和线圈电流的波形。驱动放大器用两种直流电压(例如100 V和12 V)供电,在控制信号的控制下配合工作。计算机输出两个控制信号u_1和u_2在每一个采样周期开始时同时上跳,功率管V_1和V_2同时导通,导通时通过V_1管压降很小,VD2因反

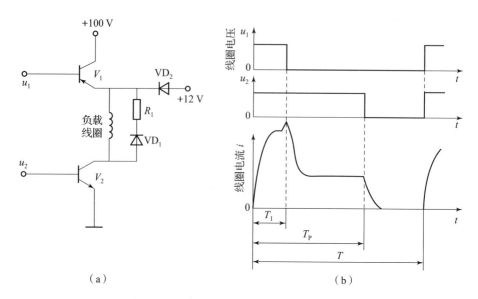

图 2-61　高速电磁阀的高低双电压确定原理
(a) 双压驱动放大器；(b) 线圈电流波形

向偏置而截止，这时负载线圈由 100 V 电源供电，使得线圈电流飞速上升，电磁阀阀芯迅速启动。阀芯启动瞬间，u_1 信号下降，使 V_1 关闭，这时由 12 V 电源继续供电，维持阀芯在工作位置。达到要求的时间后，u_2 信号下跳，使 V_2 管也关闭，阀芯在弹簧力的作用下复位，启动时强励磁电流的作用，使得电磁阀的启动时间减小，而启动后又可用较小的励磁电压维持阀芯位置，使电磁阀复位时磁力消退加快，减少了电磁阀的复位时间。因此，双电压驱动方式既减小了电磁阀的启、闭时间，同时具有良好的节能效果。

计算机输出的 u_1 信号是高电压控制信号，其脉冲宽度固定不变，且略大于高速电磁阀的开启时间，u_2 为脉宽调制信号，由给定值或反馈值经运算后确定。

③电容式驱动模块通过高压电容放电，提供给电磁线圈瞬态的高变化速率的电流使电磁阀迅速达到工作位置；工作气隙减小到只需很低电流便能维持正常工作时，由 12 V 车用蓄电池电压提供此维持电流。在该种驱动模块中，可以使用 DC-DC 转换器提供的高电压给电容充电，也可以不使用额外的高电压，而是通过终止流经一附加电感线圈的电流产生的瞬态高电位差给电容充电。

高速高压电磁阀的功率驱动部分对电磁阀的工作性能起着重大作用，必须对其进行合理设计和应用。如前所述，功率驱动模块可概括为调压式、增压式和电容式。三种驱动类型各有特色，又相互有交叉应用之处，为电磁阀提供高电流变化率和电流峰值，降低对蓄电池电压的敏感程度，驱动能量智能优化地输入以降低能量消耗等是设计和开发高速强力电磁阀的功率驱动模块所必须考虑的。

上述的几种高速增加电流、提高功率放大器的开关切换时间的方法也适于步进电动机。

2.3.4 电控单元的电源设计

电源是任何一个电子设备必不可少的组成部分，它为电路提供电压和电流，提供电路正常工作所必需的能量。通常，供电方式有两种：交流供电和蓄电池供电。对于在车辆上使用的电控系统来说，供电电源只能是蓄电池，但是，由于蓄电池供电不稳定，不能直接供给 ECU 使用，因此，需要采用一些电路装置把它调整为稳压电源，稳压电源包括线性稳压电源和开关稳压电源。

1. 线性稳压电源

线性稳压电源是目前各种电子设备中使用较多的直流稳压电源，它是通过改变开关调整管两端的电压降，使输出电压稳定在一定的范围，由于调压管是连续地工作在线性放大状态，因而称为线性稳压电源，它又可分为串联型和并联型两种。由于调整管始终有电流流过，并承受一定的电压，所以管子的功耗比较大。

2. 开关稳压电源

开关稳压电源的工作原理不同于传统方式的稳压电源，它的调压管是断续地工作在导通和截止状态，导通时为开，截止时为关，因而称为开关电源。

图 2-62 为开关稳压电源的工作原理图。它是由取样、比较放大、基准电压、开关脉冲发生和开关控制、开关调整管以及储能电路组成。其与传统的稳压电源不同在以下两个方面。

（1）调整管工作在开关状态，必须通过储能电路，才能输出平滑、稳定的直流电压。

（2）用取样电压控制调整管导通与截止时间的方法稳定输出电压。

图 2-63（a）为串联开关调压的简化电路。图 2-63（b）是开关通、断时的波形。当图 2-63（a）中的开关 K 接通时，输入直流电压 U 便加到负载电阻 R_L 上，当开关断开时，负载 R_L 上便无电压，如此交替通断，在负载上就会形成如图所示的矩形波，这个矩形波的电压平均值可表示为

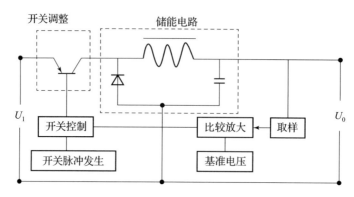

图 2-62 开关稳压电源的工作原理图

$$V_0 = \frac{V_D T_{ON}}{T} \qquad (2-40)$$

式中，V_0 为电压平均值；V_D 为矩形波电压的幅值；T_{ON} 为矩形波的脉冲宽度；T 为矩形波的周期。

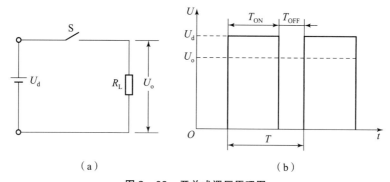

图 2-63 开关式调压原理图
（a）串联开关调压电路；（b）开关通断电压波形

从这个关系式可以看出，当 V_D 因某种原因降低时，可有三种方法使 V_0 保持不变。

（1）调宽式：矩形波的周期 T 不变，而让 T_{ON} 相应地变宽（改变导通时间），使 V_0 稳定。

（2）调频式：矩形波的宽度 T_{ON} 不变，让周期 T 适当缩短，即改变矩形波的频率，使 V_0 保持不变。

（3）调频调宽式：既缩短 T（改变信号周期），又使 T_{ON} 变宽（改变导通时间），来稳定 V_0。

如果 V_D 升高，用上述三种方法做相反方向的变化也可稳定 V_0。根据上述三种基本原理制成的开关电源能克服串联型稳压电源的一些缺点,在各种电子设备中得到广泛应用。

3. 升压电源

在柴油机电控喷油系统中,由于高速电磁开关阀是电阻小、电感大的电感性元件,电感中的电流不能突变,为了提高电磁阀的响应速度,要求使用瞬间高压,将蓄电池电压12 V升高到比较高的电压,例如100 V,以驱动电磁阀。另外,压电陶瓷执行器的驱动电压,一般需要150 V左右的驱动电压,因此需要进行升压式的直流-直流(DC-DC)变换,其基本原理为:如图2-64所示,当VT1导通时,电流流过电感,通讨申感进行储能;当VT1截止时,电感中储存的能量通过二极管VD给负载供电,同时对电容C1进行充电,当负载电压将要下降时,电容C1开始放电,这样可以获得输出高于输入的稳定电压。

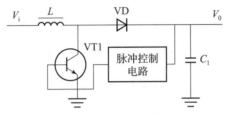

图2-64 直流-直流变换原理图

实际应用中的升压电路如图2-65所示。用PWM控制器从OUT引脚输出PWM脉冲控制信号,来对开关晶体管的开关进行控制,用改变脉冲宽度的方法,来改变晶体管相应的导通和截止时间,因而能够使输出电压稳定在预定值上。设PWM控制器工作频率为100 kHz,Rp用于调节输出电压。

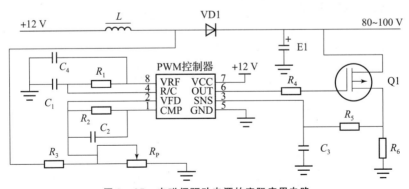

图2-65 电磁阀驱动电源的实际应用电路

第 3 章

柴油机电控喷油技术

燃油系统俗称柴油机的心脏，其基本作用是：根据发动机的运行工况和环境条件将适量的燃油、在适当的时间内、以适当的空间状态喷入燃烧室，形成良好的混合气，便于组织完善的燃烧，以利于发动机发出最大的功率和转矩，同时满足燃油耗、噪声、排放等各方面的要求。

经过近100年的发展，柴油机燃油喷射系统已经取得了非常巨大的进步，从最初的全机械控制式喷油系统，发展到电控喷油系统，电控喷油系统已经发展了三代，目前共轨式电控喷油系统已普遍应用。

|3.1 柴油机电控喷油系统组成|

经过50多年的发展，已发展出多种的柴油机电控喷油系统，尽管它们所采用的技术不同、结构各异，但其基本组成大体上是相同的，如图3-1所示，它们均与被控对象（柴油机）构成一闭环反馈控制系统。一般可将柴油机电控喷油系统分为四个部分，即被控对象（柴油机）、传感器、以单片机为核心的控制器和执行器，后三部分组成柴油机电控喷油系统。

传感器的主要功能是检测发动机的运行参数或状态，它将非电量的有关参数或状态转化成电信号，然后不失真地将有关信息提供给控制器。

以单片机为核心的微控制器是柴油机电控喷油系统的大脑，柴油机动力装置能否可靠、经济地运行，在很大程度上取决于微控制器。它是一个典型的数字式控制器，由单片微型计算机、接口电路等硬件和软件组成，信息的采集、

第 3 章 柴油机电控喷油技术

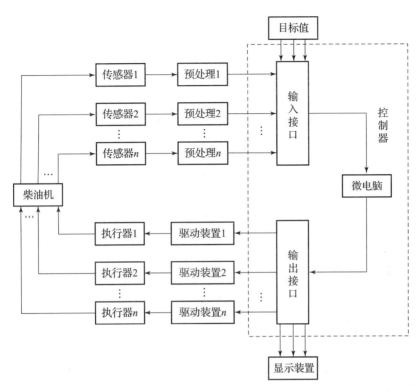

图 3-1 油机电控喷油系统的基本组成

处理、传输和时间程序控制是该控制器的主要功能。目前，柴油机电控喷油系统中大都采用单片机，以减小体积、降低成本和提高可靠性。控制器中的单片机由硬件和软件组成。其主要硬件有中央处理器，存储器、输入/输出设备，定时器/计数器等。其软件分为两种类型，即系统软件和应用软件。

执行器是柴油机电控喷油系统实现对柴油机进行调控的最终手段，它按照控制器的"意图"动作。执行器由驱动部分、执行电器和机械执行机构三部分组成。微控制器输出的控制决策信号一般很小，不能直接驱动执行电器，需要专门设计驱动电路。目前在柴油机电控喷油系统中的执行器中使用的执行电器主要有：动铁式力电动机，如比例电磁铁、高速开关电磁铁；动圈式力电动机，如直流直线电动机；此外还有压电陶瓷驱动器、直流伺服电动机、步进电动机和力矩电动机等。另外，还采用了电液机构。机械执行机构的形式则依据其控制对象和在发动机上的布置而定。执行器是柴油机电控喷油系统的最后一个环节，也是控制系统对被控对象实施调控的唯一手段，它又直接与发动机有关部件连接。因此，在设计时要充分考虑到其强度、刚度、抗振动能力、抗干扰能力、调节精度和调节稳定性等一系列问题。执行器设计是整个柴油机电控系统设计的一个重点和难点。

柴油机电控喷油系统工作流程大体如下，传感器检测到的各种信号先送入模/数（A/D）转换器（如果输入信号是模拟量），然后通过微控制器的接口输入。在微控制器的存储器中，存有所需的发动机调控参数或状态的目标数据。这些目标数据是柴油机的各种不同参数和最优运行结果的综合，一般是通过统计或实测而得到的。当由传感器检测到发动机的某一实际参数进入微机控制器后，先与存储器中的相应参数和最优运行结果比较，如果两者相同，则整个柴油机电子控制系统保持原状态，发动机继续按先前状态运行。相反，当实际参数偏离目标参数时，微控制器则会根据该偏离值的大小和极性（正或负）按一定的控制策略进行有关信息的处理，然后根据处理的结果，调节相应的执行器执行相关的动作。

3.2 柴油机电控喷油系统发展历程

在传统概念中，柴油机依靠自身压缩、着火、燃烧而做功。作为一台性能优良的柴油机来说，其基本标志就是油耗低，具有良好的可靠性和耐久性，而与电气系统没有多大关系。但是，随着时代的发展，对柴油机的噪声、排放和提高性能的要求越来越高，将电子技术应用于柴油机，以求满足上述时代的要求已成必由之路。

柴油机燃油系统在电子化的道路上，与汽油机相比有着很大的差异：在汽油机中采用喷油器代替化油器，导致燃油系统巨大的变化，这个转型比较顺利，所用时间也比较短。但在柴油机中要求高精度地控制高压燃油喷射是非常困难的，而且传统的机械式柴油机燃油喷射系统也具有不错的控制性能，因此，柴油机电控喷油系统的发展相对较晚。

柴油机电控喷油系统的开发研究从20世纪70年代开始，已经经历了三代。

3.2.1 第一代电控喷油系统——位置控制式

位置控制系统的特点是不仅保留了传统的喷油泵—高压油管—喷油器系统，而且保留了喷油泵中齿条齿圈、滑套、柱塞上控油螺旋槽等控制油量的机械传动机构，只是对齿条或滑套的运动位置由原来的机械调速器控制改为以微控制器为核心的电控单元控制，使控制精度和响应速度得以提高。

位置控制式电控喷油系统的发展经历了从模拟电路控制到计算机控制、从单项控制到综合控制的过程。

1. 模拟电路控制的燃油系统

投入使用的柴油机电子控制系统始于20世纪70年代。采用模拟电子控制回路、传感器和执行器代替控制喷油量的调速器，如图3-2所示。该系统是为特殊用途的柴油机设计的。例如，消防汽车的送水控制、固定发电用柴油机的控制等。采用电子控制系统代替机械式调速器控制机构可以更加精密地控制柴油机的转速。

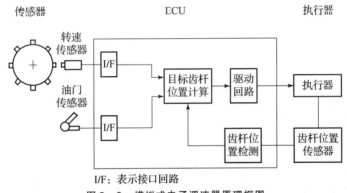

I/F：表示接口回路

图3-2 模拟式电子调速器原理框图

采用电磁执行器控制喷油泵的调节齿杆，由传感器检出调节齿杆的位移，通过反馈系统把调节齿杆的位移当着目标喷油量进行控制。在电子回路中，作为控制发动机的基本信号有油门位置（输入目标控制转速）和实际发动机转速。

根据目标控制特性，由电子控制回路计算出调节齿杆的目标位移，输入了目标齿杆位移电压的电子伺服机构可以将调节齿杆的位移精确地控制在目标位置上，从而可以得到目标转速特性。但是，即使采用复杂的模拟回路，想要得到理想的控制特性也绝非易事，设计的自由度也有一定的局限性。

2. 计算机控制的燃油喷射系统

进入20世纪80年代以后，微型计算机被应用到各种各样的控制机构中，柴油机的控制技术也迎来了它的革命性新时代。

通过编写软件可以实现上述各种控制功能，因此，采用微型计算机代替模拟控制电路，在模拟电路中设计自由度低的问题大大改善。图3-3为计算机控制的电子调速器系统框图。

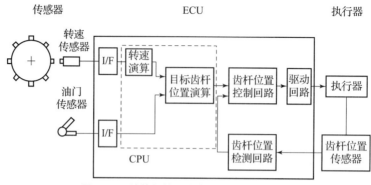

图3-3 计算机控制的电子调速器系统框图

从基本构成来看,计算机控制的燃油喷射系统与模拟电路控制的喷油系统区别不大,但是,利用计算机的软件可以对目标伺服位置进行非常精确细致的计算处理。计算机控制的燃油系统的演算原理的核心是两大部分：计算软件和数据MAP。

所谓数据MAP,就是将控制特性用适当的数组记录下来,并预先存储在计算机的存储器内,根据油门开度和发动机转速从MAP数组中计算出目标位置,也就是说,将使发动机性能能够达到最佳的调速器特性曲线图预先输到计算机的存储器中。

计算机的存储容量是有限制的,所以,不能无限制地将特性数据输入计算机中,只能将具有代表性的特征点的数据输入计算机的存储器内,对于数据和数据之间的工况,采用内插法计算求取。也就是说,采用折线近似地代替复杂的调速器特性曲线。

3. 喷油定时的电子控制

为了做到最佳控制发动机的噪声和排放,必须根据发动机的实际运行工况控制喷油定时。在机械式提前器中,主要是利用飞块的离心力控制喷油定时。所以,喷油定时只是根据转速的变化而改变,与其他参数无关。电子控制喷油定时系统用电子、油压伺服机构代替机械系统中的飞块,通过计算机的计算结果控制喷油定时,可以大大提高自由度,使发动机的排放、噪声达到最佳化。图3-4为电子提前器的系统框图。

由传感器检测出发动机转速和喷油泵调节齿杆的位移,根据当时的状态,从数据MAP中求出目标提前器相位,由驱动电路驱动执行机构,使喷油泵的凸轮轴产生相应的提前角。电子提前器可以综合考虑冷却水温度等其他环境条件,得到比较理想的喷油定时控制特性。

第 3 章　柴油机电控喷油技术

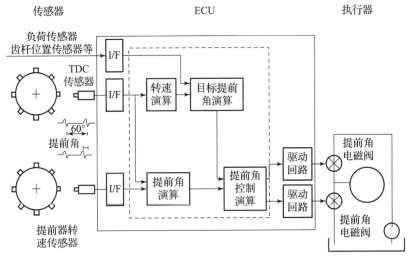

图 3-4　电子提前器的系统框图

4. 综合电子控制系统

综合电子控制系统不仅传感器和电子回路公有化，而且将调速器控制和喷油定时控制有机地结合起来，控制精度更高、控制自由度更大。综合电子控制系统的组成如图 3-5 所示。

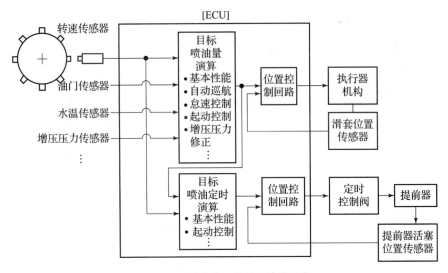

图 3-5　综合电子控制系统的组成

典型的位置控制式电控喷油系统有日本 ZEXEL 公司的 COPEC 直列式喷油泵、德国 BOSCH 公司 EDR 系统等。应用位置控制式电控喷油系统，柴油机的结构几乎无须改动,故生产继承性好,便于对现有机器进行升级改造。其缺点是控制自由度小、控制精度差,喷油率和喷射压力难以控制,而且不能改变传统喷射系统固有的喷射特性,也很难大幅度地提高喷射压力。位置控制式喷油主要是在直列泵和分配泵上进行改进,在直列泵上它是通过控制喷油泵齿杆位移来控制喷油量,通过控制液压提前器来实现喷油正时控制;在分配泵上它是通过控制滑套位移来控制喷油量,控制 VE 泵上的提前器或改变凸轮相位来进行喷油正时控制。

3.2.2 第二代电控喷油系统——时间控制式

所谓时间控制,就是用高速电磁阀直接控制高压燃油的适时喷射。这种系统可以是保留原来的喷油泵—高压油管—喷油器系统,也可以采用新型的产生高压的燃油系统,而用高速电磁阀直接控制高压燃油的喷射。一般情况下,电磁阀关闭,执行喷油;电磁阀打开,喷油结束。喷油始点取决于电磁阀关闭时刻,喷油量则取决于电磁阀关闭时间的长短。因此,既可实现喷油量控制,又可实现喷油定时的控制。时间控制系统的控制自由度更大。时间控制式电控喷油系统控制原理如图 3-6 所示。电控泵喷嘴和电控单体泵就是采用时间控制式电控喷油技术。

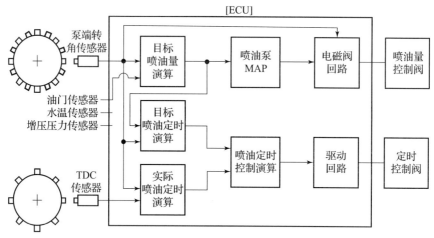

图 3-6 时间控制式电控喷油系统控制原理

时间控制式电控喷油系统中,喷油泵仍汲取传统直列泵、单体泵、分配泵柱塞供油的原理,即通过由柴油机曲轴驱动的喷油泵凸轮轴使柱塞压缩燃油,从而产生高压脉冲,这一脉冲以压力波的形式传至喷油器,并顶开针阀。但传统的喷油泵中,柱塞同时起到建立供油压力与调节供油量的作用,而时间控制式喷油系统,采用高速电磁阀泄油调节原理,柱塞只承担供油加压的功能,供油量、供油时刻则由高速电磁阀单独完成。因此供油加压与供油调节在结构上就互相独立。这样传统的喷油泵结构得以简化，强度得以提高，而且传统喷油泵中的齿圈、滑套、柱塞上的斜槽、提前器、齿杆等可全部取消，喷油泵的设计自由度提高，高压喷油能力大大加强。但是这种喷油系统依旧利用脉动柱塞供油，因此其对转速的依赖性很大，在低速、低负荷时，其喷油压力不高，而且难以实现多次喷射，极不利于降低柴油机的噪声和振动。

3.2.3　第三代电控喷油系统——电控共轨式喷油系统

这是国外于20世纪90年代中期开始推向市场的一种新型柴油机电控喷油技术，它摒弃了以往传统使用的泵—管—嘴脉动供油的形式，代之用一个高压油泵在柴油机的驱动下，以一定的速比连续将高压燃油输送到共轨管（即公共容器）内，高压燃油再由共轨管送入各缸喷油器。在这里，高压油泵并不直接控制喷油，而仅仅是向共轨管供油以维持所需的共轨压力，并通过连续调节共轨压力来控制喷射压力，采用压力—时间式燃油计量原理，用高速电磁阀控制喷射过程。喷油压力、喷油量和喷油定时由电控单元灵活控制。这种系统具有下述优点。

（1）可实现高压喷射，喷射压力可比一般直列泵系统高出1倍，最高已达250 MPa。

（2）喷射压力独立于发动机转速，可以改善发动机低速、低负荷性能。

（3）可以实现多次喷射，调节喷油速率形状，实现理想喷油规律。

（4）喷油定时和喷油量可自由选定。

（5）具有良好的喷射特性、可优化燃烧过程，使发动机油耗、烟度、噪声和排放等性能指标得到明显改善，并有利于改进发动机扭矩特性。

（6）结构简单，可靠性好，适应性强，可在所有新老发动机上应用。

目前美国Delphi（德尔福）公司，日本Denso（电装）公司，德国BOSCH公司、Continental公司、L'Orange公司都已大批量生产高压共轨喷油系统。而且这种高压共轨喷油系统不仅在卡车和轿车柴油机上得到大批量应用，而且在大功率柴油机，例如，大型柴油发电机组、内燃机车、大型工程机械，甚至远洋轮船也大量使用。据资料介绍，BOSCH公司目前压电晶体驱动的高压共轨喷油器的年产量已达2 000万件。现已可以说，电控共轨喷油系统代表着未来柴油机燃油系统的一个发展方向，这在国外已成为普遍共识。此外，共轨系统能与小型柴油机、中型柴油机及重型柴油机匹配，不像分配泵那样只能用于小型发动机，或像泵喷嘴、单体泵那样需要改动发动机，因此市场范围很大。

共轨喷油系统可分为高压共轨喷油系统和中压共轨喷油系统。高压共轨喷油系统的特点是：高压输油泵直接输出高压燃油到共轨管，压力可达120 MPa

以上。因此整个系统，从高压输油泵到喷油器均处于高压状态。而中压共轨喷油系统中，输油泵输出的燃油是中、低压油，压力为 10～30 MPa，此压力燃油进入共轨，然后进入喷油器，而喷油器中有液压放大结构（即增压器），燃油在此被加压到 120 MPa 以上，然后再喷入气缸。因此中压共轨喷油系统中，高压区域仅局限在喷油器中。目前已投入使用的共轨喷油系统中，大多数都是高压共轨喷油系统。中压共轨喷油系统的典型产品是美国 Caterpillar 公司的 HEUI 系统，但是该系统已停止生产。

3.3 柴油机电控喷油基本理论

电控喷油可使燃油系统控制自由度大大增加。电控系统对喷油的控制包括喷油量控制、喷油时间控制、喷油压力控制和喷油率控制。下面分别介绍上述控制的原理。

3.3.1 喷油量控制

电控系统的喷油量控制方法如图 3-7 所示。根据各种传感器的信息，ECU 计算出目标喷油量；根据目标喷油量，计算出喷油装置供油时间，并向驱动单元发送驱动信号；根据 ECU 送来的驱动信号，喷油装置中的电磁阀开启或关闭，控制喷油装置供油开始、供油结束的时间，或只控制供油结束时间，从而控制喷油量。

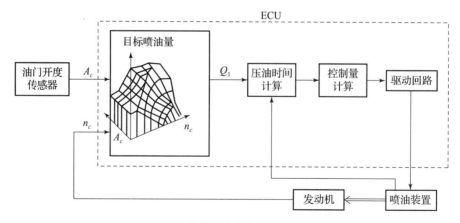

图 3-7 电控系统的喷油量控制方法

在电子控制燃油喷射系统中,目标喷油量特性已经数值化,绘成三维图形(即 MAP 图)。所以,可以得到自由的喷油量特性。

1. 基本喷油量控制

不同的发动机要求不同的转矩特性。为了得到相应的转矩特性通常是通过控制喷油量来实现的。

图 3-8 所示为基本喷油量特性图。特别是等速特性,与发动机负荷无关,始终保持恒定的转速。该特性广泛地应用于发电机用发动机中。在机械式调速系统中调速率约为 3%;负荷变化,转速随之变化。但在电控燃油系统中,通过发动机转速的反馈控制,可以得到恒定不变的转速。

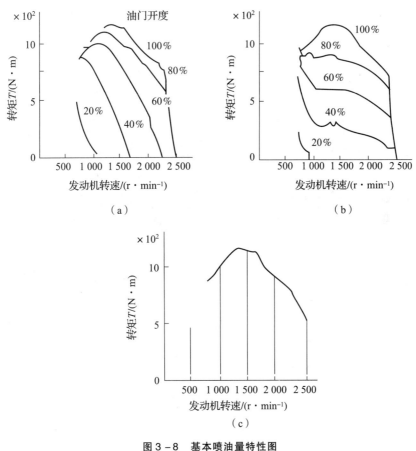

图 3-8 基本喷油量特性图
(a) 全程调速特性;(b) 两极调速特性;(c) 等速特性

2. 怠速转速控制

在怠速工况下，发动机产生的转矩主要用于克服发动机自身的摩擦转矩，维持稳定的转速。

如图 3-9 所示，在油门开度一定时，发动机转矩随转速的升高而下降。在低温下工作时，润滑油的黏度大，发动机的摩擦阻力大，此时转速较低；随着发动机温度的升高，摩擦阻转矩下降，发动机转速将随之升高。如果发动机怠速转速高，则发动机噪声大，燃油消耗率高。为了解决上述问题，电控系统通过自动调节喷油量，保证在发动机负荷转矩发生变化时，将发动机转速维持在指定的速度，这就是怠速转速自动控制功能。

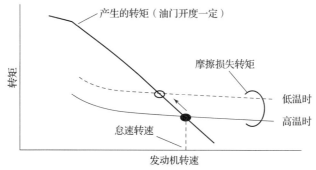

图 3-9 怠速转速下的转矩平衡

怠速转速的控制框图如图 3-10 所示。发动机的实际转速（n_e）和发动机的目标转速进行比较，根据两者的差值求得达到目标转速时所必需的喷油量从而进行反馈控制。发动机的目标转速与冷却液温度、空调压缩机的工作状态等有关。

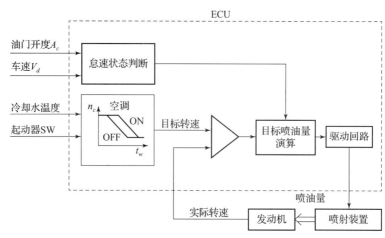

图 3-10 怠速转速的控制框图

3. 起动油量控制

汽车加速踏板和发动机转速决定基本喷油量，冷却水温度等决定补偿喷油量，比较两者的关系之后，控制起动喷油量。起动喷油量的控制框图如图 3-11 所示。

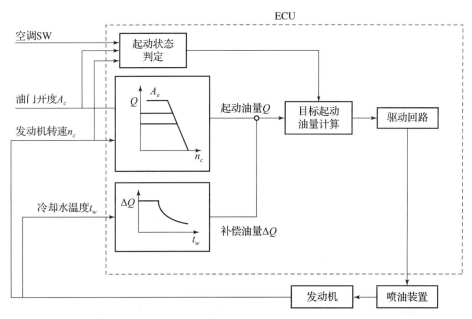

图 3-11　起动喷油量的控制框图

4. 不均匀油量补偿控制

在发动机中，由于各缸爆发压力不均匀，曲轴旋转速度变化引起发动机振动。特别是在低转速的怠速状态下，乘车者会感到不舒服。各缸喷油量不均匀、各缸内燃烧的差异等引起各缸间的转速不均匀。因此，为了减少转速波动，需要检出各个气缸的转速波动情况。为了使转速均匀平稳，则需要逐缸调节喷油量，使喷到每一个气缸内的燃油量最佳化。这就是不均匀油量补偿控制。

各缸喷油量不均匀性的补偿控制框图如图 3-12 所示。检出各缸每次爆发燃烧时转速的波动，再和所有气缸的平均转速比较，根据比较结果，分别给各个气缸补偿相应的喷油量。

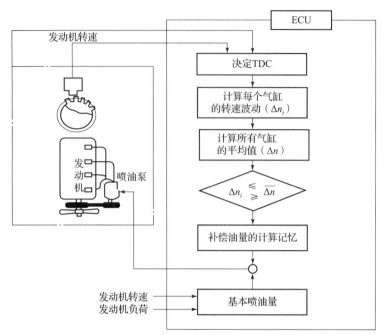

图 3-12 各缸喷油量不均匀性的补偿控制框图

5. 恒定车速喷油量控制

汽车在高速公路上长距离行驶时,驾驶员为了维持车速一直要操纵加速踏板,很容易疲劳。对此,不要驾驶员操纵加速踏板而维持定速行驶的控制过程就是恒定车速控制。恒定车速控制框图如图 3-13 所示。

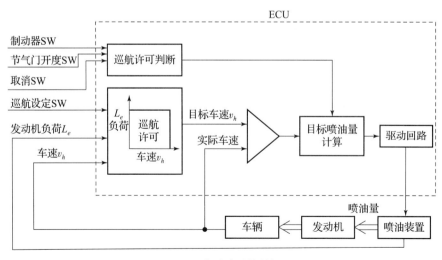

图 3-13 恒定车速控制框图

3.3.2 喷油时间控制

电子控制燃油喷射系统中喷油时间控制框图如图 3-14 所示。

根据各个传感器的信息,在 ECU 的演算单元中计算出目标喷油时间;对于第一代电控喷油系统,喷油装置中的电磁阀从 ECU 接收到驱动信号,控制流入或流出提器的工作油。由于工作油对提前机构的作用,改变了燃油压送凸轮的相位角,或提前,或延迟,从而控制喷油时间。对于第二代、第三代电控喷油系统,喷油时间由电磁阀直接控制,见图 3-14。

同样地,如果将 ECU 中目标喷油时间值用数据表示成三维图形(MAP 图),则可得到自由的喷油时间特性。目标喷油时间采用图 3-15 中的方法进行计算。

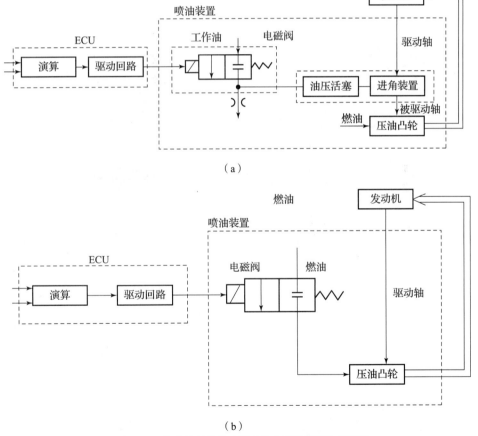

图 3-14 电子控制燃油喷射系统中喷油时间控制框图
(a)第一代喷油时间控制;(b)第二代喷油时间控制

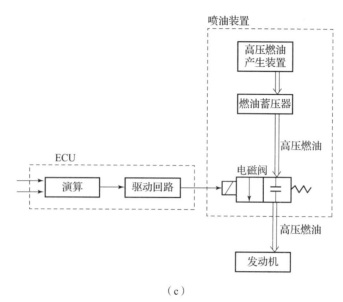

(c)

图 3-14 电子控制燃油喷射系统中喷油时间控制框图（续）

(c) 第三代喷油时间控制

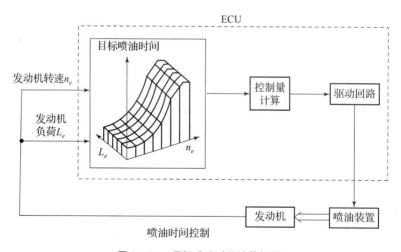

图 3-15 目标喷油时间计算框图

为了实现发动机中的最佳燃烧，必须根据运行工况和环境条件经常地调节喷油时间。该项功能就是最佳喷油时间控制功能，控制框图如图 3-16 所示。根据发动机的转速决定基本喷油时间，同时，还要根据发动机的负荷、冷却水温度、进气压力等对基本进气时间进行修正，决定目标喷油时间。

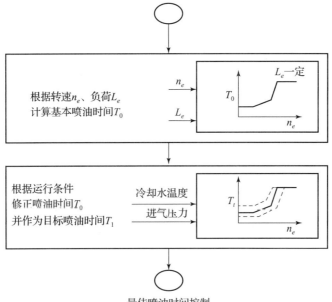

图 3-16　最佳喷油时间控制框图

3.3.3　喷油压力控制

喷油压力控制框图如图 3-17 所示。根据各个传感器的信息，ECU 演算单元经过演算后定出目标喷油压力。根据装在共轨上的压力传感器的信号，ECU 计算出实际喷油压力。并将其值和目标压力值比较，然后发出命令控制供油泵，升高或降低压力。将 ECU 中的目标喷油压力特性用具体数据表示成三维图形，即所谓 MAP 图，可以得到最佳喷射压力特性。

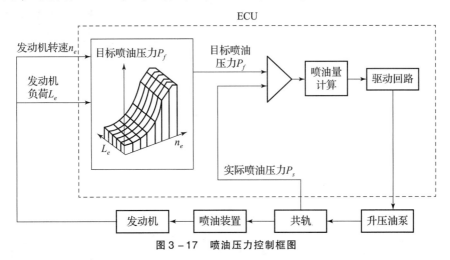

图 3-17　喷油压力控制框图

3.3.4 喷油率控制

柴油机高压共轨电子控制系统中的喷油率的控制,其控制框图如图3-18所示。在发动机压缩行程中,需要若干次驱动喷油装置的电磁阀才能完成,根据传感器的信息,电控单元计算出喷油参数。喷油参数中最重要的是预喷射油量Q_{pt},和预喷油时间间隔T_{INIF},这些参数值根据发动机的运行情况具有相应的最佳值。将这些最佳值作为目标最佳预喷油率控制。

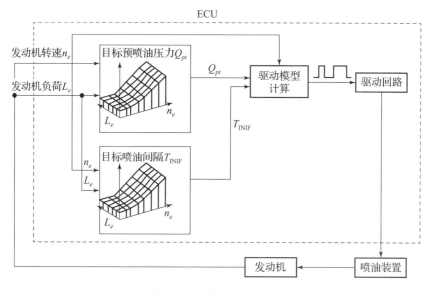

图3-18 喷油率控制框图

3.4 电控共轨喷油系统基本组成

柴油机高压共轨电子控制系统,从功能方面可以分成电子控制分系统和燃料供给分系统,基本组成如图3-19所示。

3.4.1 电子控制系统

电子控制分系统主要包括三部分,即传感器、电控单元和执行器,如图3-20所示。其中,电控单元是柴油机高压共轨电子控制系统的核心部分。

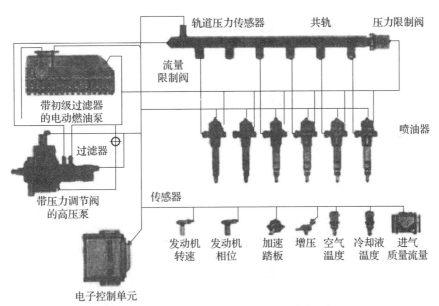

图 3-19 柴油机高压共轨电子控制系统的组成

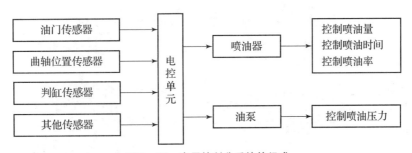

图 3-20 电子控制分系统的组成

传感器可将发动机及车辆运行时的各种状态信息，输入电控单元。传感器采集到的各种信号是电控单元对执行器进行驱动控制的主要判断依据，对系统的精确性控制起着至关重要的作用。电控单元接收来自各种传感器的信息，按照预先设计的程序，经过快速的处理、运算、分析和判断后，输出控制指令，控制执行器实现各种预定功能。发动机电子控制系统的各种控制功能的实现，都是借助执行器完成的。在柴油机高压共轨电子控制系统中的执行器主要有电控喷油器和燃油压力控制阀等。

电控单元根据发动机转速、油门开度以及各种传感器信号等计算出喷油时间、喷油量、喷油率和喷油定时等，向喷油器、供油泵等发送动作指令，使每一个气缸内都有最佳的喷油量、喷油率和喷油定时，保证每一个气缸进行最佳的燃烧过程。

在电子控制分系统中,由各种传感器(如发动机转速传感器、油门开度传感器、各种温度传感器等)实时检测出发动机的实际运行状态,由电控单元根据预先设计的计算机程序进行计算后,得到该转速状态最佳的喷油量、喷油时间、喷油率等参数,使发动机处于最佳的工作状态。

电控单元具有自我诊断功能,对系统的主要零部件进行技术诊断,如果某个零件产生了故障,诊断系统会向驾驶员发出警报,并根据故障情况自动做出处理:或使发动机停止运行,即所谓故障应急功能,或切换控制方法,使车辆继续行驶到安全的地方。

3.4.2 燃油供给分系统

燃油供给分系统主要由供油泵、共轨和喷油器等组成,如图3-21所示。燃料供给分系统的基本工作原理为供油泵将燃油加压成高压燃油供入共轨内,共轨即为蓄压器,储存在共轨中的燃油在适当的时刻通过喷油器喷入发动机气缸内。

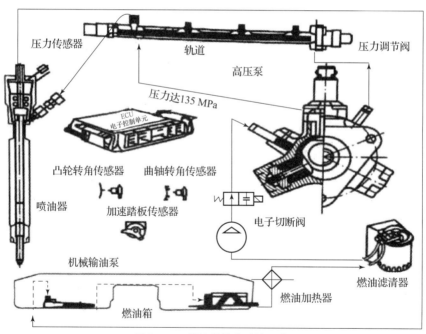

图3-21 燃油供给分系统组成

燃油由发动机凸轮轴驱动的齿轮泵经滤清器从油箱中抽出,通过供油泵,此时的燃油压力约为0.2 MPa。然后,燃油流向分为两路:一路经安全阀上的小孔作为冷却油通过供油泵的凸轮轴流入压力控制阀,然后流回油箱;另一路充入三缸供油泵，在供油泵内，燃油压力上升到 135 MPa，供入共轨。

共轨上有一个压力传感器和一个压力调节阀，用这种方法来调节控制单元设定的共轨压力。高压燃油从共轨流入喷油器后又分为两路：一路直接喷入燃烧室；另一路在喷油期间，与针阀导向部分和控制柱塞处泄漏出的燃油一起流回油箱。

在柴油机高压共轨电子控制系统中，供油压力与发动机的转速、负荷无关，是可以独立控制的。由共轨压力传感器测出燃油压力，并与设定的目标喷油压力进行比较后进行反馈控制。

3.5 典型共轨式喷油系统

3.5.1 日本电装公司的 ECD – U2 高压共轨式喷油系统

1. ECD – U2 共轨系统概述

ECD – U2 系统示意图如图 3 – 22 所示。系统的主要硬件是供油泵、共轨、喷油器和各种传感器。供油泵的主要作用是将低压燃油加压成高压燃油，并将高压燃油供入共轨之中。燃油压力是由通过调节供入共轨中的燃油量来控制的。供油泵内设有压力控制阀（PCV）。它根据 ECU 送来的电信号，使 PCV 在适当的时刻开启和关闭来控制供油量，最终控制共轨内的压力。

供油泵产生的高压燃油由共轨分配到各个气缸的喷油器中。燃油压力由设置在共轨内的压力传感器测出，并由反馈控制系统控制，使根据发动机转速和发动机负荷设定的压力值和实际压力值始终一致。

喷油器控制喷油定时和喷油量。这是通过开启二位三通高速电磁阀进行控制的。当开启三通阀（TWV）时，针阀上部控制室内的高压燃油经过节流孔流出、燃油回路切换，喷油嘴腔内的燃油压力高于针阀开启压力，针阀升起，喷油开始。当关闭三通阀时，通过节流孔将高压燃油附加到控制室内，针阀下降，喷油结束。因此，三通阀的通电时间控制喷油始点，三通阀的通电时间控制喷油量。

由于任何形式的输油泵输出的油液的流量和压力都是脉动的，因此共轨的基本作用是滤波和稳压，并储存高压燃油，向各个气缸上的喷油器分配燃油。

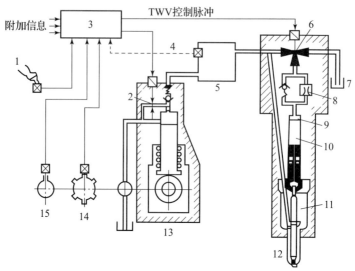

图 3-22 ECD-U2 系统示意图

1—加速踏板位置传感器；2—油泵压力控制阀；3—电控装置；4—燃油压力传感器；
5—共轨管；6—三通阀；7—燃油箱；8—节流孔；9—控制室；10—液压活塞；
11—喷嘴；12—喷油器；13—高压供油泵；14—发动机转速传感器；15—气缸识别传感器

2. ECD-U2 系统的主要零部件及其作用

1) 高压供油泵

ECD-U2 系统的高压供油泵结构如图 3-23 所示，和传统系统的直列泵结构相似，通过凸轮和柱塞机构使燃油增加，各柱塞上方配置控制阀。凸轮有单作用型、双作用型、三作用型及四作用型等多种。图 3-23 中所示为三作用型。采用三作用型凸轮，可使柱塞单元减少到 1/3。向共轨中供油的频率和喷油频率相同，这样可使共轨中的压力平稳。

高压供油泵的基本工作原理如图 3-24 所示。①柱塞下行，控制阀开启，低压燃油经压力控制阀流入柱塞腔；柱塞上行，但控制阀中尚未通电，控制阀仍处于开启状态，吸进的燃油并未升压，经控制阀又流回低压腔。②满足必要的供油量定时，控制阀通电使其关闭，则回油流路被切断，柱塞腔内燃油被升压。因此，高压燃油经出油阀（单向阀）压入共轨内。控制阀关闭后的柱塞行程与供油量对应。如果使控制阀的开启时间（柱塞的预行程）改变，则供油量随之改变，从而可以控制共轨压力。③凸轮越过最大升程后，则柱塞进入下降行程，柱塞腔内的压力降低。这时出油阀关闭，压油停止。控制阀处于断电状态，控制阀开启，低压燃油将被吸入柱塞腔内，即恢复到①状态。

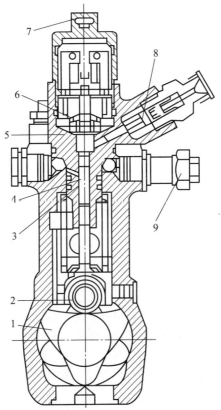

图 3-23　ECD-U2 系统的高压输油泵结构
1—三次工作凸轮；2—挺柱体；3—柱塞弹簧；4—柱塞；5—柱塞套；
6—油泵压力控制阀；7—接头；8—出油阀；9—溢流阀

2）压力控制阀

压力控制阀的作用是用于调整共轨内的燃油压力。方法是调整供油泵供入共轨内的燃油量。所以，向压力控制阀通电和断电的时刻就决定了供油泵向共轨内供入的供油量。

3）共轨管

共轨管是典型高压共轨喷油系统的关键部件之一，在高压共轨燃油喷射系统中用来储存和分配高压燃油，并利用自身固定不变的容积，对由于高压油泵的脉动供油和电控喷油器的间歇喷射引起的整个高压共轨喷油系统的高压燃油压力波动进行抑制，以保证各缸喷油器顺序喷油时，共轨管中的压力基本恒定，使各喷油器的喷射压力基本保持不变，从而保证各个喷油器的喷油特性基本一致。

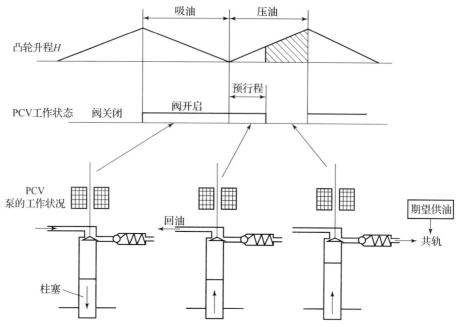

图 3-24 高压输油泵的基本工作原理

图 3-25 所示为一个用于 4 缸柴油机的共轨管,共轨管基本是一个管状的零件,沿着共轨管的中间轴线一般是一个长通孔,两端接不同的零件,如限压阀(安全阀),图中的 2,沿着中间的长通孔在径向又开了一些通孔,这些径向通孔和中间轴向的长通孔相通,它们可以连接高压油的进油管,如图 3-25 中的 4,或者安装燃油压力传感器,如图 3-25 中的 5,或者连接管接头,通过高压油管连接喷油器的进油口,如图 3-25 中的 6,这里的 6,还可以是一个限流器。其中的限压阀是整个高压共轨喷油系统的最高燃油压力的控制阀,该阀是一个机械式的溢流阀,它的开启压力设定得要比整个系统的实际工作最高压力略高一些,以防止由于某种原因系统燃油压力过高时,开启该溢流阀,使系统燃油压力卸载,保护整个高压共轨喷油系统的安全运行,所以它的作用很像电路中的熔丝。燃油压力传感器实时监测共轨管的燃油压力,并反馈给 ECU,实现对共轨管燃油压力的实时控制与调节。

4)限流器

限流器不是高压共轨喷油系统必备的部件,它一般安装在共轨管的向喷油器供油的输出接口上,如图 3-25 所示的 6,而限流器的输出口连接高压油管,然后再连接喷油器的高压燃油的输入接口。

第 3 章 柴油机电控喷油技术

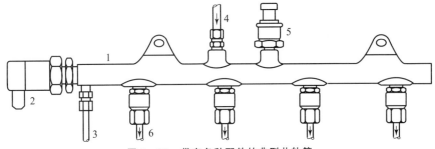

图 3-25 带有各种配件的典型共轨管

1—共轨管；2—限压阀（安全阀）；3—低压回油管；4—高压油泵输出的高压燃油的输入接口；
5—共轨管燃油压力传感器；6—通往喷油器的高压燃油输出接口

限流器是为了防止喷油器可能出现的不正常喷油现象，当共轨管流出的高压燃油量超过最大流量时，流量限制器将自动关闭流向相应喷油器的进油口，停止继续喷油。图 3-26 为限流器的示意图，其内部有一个圆柱滑阀做导向的圆锥形阀芯 3，复位弹簧 4 使其抬起，上端面贴紧在限位块 2 上，阀芯 3 的圆柱形导向部分和阀体 5 的内孔形成间隙配合，保证阀芯可靠地上下运动和密封。阀芯 3 的台阶状纵向孔连接限流器的进、出油孔，并且在小直径纵向孔末端有径向的节流孔或者阻尼孔 8，阀芯 3 的最下端是圆锥形的阀口，和阀座 7 配合形成圆锥形密封面。

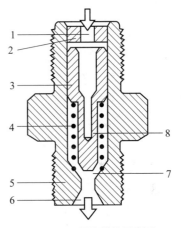

图 3-26 限流器的示意图

1—进油口；2—限位块；3—阀芯；
4—复位弹簧；5—阀体；6—出油口；
7—阀座；8—节流孔（阻尼孔）

当共轨管流出的高压燃油量超过设定的最大流量时，来自共轨管的高压燃油流经节流孔 8 会形成比较大的压力降，当这种压力降足以克服复位弹簧 4 的向上的作用力时，阀芯 3 向下运动，致使阀芯 3 的下端的锥阀和阀座 7 之间的通流面积减小，即形成节流，这样减小了通往喷油器的高压燃油量，如果来自共轨管的燃油流量继续增加，则经过节流孔 8 的压力降进一步增大，最后使阀芯 3 的下端的圆锥形阀口和阀座 7 贴合，彻底将来自共轨管的高压燃油切断，喷油器就可以停止喷油。

5）电控喷油器

根据 ECU 送来的电子控制信号，喷油器将共轨内的高压燃油以最佳的喷油定时、喷油量、喷油率喷入发动机燃烧室中。图 3-27 为二位二通高速电磁阀控制的喷油器的作用原理。

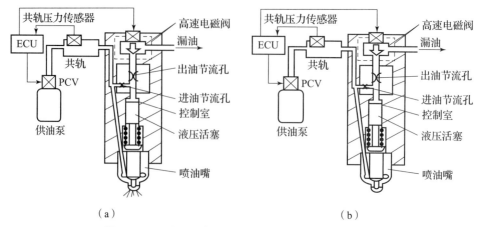

图 3-27 二位二通高速电磁阀控制的喷油器的作用原理
(a) 二位二通高速电磁阀开启状态；(b) 二位二通高速电磁阀闭合状态

喷油器的主要零件是喷油嘴、控制喷油率的节流孔、液压活塞和高速电磁阀。喷油器中的高速电磁阀有两种结构：二位二通电磁阀和二位三通电磁阀。图 3-28 中是二位三通阀，图 3-27 中是二位二通阀。初期阶段，在 ECD-U2 系统中采用二位三通阀。由于二位三通阀的燃油泄漏问题严重，已经被废止。在新结构的 ECD-U2 系统中，都采用二位二通阀结构。

喷油器控制喷油量和喷油定时，通过二位二通电磁阀的开启和关闭进行控制。当二位二通阀开启时[图 3-27(a)]，控制腔内的高压燃油经出油节流孔流入低压腔中，控制室中的燃油压力降低，但是，喷油嘴压力腔的燃油压力仍是高压。压力室中的高压使针阀开启，向气缸内喷射燃油。当二位二通阀关闭时[图 3-27(b)]，共轨高压油经控制室的进油节流孔流入控制室，控制室的燃油压力升高，使针阀下降，喷油结束。

二位二通阀的通电时刻确定了喷油始点，二位二通阀通电时间确定了喷油量。这些基本喷油参数都由电子脉冲控制。

二位二通阀通过控制喷油器控制室内的压力，来控制喷油的开始和喷油终了。节流孔既控制喷油嘴针阀的开启速度，也控制了喷油率形状。液压活塞的作用是将控制室内的油压作用力传递到喷油嘴针阀上。

二位三通电磁阀的结构和工作原理如图 3-28 所示。二位三通阀有两个阀体：内阀（固定）和外阀（可动）。两阀同轴、精密地配合在一起。内阀和外阀分别具有各自的密封锥面。其工作原理见图 3-28(b)：不喷油状态，电磁线圈处于不通电状态，外阀在弹簧力和高压油压力的作用下关闭阀口，而切断泄油通道。控制室内是共轨的高压燃油使喷油嘴针阀关闭，不喷油。

第 3 章 柴油机电控喷油技术

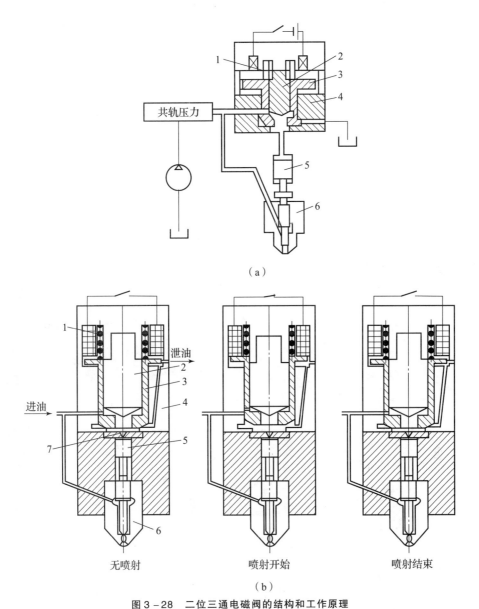

图 3-28 二位三通电磁阀的结构和工作原理
(a) 二位三通电磁阀的结构；(b) 二位三通电磁阀的工作原理
1—弹簧；2—内阀；3—外阀；4—阀体；5—液压活塞；6—喷油嘴；7—节流孔

喷油开始状态，电磁阀开始通电，外阀在电磁铁的作用下开启阀口，并关闭共轨与控制室的油路，控制室的油液通过固定的节流孔 7 流出，使控制室的油压下降，即针阀尾部的压力降低，针阀开启，喷射开始。如果持续通电，则针阀上升到最大升程，达到最大喷油率状态。

喷油结束状态，电磁阀断电，在弹簧力和燃油压力的作用下，外阀关闭阀口，并打开共轨与控制室的油路，共轨内的高压燃油流入喷油器的控制室内，针阀快速关闭，喷油迅速结束。喷油始点和喷油延续时间由指令脉冲决定，与转速及负荷无关。因此，可以自由控制喷油时间。

ECD-U2 高压共轨喷油系统是完全的"时间压力调节系统"。喷油量是由喷油器电磁阀通电脉冲宽度决定的。以共轨压力为参数改变脉冲宽度，可以得到一条线性的喷油器的喷油量特性。利用这一特性，在发动机全部工作范围内，可以方便地得到如目标设定的调速特性，实现理想的喷油率脉普图。

3.5.2 美国Caterpillar公司的HEUI共轨式液压喷油系统

美国Caterpillar公司HEUI系统如图3-29所示，其特点如下：①它是一种中压共轨电控液压式喷射系统；②系统的共轨中不是燃油而用柴油机润滑油，因此系统中有润滑油和燃油两套油路；③采用机油共轨油道油压驱动燃油增压活塞，对燃油增压，实现高压喷油；④利用高速开关电磁阀控制共轨油道中机油进出增压活塞，实现燃油压力的上升与下降，从而实现喷油的定时控制；⑤通过采用预喷射量孔控制初期喷油率来实现预喷；⑥喷油压力与柴油机转速和负荷无关。

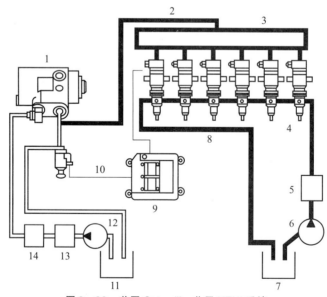

图3-29 美国Caterpillar公司HEUI系统

1—高压机油泵；2—机油管；3—高压机油共轨管；4—HEUI喷油器；5—燃油滤清器；
6—燃油输油泵；7—燃油箱；8—燃油回油管；9—电控单元；10—RPCV（轨道压力控制阀）；
11—机油箱；12—机油泵；13—机油冷却器；14—机油滤清器

HEUI 系统中机油通过机油泵，从柴油机油底壳经机油滤清器和冷却器送到高压机油泵以及柴油机润滑系统。此处低压机油管路油压为 300 kPa。高压机油泵是一个柴油机齿轮驱动的斜盘式轴向柱塞泵。共轨中机油压力由压力传感器将信号反馈给 ECU，ECU 控制共轨压力控制阀进行压力调节。共轨中油压按柴油机最佳性能所确定的目标值，控制在 4~23 MPa 之间。机油从液压式喷油器直接回到柴油机气门罩框下边，再流回到油底壳，不再需要机油回油管道。燃油输油泵把燃油经燃油滤清器输送到液压式喷油器。燃油系统输油压力为 200 kPa，由普通调压阀调节。

电控液压式喷油器由三部分组成：电磁阀、增压活塞和活塞套、喷油嘴，其结构如图 3-30 所示。电磁阀控制喷油开始和喷油结束，它由阀芯、衔铁和电磁线圈组成。中压机油从共轨通过柴油机气缸盖上铸造的油道进入电磁阀阀芯的下方。当电磁线圈通电时，衔铁带动阀芯向上运动，打开下阀口，关闭上阀口，切断了机油回油孔，使中压机油进入增压活塞上方，推动增压活塞下行，使增压活塞下面的燃油压缩。燃油进油道处有单向阀封闭，燃油只有通过喷油嘴喷出。由于增压活塞的大、小活塞面积比很大，就可使增压活塞下方的燃油压力大幅度上升，实现燃油的高压喷射。

喷射一直持续到电磁阀线圈断电。在电磁阀弹簧力作用下，阀芯下移，高压机油通过已开启的上阀口流出到气门罩框区，压力迅速下降。增压活塞在弹簧力的作用下迅速上行，同时在喷油嘴弹簧作用下，针阀立即

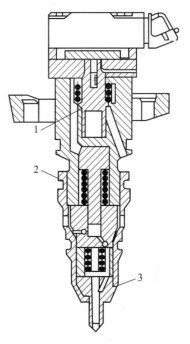

图 3-30 HEUI 喷油器结构
1—电磁阀；2—增压活塞和
活塞套；3—喷油嘴

关闭；停止喷油。燃油以输油泵输出压力通过球形单向阀进入增压活塞下方，为下次喷油做准备。电磁阀通电时刻决定了喷射始点，通电的持续时间决定了喷油量。增压活塞的大、小活塞面积比为 7:1，考虑到容积效率损失，喷射压力可达 150 MPa。图 3-31 为 HEUI 系统的响应特性波形图。峰值电流使电磁阀的上升响应速度加快。电磁阀驱动电压 110 V，功率消耗 45 W。在峰值电流后降为维持电流，以减少系统能量消耗。

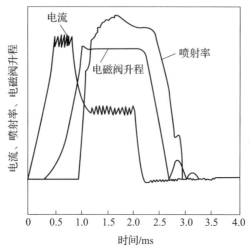

图 3-31 HEUI 系统的响应特性波形图

HEUI 系统可实现预喷射,但要在增压活塞和活塞套上增加精密的回油孔道,通过回油控制来实现,其结构如图 3-32 所示。在增压活塞上的小回油孔与活塞套上回油孔尚未打开前,有一段预喷射行程。当增压活塞上的小回油孔与活塞套上的回油孔接通时,预喷射停止。当增压活塞上小回油孔越过活塞套上回油孔后开始主喷射。

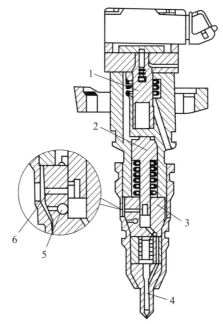

图 3-32 HEUI 系统的预喷射结构

1—控制阀;2—增压活塞;3—活塞套;4—喷油嘴;5—进油孔;6—精密回油孔

HEUI系统采用机油做共轨工作油的主要原因是解决热工况下燃油黏度降低，易泄漏和汽化所造成的热起动困难。使用机油后解决了热起动问题，但冷起动又有困难。考虑到机油和柴油机气缸盖等金属热膨胀不同，在机油管道中增加一个储油槽，以减少这种热膨胀量不同引起的机油管路中可能出现的气泡或真空，保证在低温度下高黏度机油能顺利地流到高压输油泵中去。这个储油槽可以和泵组合在一起，也可以装在主机上。目前HEUI系统能在-40℃条件下起动，起动时间只有30 ms（1~2转），喷射压力可迅速提高到30~120 MPa。

HEUI系统的喷油压力可以不受柴油机转速的制约，并且通过电控的方法，实现对喷油始点和喷油终点的灵活控制。通过合理地设计喷嘴结构来实现较理想的喷油速率形状。采用预喷射孔还可以实现预喷。但HEUI系统没有将高压的建立过程和燃油的喷射过程完全分开，喷油量受喷油压力的影响。另外，在喷射过程中，当燃油压力降到无法克服针阀弹簧力时，即使电磁阀仍处于通电状态，针阀也会关闭，从而停止喷油。尽管HEUI系统没有将高压的建立过程与燃油的喷射过程完全分开，在这点上与其他的共轨式喷油系统不同，而具有泵喷嘴喷油系统的特点，但该系统从在喷油压力的可控制性（喷油压力不受柴油机转速的影响），以及采用共轨机油来进行燃油增压的工作特点来看，又具有共轨式喷油系统的明显特征，因此以前都将HEUI系统归类于中压共轨式喷油系统。

HEUI系统喷油器中，既有燃油又有机油，增压活塞上下腔这两种油的彻底隔离比较困难。

HEUI系统在美国Navistar公司7.3 L直喷增压V8的T444E型柴油机上应用，该机缸径×冲程为104.4 mm×106.2 mm，标定功率160.3 kW，标定转速3 000 r/min。HEUI系统也装在Caterpillar公司自己的3126车用柴油机上，该机6缸、7.2 L。直喷增压中冷，标定功率130 kW，标定转速2 200 r/min。HEUI系统已扩大应用到Caterpillar公司的3116、3408E、3412E和Navistar的DT446等6种机型上。

但这种喷油系统Caterpillar公司已经在2008年停止生产了，其主要原因是由于低温时，机油黏度太大，影响发动机的起动。但是这种应用在喷油器中的液压放大机构来提高喷油器的实际喷射压力的思路并不过时，现在更高喷射压力，例如喷射压力≥200 MPa的高压共轨喷油器，仍然采用这种技术来实现预期的超高喷射压力的需求。

3.5.3 采用压电晶体驱动技术的高压共轨电控喷油系统

高压共轨电控喷油系统自1996年问世以来，已经有德国BOSCH公司、日本Denso公司、美国Delphi公司等多家厂商开发出各种不同结构的高压共轨电控喷油系统，广泛应用于多种柴油机上。这些系统基本上采用的都是高速电磁开关阀控制的喷油器。由于这种高速电磁开关阀固有的电感效应，其响应速度、控制精度等已不能满足喷油特性进一步的需要。为了满足排放法规的进一步要求，高压共轨喷油系统的喷射压力正在从 120～150 MPa 水平向 180～200 MPa 水平，甚至更高的水平发展。高压喷射在改善排放的同时，由于其燃烧急速而使气缸燃烧压力急剧上升，发动机噪声和振动急剧增大。这种噪声和振动对于车用柴油机，尤其轿车柴油机是不可容忍的。为此，必须在燃油的主喷射之前，有适当的、多次的预喷射，以此来控制预燃速度，减缓气缸燃烧压力上升速率。为了有效地减少碳烟和微粒的排放，在主喷射之后还需要有适当、多次后喷射。这些喷射特性要求喷油系统必须有更高的响应速度、更精确的控制精度。为此，德国 Siemens 公司、BOSCH 公司相继开发了采用压电晶体驱动器的新一代的高压共轨电控喷油系统，其核心是采用压电晶体驱动的高速开关阀，取代高速电磁开关阀驱动电控喷油器，实现了精确控制的、多次的预喷射和后喷射，使高压共轨喷油系统的特性有了明显的改善。

采用压电晶体驱动器的新一代的高压共轨电控喷油系统，除了喷油器外，其余部件基本与采用高速电磁阀控制的高压共轨系统相同。因此在这里只就喷油器做些介绍。

1. 压电效应及其特性

当晶体在外力作用下变形时，在它的某些相应的晶面上会产生异号电荷。这种没有电场作用只是由于变形而产生的极化现象，称为正压电效应。相反，在这类晶体上施加电场时，不仅产生极化，同时产生了应变或应力，这就是逆压电效应，也称为电致伸缩效应。正压电效应和逆压电效应统称为压电效应，此类晶体称为压电类晶体。压电式传感器大都是利用压电材料的正压电效应制成的，而压电驱动式高速开关阀则是利用压电材料的逆压电效应制成的。

压电材料包括压电单晶材料、压电多晶材料（压电陶瓷）、有机压电材料。目前压电驱动式高速开关阀中用的材料，一般是各类压电陶瓷和压电单晶材料中的石英晶体。石英晶体是单晶体中具有代表性同时也是应用最广泛的一种压电晶体。它没有热释电效应，突出的优点是性能稳定，介电常数和压电常数的温度稳定性特别好。天然石英晶体与人工石英晶体相比，其稳定性更为突出，但石英晶体压电常数较小。压电陶瓷是一种多晶铁电体，锆钛酸铅系列压电陶瓷（PZT）目前应用比较广泛，它有较高的压电常数和居里点，工作温度可达 250 ℃，各项机电参数随温度和时间等外界因素变化很小，其性能远优于钛酸钡压电陶瓷。由于压电陶瓷属于铁电晶体，因此其压电性与热释电性是并存的,导致在使用中产生非常讨厌的热电噪声。

高速开关阀中采用压电驱动器具有以下突出优点。

(1) 位移控制精度高,可达 0.01 μm。

(2) 响应快,阀芯开、关时间约 10～30 μs。

(3) 有较大的输出力,约 3.9 kN/cm²。

(4) 功耗低,比电磁式驱动器低一个数量级,并且当被驱动物保持一定位置时,其间几乎无功耗。

(5) 由于是一种固体器件,易于电源、传感器、微机等实现闭环控制。

采用压电驱动器构成高速开关阀,可以明显改善性能。正是这些优点,驱使许多厂商开发利用压电晶体驱动的新一代高压共轨电控喷油系统。

但是压电晶体的应变很小,约为 10^3,如果直接利用一个高为 20 mm 的压电晶体,其变形仅为 20 μm,此数值用来直接驱动高速开关阀的阀芯,则其位移太小,而且所需驱动电压也很高。因此,一般要对压电晶体的输出位移进行放大。

常用的主要是积层型的压电晶体堆,即采用多层厚度方向伸缩变形的压电片在力学上串联、电学上并联构成压电堆。压电堆的输出位移即为各压电片的输出位移之和。但压电晶体片在电学上是纯电容负载,级联后电容成倍增加。若级联过多,势必增加充、放电时间,形成较大的迟滞,从而影响系统的响应时间。因此,在柴油机电控喷油系统中,实际应用的压电晶体驱动的高速开关阀,往往是合适的多层压电薄片叠加形成压电堆的基础上,再利用液压放大机构使压电驱动器的位移进一步放大,以满足高速开关阀流量的需要。

2. 压电晶体驱动的高压共轨电控喷油器

如前所述,由于压电陶瓷的性能优于压电晶体,因此所谓"压电晶体"驱动的高压共轨喷油器,目前已量产的大多数是采用压电陶瓷驱动的高速开关阀控制的高压共轨喷油器,这种喷油器的核心技术是利用在喷油器中集成的一个液压位移放大机构来放大压电陶瓷堆变形产生的位移,以满足喷油器控制腔的高速开关阀的开度的需要。图 3-33 为一典型产品。图 3-34 为其结构示意图。

图 3-33 压电陶瓷驱动的高压共轨电控喷油器

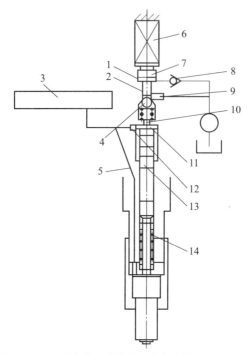

图 3-34 压电陶瓷驱动的高压共轨电控喷油器的结构
1—油腔；2—小活塞；3—共轨管；4、8—单向阀；5—高压油道；6—压电晶体堆；
7—大活塞；9、10—油道；11—控制腔；12—进油节流孔；
13—控制柱塞；14—回位弹簧

其工作原理如下：高压燃油从共轨管进入喷油器后，分两路：一路由高压油道进入喷油器针阀盛油槽，作用于针阀锥面上；另一路通过进油节流孔 12 进入控制柱塞 13 顶端的控制腔 11。当压电晶体堆不通电时，单向阀 4 关闭，控制腔 11 中的燃油通过推动控制柱塞 13，关闭喷油嘴针阀，喷油器不喷油。当压电晶体堆通电后，压电晶体伸长，推动大活塞 7 压缩燃油腔 1 中的燃油，再推动小活塞 2，由于这一对大、小活塞的面积比大于 1，因此小活塞 2 的位移被放大，而小活塞 2 的位移将单向阀 4 中的钢球推离密封锥面，形成了具有一定过流断面的流道，从而使控制腔 11 中的燃油经过油道 10、单向阀 4 及油道 9 回到油箱，使控制柱塞 13 上端面卸压，针阀在盛油槽中的燃油压力作用下，克服回位弹簧 14 的力，向上运动，从而开启针阀，实现喷油。若压电晶体堆断电收缩，小活塞 2 对单向阀 4 的作用力消除，单向阀 4 在其下面的复位弹簧的作用下抬起落座，控制腔 11 中的燃油压力升高，控制柱塞 13 向下运动，关闭喷油嘴针阀。单向阀 8 是为了补充油腔 1 中的泄漏的燃油，以保证喷油嘴工作可靠。

从 1996 年开始，Siemens 公司批量生产压电晶体驱动的高压共轨电控喷油系统。从 2003 年开始，BOSCH 公司批量生产压电晶体驱动的高压共轨电控喷油系统。

3. 压电晶体驱动的高压共轨电控喷油器的优点

对比高速电磁阀控制的高压共轨喷射系统，压电晶体驱动的高压共轨电控喷油器的最明显的优点是响应速度快，因此其最小喷油量小，可小于 1.5 mm³/行程；预喷射与主喷射之间时间间隔可小于 100 μs；喷油速率可以更加灵活可调；各缸喷油量与喷射始点变动很小，重复精度非常高。

|3.6 共轨电控喷油系统的控制策略|

共轨电控喷油系统不仅可实现喷油量、喷油定时的精确控制与调节，还可实现喷油压力和喷油规律的精确调节和灵活控制。

3.6.1 喷油压力控制技术

在共轨式喷油系统中，常用共轨压力调节方法有以下几种。

1. 变排量

变排量就是根据发动机的转速和负荷的变化，调节高压油泵的排量，从而实现对共轨压力调节的功能。排量是指高压油泵在一个循环周期中排出的液体的体积。

日本电装公司的 ECD‐U2 共轨喷油系统就是采用这种方法，图 3‐35 为 ECD‐U2 系统中高压油泵的工作原理。当供油柱塞下行时，装在油泵泵油柱塞顶端的供油量控制阀开启，低压燃油经控制阀流入柱塞腔。当柱塞上行，但控制阀尚未通电，控制阀仍处于开启状态，吸进的燃油又经控制阀流回低压腔；而根据需要的排量，ECU 向控制阀通电，使控制阀关闭回油通道，则柱塞内燃油被压缩而升压，然后经出油阀（单向阀）进入高压共轨管。显然控制阀关闭回油管道后的柱塞的剩余行程与供油量对应。改变控制阀的关闭时刻，则改变了柱塞的供油行程，也就改变了柱塞的供油量，从而实现了共轨压力的控制与调节。因此，这种调节无能量损失，系统效率较高。其中的供油量控制阀，也叫压力控制阀，是一个二位二通的常开式高速电磁开关阀，控制此阀的关闭时刻与关闭时间长短，就实现了高压油泵单个柱塞的单个行程的供油量大小的调节。因此，控制与调节此电磁阀是喷油压力调节的关键技术。下面就介绍其相应的控制策略。

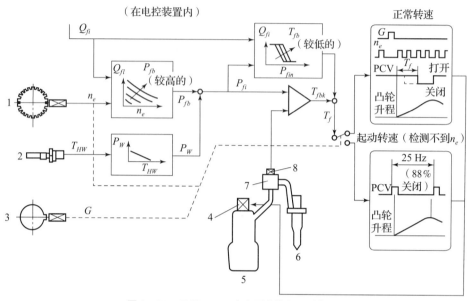

图 3-35　ECD-U2 喷油压力控制系统框图
1—发动机转速传感器；2—冷却液温度传感器；3—气缸检测传感器；4—油泵控制阀；
5—高压供油泵；6—喷油器（INJ）；7—共轨管；8—油压力传感器

燃油的高压喷射一方面可以改善柴油机燃烧从而提高柴油机指示热效率，但另一方面，建立高的燃油喷射压力也要消耗柴油机曲轴输出功率。因此柴油机最佳喷油压力的设立要兼顾柴油机的动力性、经济性和排放特性，根据其运行不同工况点的特性进行优化确定。最佳喷油压力（目标喷油压力）应是柴油机转速和转矩的二元函数，并应进行进气压力、进气温度和冷却水温度补偿。

在这里 ECD 要进行两次计算：第一级是由各种传感器信号确定目标喷射压力 P_{fi}；第二级是为实现 P_{fi}，确定接通压力控制阀的脉冲启动时间 T_f。P_{fi} 靠基本的目标喷油压力 P_{fb} 来确定。P_{fb} 由发动机转速 n_e 和负荷 Q_{fi} 来确定。还要进行冷却液温度、进气压力、进气温度等的补偿（图中只画出冷却液温度的补偿）。根据目标压力 P_{fi} 和共轨压力传感器所测得共轨内实际喷油压力 P_c 的差值，应用 PID（比例-积分-微分）或模糊 PID 的校正得到 T_{fbk}，然后与基本的控制阀启动时间 T_{fb} 进行相加，相加后得到最后的控制阀启动时间 T_f。最后，经过时间间隔 T_f（以气缸检测传感器的信号作为计时标准的开始），压力控制阀启动关闭。以上所述是对柴油机正常工况而言。

在起动及柴油机空转等阶段，对 PCV 进行开环控制，在起动过程中，由于高压油泵低速转动，一方面检测判缸信号有较大的时间延迟；另一方面却需要迅速建立共轨油压，需要采用较早的 PCV 关闭始点，控制软件对这一阶段的 PCV 采用开环控制，以固定频率开启和关闭阀，可在 1 s 内获得 25 MPa 的共轨油压。随着发动机转速升高，或共轨油压升高，PCV 控制将自动转入闭环模式，在共轨油压和柴油机转速同时太低时，控制过程又将自动切换到开环控制模式。

由上所述可知，这种变排量的燃油喷射压力调节技术，从理论上讲，无须溢流阀，但是为了系统的安全，还是要装一个直动型的溢流阀作为安全阀，以保证系统在出现故障，如 PCV 出故障，或 ECU 出故障时，避免共轨油压超载。此时直动型的纯机械溢流阀可保证系统不出现超载，保证共轨供油泵的安全。

2. 进油节流调节技术

进油节流调节技术就是在高压油泵的进油口（吸油口）处安装一个电液比例进油节流阀，调节该比例进油节流阀的通流截面的大小，来调节高压油泵在吸油行程时的吸油量，从而实现对高压油泵输出油量的调节，达到对共轨油压的调节。这种调节技术结构简单，无溢流损失，效率高。现在各种高压共轨喷油系统基本都采用这种方法调节控制共轨压力。但有的系统除了采用进油节流调节技术外，还在高压油泵的输出油口安装了一个高压电液比例溢流阀，该高压电液比例溢流阀一般情况下不打开溢油。当需要快速大幅度降低共轨油压时可逐步打开此高压电液比例溢流阀，实现高速、大幅度的喷油压力的调节与控制。

目前，在高压共轨喷油系统中常采用图 3 - 36 所示的电液比例进油节流阀。

该节流阀主要包括：螺线管型比例电磁铁（包括静铁芯 8、衔铁 4、励磁线圈 5），圆柱形的滑阀芯 10，阀芯的复位弹簧 11，节流阀的外壳 6 等。圆柱形的动铁芯的中孔安装一个推杆 4，该推杆 4 下端面直接和滑阀芯 10 的上端面贴合。当电磁铁没通电时，滑阀芯 10 在内孔中的复位弹簧 11 的作用下抬起，并推动推杆 4 向上运动，进而带动铁芯也向上运动，一直到推杆 4 接触到节流阀的外壳 6 的内壁，停止运动。此时，如果是常开式的节流阀，阀芯的开度最大，即节流阀处于最大流量状态；如果是常闭式节流阀，则此时阀芯的开度为零，即此时节流阀处于无流量状态。

当电磁铁通电后，动铁芯 4 和静铁芯（阀体）8 会产生电磁吸力，在电磁

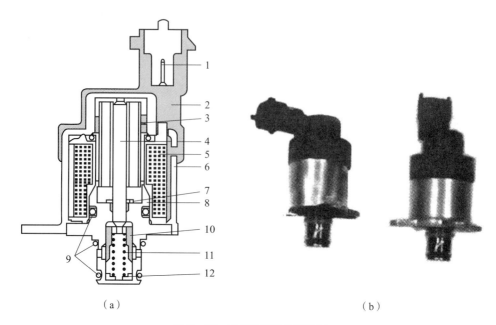

图 3-36 电液比例进油节流阀
(a) 电液比例进油节流阀的结构；(b) 产品实物
1—电插头；2—塑料封装；3—轴承；4—带推杆的衔铁（动铁芯）；5—励磁线圈；
6—节流阀外壳；7—调整垫圈；8—阀体（静铁芯）；9—O形圈；
10—滑阀芯；11—复位弹簧；12—弹簧座

吸力的作用下动铁芯开始带动推杆4向下运动，并推动滑阀芯10向下运动，如果驱动电磁铁的电流不大，则电磁铁产生的电磁吸力也不大，当电磁铁产生的电磁吸力和滑阀芯10的复位弹簧11大小相等时，滑阀芯10就平衡在一个位置上，此时对应着阀口的一个开度，即对应着节流阀的一个流通截面，随着电磁铁的驱动电流的增长，电磁吸力也增长，动铁芯在电磁铁的带动下，继续向下运动，直到滑阀芯10的复位弹簧11产生的向上的弹簧力和电磁吸力相等时，阀芯又平衡在一个新的位置，此时又对应着阀口的一个开度，即对应着节流阀的一个流通截面。因此通过改变电磁铁的驱动电流就可以控制阀芯的位移，进而控制阀芯的开度，实现可流量的调节。由于驱动比例电磁铁的电流可以通过PWM的方式连续地调节，因此就可以实现比例节流阀的流量的连续的调节和控制。

对应常开式的比例节流阀，随着比例电磁铁的驱动电流的增长，滑阀芯10的阀口的开度不断减小，即阀口对应的流通截面的面积不断减小，因此通过该阀口的流量也不断地减小，直到阀口的开度为零，即无液流能通过该节流阀。

对应常闭式的比例节流阀,随着比例电磁铁的驱动电流的增长,滑阀芯10的阀口的开度不断增加,即阀口对应的流通截面的面积不断增大,因此通过该阀口的流量也不断地增大,直到阀口的开度最大,即节流阀实现最大的工作流量。

目前在高压共轨喷油系统中,常开式和常闭式的比例节流阀都有应用。

3. 停缸技术

停缸技术就是在高压油泵连续运转工作过程中,使多柱塞的径向柱塞泵的某一个或数个柱塞停止工作。如 BOSCH 公司的 CP1 型高压油泵就可实现其中一个柱塞停止工作。为了减少向共轨管输油,可使某一柱塞的吸油阀一直开启,使柱塞在吸油行程从吸油阀吸入的燃油,在压油行程又通过吸油阀被送回低压通道,因此减少了油泵的流量,结果使共轨油压得到了调节和控制,而且减少了功率损失。

采用上述的停机技术,即某柱塞停止供油或进油节流调节技术,可以减少高压油泵的驱动转矩值,但随着高压油泵输出压力的上升和转速的下降,总效率明显降低。究其原因,一方面是充油引起的节流损失,另一方面是因泄漏引起泵的容积效率降低。

3.6.2 喷油量控制技术

共轨电控喷油系统的喷油量控制都采取高速电磁开关阀;与第二代时间控制式电控喷油系统一样,电磁阀关闭时刻即为喷油始点,电磁阀关闭时间的长短,即为喷油量的大小。但是,驱动电磁阀的脉宽不仅取决于喷油量,而且还取决于共轨压力的大小。

例如日本电装公司的 ECD – U2 电控喷油系统,喷油量的控制系统框图如图 3 – 37 所示。在电控单元内进行两级计算,第一级是"计算喷油量",在由各传感器提供的信息基础上,确定每次喷射的目标喷射量 q_{Vfi};第二级是确定驱动电磁阀的脉宽。

在计算喷油量时,要分别检索 q_{Vb} 和 q_{Vfu}。q_{Vb} 取决于发动机转速 n_e 和加速踏板位置 A_{ccp}。q_{Vfu} 为允许的最大喷油量,取决于发动机转速 n_e、进气压力 P_{im} 和进气温度 T_{HA}。为了得到目标喷油量,要从 q_{Vb} 和 q_{Vfu} 选择最小值。因为喷油量 q_{Vfi} 是电磁阀控制脉宽 T_q 和共轨压力 P_c(即喷油压力)的函数。它是精确的"时间 – 压力计算系统",因此根据目标喷油量 q_{Vfi} 和共轨压力 P_c 就可得到 T_q。

电控单元得到电磁阀驱动脉宽 T_q 后,根据电控单元获得的喷油定时去驱动电磁阀,ECD – U2 初期是用三通阀来控制喷油器喷油,图 3 – 38 为喷油量

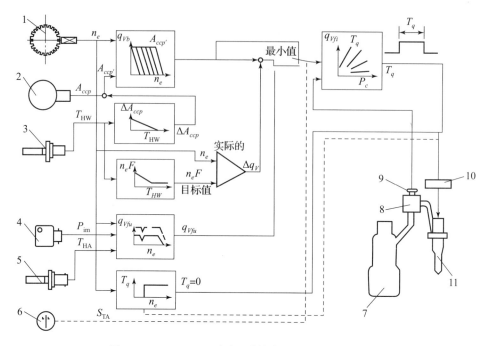

图 3-37 ECD-U2 喷油系统的喷油量的控制系统框图

1—发动机转速传感器；2—加速踏板位置传感器；3—水温传感器；4—进气歧管压力传感器；5—进气温度传感器；6—启动器 S/W；7—高压供油泵；8—共轨管；9—燃油压力传感器；10—电源驱动器；11—喷油器

控制方法示意图。当控制脉冲从电控单元传到三通阀时，喷油器液压活塞上方的控制室外的高压燃油流回油箱。此刻，三通阀后的压力很快从共轨压力（即喷油压力）降到大气压，但控制室（在节流孔下游）内的压力，却要依靠节流孔径大小而逐渐降低。这就使与液压活塞相连的喷嘴针阀的抬起是逐渐的，这样就得到三角形的喷油速率。当三通阀在控制脉宽 T_q 之后断电后，三通阀关闭；这时共轨内的高压燃油，经过与节流阀并联的单向阀瞬间流入喷油器的控制室内，使针阀快速关闭，喷油迅速结束。

这里 ECD-U2 所用的二通阀，由于存在比较严重的燃油泄漏问题，所以现在都以二通阀，即二位二通的电磁开关阀所代替。二通阀的工作原理如图 3-27 所示。当二通阀在电磁铁驱动下开启时，控制腔内的高压燃油经出油节流孔（或阻尼孔 2）流入低压腔，使控制腔中的燃油压力降低。但是，喷油器压力腔中的燃油压力还是很高，压力室中的高压使针阀开启，向气缸内喷油。当二通阀关闭时，共轨中的高压燃油通过进油节流孔（或阻尼孔 1）流进控制腔，使控制腔中的燃油压力升高，使针阀落座，喷油结束。这里有一个重

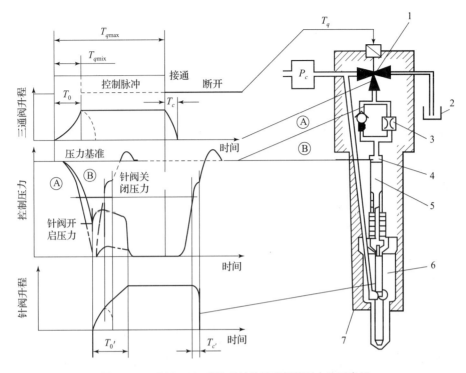

图 3-38　ECD-U2 喷油系统的喷油量控制方法示意图
1—三通阀；2—燃油箱；3—节流孔；4—控制室；5—液压活塞；6—喷嘴；7—喷油器

要条件是阻尼孔 2 必须大于其左下方的阻尼孔 1 的直径，否则不能进行上述工作。BOSCH 公司的 CR 共轨喷油系统，也是采用二位二通常闭式的电磁阀，通过控制腔实现燃油的喷射控制。显然，高压共轨电控柴油机喷油系统采用二位二通电磁开关阀，不仅可实现喷油量、喷油定时的精确柔性控制，还可实现喷油速率的精确控制。这是第二代时间控制式喷油系统所不具备的。因为在高压共轨电控喷油系统中，喷油器针阀的打开速度，决定于控制腔中进、出油节流孔之间的流量差，同样针阀的关闭速度也决定于进油节流孔的流量。

3.6.3　喷油率控制技术

1. 喷油率的概念

对于喷油率，应从两个方面来理解其含义：一种是其概念本身，就是指在喷油过程中，每秒（或每度曲轴转角）从喷油器喷出的燃油量，其单位是 mm^3/s 或 $mm^3/°CA$（°CA—曲轴转角）；另一种是喷油率曲线的形状，是指喷油量对喷油时间（或喷油角度）的微分随时间（或曲轴转角）的变化关系，即喷射率的波形也就是喷油规律。这种含义对于控制燃烧过程是有积极的指导意义的。按喷油规律对燃烧过程的影响情况，喷油率曲线可分为三部分。

（1）喷油初期（即着火延迟期）。从喷油开始到着火燃烧。

（2）喷油中期。从着火燃烧到喷油压力升到最高值。

（3）喷油后期。从喷油压力最高值到喷油结束。

2. 理想的喷油率形状

喷油率是柴油机燃烧的最重要参数之一。改善燃烧过程的关键技术之一，是通过控制喷油率来控制燃烧过程，以实现其理想化。直喷式柴油机要求较高的喷油率，但不同的目标对喷油率形状的要求是不一样的。

（1）希望输出功率大，则要求提高喷油率。

（2）希望排放指标好，则要求初期喷油率低，后期喷油率高，喷油结束时迅速下降。

（3）希望燃油耗低，则要求适当的喷油延迟角结合高喷油率。

（4）希望降低噪声，则要求初期喷油率低。

若要求同时改善动力性、燃油经济性、污染物排放和噪声排放性能，理想的喷油率形状为：喷油初期的喷油率是决定预混合燃烧量的重要因素之一，为了降低 NO_x 和噪声，希望初始喷射率很低；喷油中期相当于扩散燃烧期，为了降低碳烟，希望喷油率很陡地加大，并且随着负荷的增大和转速的增高，喷油率的丰满度必须增大，即从三角形向矩形过渡，以确保燃油和空气的充分混合；喷油后期是喷油压力降低期，由于此时燃油雾化不良而成为产生 PM（颗粒物）的因素之一，因此在喷油结束时，应快速回油以实现喷油压力的迅速下降，从而使喷油后期尽量缩短。更进一步为实现极低的 NO_x 和 PM 排放。采用 $DeNO_x$（去除氮氧化物）催化转换器后处理装置时，需要将 HC（作为还原剂）引到 $DeNO_x$ 催化剂中，使其活化。这是通过在膨胀冲程中进行补充喷油（后喷射），从而增加 HC 来实现的。

根据以上分析，可以得到图 3 – 39 所示理想的喷油率曲线，图中的后喷射技术应用尚不成熟。应该看到，理想的喷油率曲线形状不是固定不变的而应随柴油机转速和负荷的变化，相应调整成图 3 – 40 所示最佳的形状。

3. 喷油率模式

在理想喷油率曲线上（图 3 – 39），要实现的喷油率控制有三种模式：靴形喷射（即初期喷油率实线）控制、预喷射控制（点线）和后喷射控制（虚线）。后喷射控制是结合采用 $DeNO_x$ 催化转换器后处理装置而使用的技术，单

第 3 章 柴油机电控喷油技术

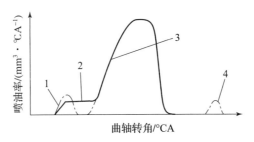

图 3-39 理想的喷油率曲线
1—预喷射；2—靴形喷射；3—主喷射；4—后喷射

独使用没有意义，反而会恶化排放性能和燃油经济性。后喷射一般在主喷射后 90°~200° 曲轴转角开始。后喷射油量约占主喷油率的 2%，一般为 1~2 mm³/cyc（cyc 为每循环）。

靴形喷射控制技术、即过去所称的初期喷油率控制技术，就是在喷射过程中，先以较早的喷油定时、很低的喷油率（平缓的喷油开始是降低 NO_x 所必要的），以及适当的喷油持续期，喷入气缸一小部分燃油，随后以快速升高的喷油率完成主喷射。初始喷油率很低，在着火延迟期内所喷入的燃油很少，导致较

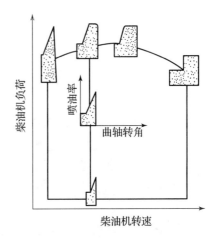

图 3-40 随工况而变的
理想喷油率形状

低的预混合燃烧率，所以可获得较为平缓的燃烧，也为主喷射喷入的燃油创造了合适的燃烧条件，从而改善 NO_x、PM 排放及降低燃烧噪声，并提高燃烧效率。

预喷射就是在主喷射前的某一时刻，喷入少量的预喷油量。实际上就是在喷射过程中，设定了一次短暂的喷射停止期。预喷射喷入的少量燃油的燃烧，使得燃烧室被加热，缩短了随后进行的主喷射的着火延迟期，而使预混合燃烧比率减少；同时，预喷的燃烧气体被雾化的主喷油束卷吸而改善了主喷射期燃油与空气的混合，从而能有效地减缓燃烧速率，燃烧温度与压力上升减缓，降低了燃烧噪声和 NO_x、HC 排放，并能在一定程度上改善燃油消耗。试验表明，采用预喷射的方法，可使直喷式柴油机在保持较好的燃油经济性的同时，具有与分隔式相近的排放和噪声水平。

4. 喷油率形状控制技术

流量方程为

$$q_v = C_q A \sqrt{\frac{2}{\rho} \Delta p}$$

式中，q_v 为瞬时喷油率；C_q 为流量系数；A 为喷嘴有效流通面积；Δp 为喷孔上下游的压差；ρ 为燃油密度。

由上式可以看出，喷射率取决于喷油嘴喷孔的有效流通面积和喷孔前后的压差及燃油密度。由于燃油密度不易改变，因此仅余下喷孔有效面积和喷孔前后压差两个变量，可用来改变瞬时喷油率。现有的喷油率形状控制技术，无一例外都是根据改变喷油嘴有效流通面积或改变喷孔前后压差，从而控制喷油率的原理来设计的。这里仅介绍共轨系统中喷油率控制技术。

日本电装公司的 ECD-U2 高压共轨电控喷油系统，由三通阀通过控制喷油器中控制腔中的压力束实现喷油过程控制。该系统在喷油结束时，靠液压作用加速针阀落座，可以实现喷油过程的快速切断。该系统可以产生三种形式的喷油率形状，即三角形、靴形和预喷射型。

1）三角形喷油率的实现

在 ECD-U2 系统中，三角形喷油率是利用喷油器中设在三通阀和液压活塞之间的节流孔（阻尼孔），来控制控制腔中油压的下降过程来实现的。如图 3-41 所示。当三通阀打开，控制腔中燃油压力，即液压活塞上方油压卸压时，由于与节流孔并联的单向阀关闭，只能通过节流孔实现卸压，使得卸压过程延长，喷油嘴针阀缓缓升起，形成了逐渐上升的三角形喷油率模式。当喷油结束，三通阀关闭，共轨油液经单向阀瞬间作用在液压活塞上方，使针阀很快落座，迅速停止喷油。使用合适的节流孔直径和共轨压力，可以获得适合于发动机燃烧过程的最佳喷油率形状。

2）靴形喷油率的实现

靴形喷油率是利用喷油器中、设在

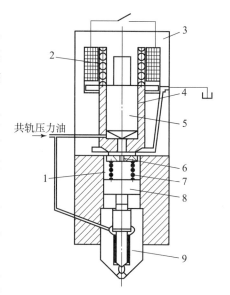

图 3-41 三角形喷油率控制原理
1—控制腔；2、7—弹簧；3—三通阀；
4—外阀；5—内阀；6—单向节流孔；
8—液压活塞；9—喷油嘴针阀

三通阀和液压活塞之间的靴形阀（即台阶型阀代替原先的节流孔）的工作特性来实现的，如图3-42所示。靴形阀6和液压活塞7之间的间隙为预升程。当三通阀3打开后，靴形阀和液压活塞之间，以及靴形阀中心孔处的高压燃油首先被释放，流回油箱。液压活塞上部油压下降，与液压活塞连锁的针阀上升走完预行程的距离，实现低喷油率。然后喷油嘴针阀8暂停进一步升起，直到靴形阀周围燃油通过靴形阀上的节流孔不断泄走，使得当液压活塞7上作用的向上的力，大于靴形阀上的弹簧力和液压力之和时，喷油嘴针阀8再升高到最大升程位置。此时喷油率达到最大值，而在此之前，喷油器保持较低的喷油速率。改变预升程值和靴形阀节流孔直径可以得到各种不同的靴形喷油率波形。

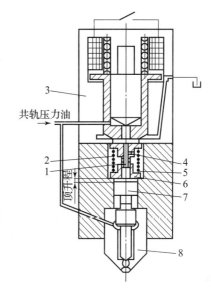

图3-42 靴形喷油率控制原理
1—中心孔；2—控制腔高压油；3—三通阀；
4—靴形阀节流孔；5—弹簧；6—靴形阀；
7—液压活塞；8—喷油嘴针阀

3) 预喷射型喷油率的实现

预喷射是通过在主喷射脉冲前先给三通阀一个宽度较小的预喷脉冲来实现。每循环喷油实际上针阀动作两次。在ECD-U2系统中，预喷油是可$<1\ mm^3/cyc$。预喷和主喷间隔时间可$<0.1\ ms$。但是，如果在喷油器的两位三通电磁阀和液压活塞之间设置的是单向节流孔，则实现预喷会产生问题。通常，预喷油应与主喷油相连以获得预喷油的着火燃烧效果。但如图3-43所示，在预喷结束后，主喷开始前，单向节流孔板恰好被往下压到控制腔的中间部分而未复位到最上端。若此时主喷射已开始，则主喷油的开始部分喷油率不平缓，因为此时液压活塞上方控制腔中，燃油经单向节流孔板外圆泄走，针阀快速升起，为保证主喷射起始段平缓，需要等到单向节流孔板回复到初始位置，即靠到最上边。这段时间会使预喷油火焰熄灭，如果将单向节流孔板固定，则单向节流孔变成双向节流孔，即通过此板反向流动时，高压燃油推动此板向下运动，使燃油主要通过此板外圆轴向流动，使节流孔短路的作用失去，结果就阻止燃油流进控制腔，使喷油结束缓慢，烟度排放差。为此，采取了一个很巧妙的办法，即将节流孔作为锥孔，并将节流孔板固定。此时，燃油从此节流孔双向流动时有很大的流量差别：控制腔泄油时，双流量节流孔起阻尼作

用，可获得与单向节流孔具有相同平缓初期的喷油。而当高压燃油流入控制腔时，双流量孔几乎无阻尼作用（因为在此方向上湍流度较小），使控制腔快速升压，关闭针阀，结束喷油。与可移动的单向节流孔相比：采用双流量节流孔能获得与主喷射更为靠近的预喷射（最小间隔 0.5 ms）。采用双流量节流孔的另一个优点是温度特性，采用双流量孔的喷油器不需要安装节流孔板的复位弹簧，所以使控制腔容积减小，故压力响应快，温度的影响就变小，控制腔的最小容积受最小供油量所控制。

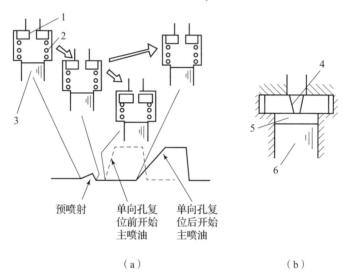

图 3-43 预喷射喷油率的控制原理

(a) 预喷射模式单向节流孔的作用；(b) 预喷射理想的双流量节流孔结构

1—单向节流孔；2—弹簧；3、6—液压活塞；4—双流量节流孔；5—控制腔

美国 Caterpillar 公司的 HEUI 共轨液压式喷油系统，是通过在电控喷油器中增压柱塞和柱塞套上的精密孔道的回油控制，来实现喷油速率形状控制的。如图 3-32 所示，柱塞下移压缩下部被密封的燃油，当压力高于针阀开启压力时产生预喷射，当柱塞下移到使柱塞上计量孔和柱塞套上回油孔接通时，预喷射结束。柱塞继续下移关闭回油孔时，燃油压力迅速上升，开始喷油率较高的主喷射。通过改变计量孔和回油孔的孔径，可以得到不同的喷油速率波形。

3.6.4 喷油定时控制

在 ECD-U2 系统内，依靠调节喷油器三通阀的通电定时，可以自由控制喷射定时。图 3-44 为 ECD-U2 喷油定时控制系统框图。类似喷油量控制系统，在 ECU 中进行两级计量：第一级是根据各种传感器的信号，确定目标喷射始点时刻；第二级是为了实现目标喷射始点时刻 θ_{fi}，确定三通阀通电启动时刻 T_c。

图 3-44 中 θ_b 是由发动机转速和负荷确定的基本喷射定时。为了确定目标喷射定时 θ_{fi}，还要加上进气压力补偿值 θ_p 和水温补偿值 θ_w。因为 θ_{fi} 是以曲轴转角（上止点前）值表示的，所以要根据发动机转速换算成时间，然后再得到从参考计时标准 30°信号算起的时间间隔 T_c，最后得到三通阀通电起点。

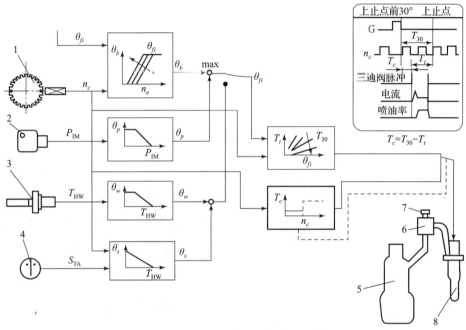

图 3-44 ECD-U2 喷油定时控制系统框图

1—发动机转速传感器；2—进气压力传感器；3—水温传感器；4—启动器 S/W；
5—高压油泵；6—共轨管；7—燃油压力传感器；8—喷油器

第 4 章

车辆自动变速控制技术

自动变速器是一种能依据车辆行驶速度和油门开度等信息自动进行换挡操作的变速装置。驾驶装有自动变速器的车辆时，驾驶员不踩离合器就能实现自动换挡，而且发动机不会熄火，所以能有效地提高驾驶方便性，减轻驾驶员的劳动强度。20 世纪 80 年代以来随着电子技术的发展，变速器自动控制进一步完善，在各种使用工况下能实现发动机与传动系的最佳匹配，控制更加精确、有效，性能价格比大大提高，目前得到广泛采用。

4.1 概　　述

4.1.1 自动变速的类型

按照变速控制的方式和变速器的型式，自动变速系统主要有四种：液力机械式自动变速器（automatic transmission，AT）、电控机械式自动变速器、双离合器自动变速器、机械式无级变速器（continuously variable transmission，CVT）。

AT 通常采用液力变矩器加有级式行星齿轮机构传动的组合类型。行星齿轮机构传动借助摩擦元件，不必切断动力换挡，而液力变矩器可在一定范围内实现无级变速传动，尤其是行星齿轮机构换挡导致传动器传动比突变时，液力变矩器的液体传动不会产生换挡冲击。AT 传动系统简化了操纵，提高了舒适性、行驶安全性和车辆平均行驶速度，但是存在传动效率低、结构和制造工艺复杂、成本高、维护保养困难等缺点。

AMT 是在普通固定轴式齿轮变速器的基础上,将选挡、换挡及离合器等相应的操纵改为以微处理器为控制核心,以电动、液压或气动执行机构来完成起步和换挡的自动操纵变速器。AMT 采用的是传统干式单片离合器和手动机械变速器,换挡时动力中断,因此会使车速降低,影响动力性,且不够舒适,但 AMT 既具有液力传动式自动变速器自动变速的优点,又具有机械式变速器传动效率高、价格低、结构简单的优点,有很好的发展势头。

DCT 的奇、偶数挡位的输入轴与相应的两个离合器连接,在换挡时这两个离合器进行分离、接合过程中有重叠,实现动力换挡,克服了 AMT 换挡时动力中断的缺点。DCT 能满足驾驶运动感和节油的双重要求,为当今许多汽车厂家所关注。

CVT 由机械传动装置承担动力传递和无级变速,较为常见的结构形式是在机械传动装置中设置离心式自动离合器和 V 带轮作用半径调整机构。控制器根据车速、节气门开度等情况控制调整机构动作,通过改变带轮作用半径实现无级变速。CVT 驾驶简便,可提高舒适性和车辆燃料经济性,具有良好的应用前景。

4.1.2 换挡品质

所谓换挡品质,就是换挡过程的平稳性。对换挡过程的主要要求是:一是换挡过程应平稳、冲击小,以减少传动系的冲击和保证乘坐的舒适性;二是换挡过程要减少离合器、同步器的滑磨时间,以延长其使用寿命;三是换挡过程要迅速、时间短,以减少换挡期间因动力中断所引起的动力损失。

显然,对换挡过程的要求是矛盾的。换挡过程进行得迅速,就不可避免地产生较大的冲击,从而破坏了换挡过程的平稳性。相反,如果为了换挡过程的平稳性而延长离合器的接合时间,则离合器的滑磨时间增长,滑磨功增加,导致离合器的温升增加,这将缩短离合器的使用寿命。

换挡品质控制就是要解决这一矛盾,即在保证车辆动力性、经济性和动力传动系机件寿命的前提下,迅速而平稳地完成换挡过程,这是换挡品质控制的根本目标。

以 AMT 为例,常用以下三个指标来评价换挡品质:换挡时间 t_g、滑磨功 W_c 和冲击度 j。

1. 换挡时间 t_g

换挡时间 t_g 是指从发出换挡指令开始至换入目标挡后离合器完全接合,完成整个换挡操纵的总时间。可用式（4-1）表示：

$$t_g = t_{g1} + t_{g2} + t_{g3} + t_{g4} + t_{g5} \quad (4-1)$$

式中，t_{g1} 为离合器分离操作时间；t_{g2} 为摘挡操作时间；t_{g3} 为选挡操作时间；t_{g4} 为挂挡操作时间；t_{g5} 为离合器接合操作时间。

其中，离合器分离操作时间 t_{g1}、摘挡操作时间 t_{g2} 和选挡操作时间 t_{g3} 主要取决于执行机构的动作时间，而挂挡操作时间 t_{g4} 和离合器接合操作时间 t_{g5} 则与对换挡过程的不同要求有关。如要求换挡快捷，则应减小 t_{g4} 和 t_{g5}；相反，若要求换挡平稳，则应适当延长 t_{g4} 和 t_{g5}。

2. 滑磨功 W_c

在换挡过程中，离合器滑磨功 W_c 可定义为

$$W_c = \int_{t_{c1}}^{t_{c2}} T_c(t)(\omega_e(t) - \omega_I(t)) \mathrm{d}t \quad (4-2)$$

式中，T_c 为离合器处于滑磨状态时传递的摩擦力矩；t_{c1} 为离合器主、被动摩擦片开始滑磨的时刻；t_{c2} 为离合器主、被动摩擦片同步而结束滑磨的时刻；ω_e、ω_I 分别为发动机、变速器输入轴转速。

在换挡过程的离合器接合阶段，离合器主被动摩擦片之间的转速差通过离合器的滑磨来消除。而滑磨产生的热量使摩擦片的温度升高，会加剧摩擦片的磨损。因此，在离合器的接合过程中，应力求使滑磨功 W_c 最小。

3. 冲击度 j

冲击度 j 是评价换挡品质的最重要的指标，冲击度的大小用车辆纵向加速度的变化率来表示，即 $j = \mathrm{d}a/\mathrm{d}t$。

加速度 a 和变速器输出轴的角加速度 ε 的关系为，$a = \varepsilon \cdot r/i$，从而有

$$j = \mathrm{d}a/\mathrm{d}t = \frac{r}{I_v \cdot i} \cdot \frac{\mathrm{d}(T_0 - T_r)}{\mathrm{d}t} = \frac{r}{I_v \cdot i} \cdot \frac{\mathrm{d}T}{\mathrm{d}t} \quad (4-3)$$

式中，r 为车轮运动半径；i 为变速器输出轴到驱动轮的传动比；T_0 为变速器的输出转矩；T_r 为道路阻力矩，换挡瞬间认为不变；j 为冲击度；I_v 为转换到变速器输出轴上的转动惯量。

从式（4-3）可知，冲击度可以表示为变速器输出轴上转矩的变化率，即转矩的波动直接影响到换挡的平稳性。对于有级式变速器，无论是手动变速还是自动变速，其换挡过程都是由于不同的转动惯量的旋转角速度发生变化而带来的转矩冲击过程，转矩冲击越小则换挡过程越平稳，说明换挡品质越好。

采用冲击度 j 作为评价指标可以排除道路条件以及驾驶员等非换挡过程因素的影响,能更真实地反映换挡过程扭矩扰动的情况,而且这一指标还与人乘坐舒适性的主观感受一致。换挡过程中应力求做到冲击度 j 尽可能小,以确保换挡过程的平稳性。

4.1.3 换挡规律

在自动变速器中,自动换挡规律关系到动力传动系统各总成潜力的挖掘与整体最优性能的发挥,直接影响车辆的动力性、燃料经济性、通过性及对环境的适应能力。故它是自动变速器中最核心的技术。换挡规律是指两排挡间自动换挡时刻随控制参数变化的关系。它应该是单值的,即对输入变量(换挡控制参数)的每一组合,仅存在唯一的输出状态——要么维持现状,要么升挡或降挡。其类型有单参数、双参数和组合型换挡规律。这些控制参数主要有车速、发动机油门、发动机转速、液力变矩器涡轮转速和车辆加速度等,目前应用最多的是车速和发动机油门两个参数信号。

1. 单参数换挡规律

单参数换挡规律一般选用相对稳定且能综合反映车辆行驶状态的车速 v 作为控制参数,如图 4-1 所示(实线为升挡曲线,虚线为降挡曲线)。图 4-1 中,相邻两排挡间升挡点与降挡点对应的车速差称为降挡速差,也叫换挡延迟。降挡速差对自动换挡控制是必需的,其作用是防止换入新挡后,由于某种原因使车速发生微小变化时,车辆又重新换回到原挡位。这种在相邻两排挡间重复往返换挡的现象,称为循环换挡(一会儿降到低挡,一会儿又升入高挡),这是自动变速车辆所固有的。因此,一般自动变速车辆根据其使用性能的不同,

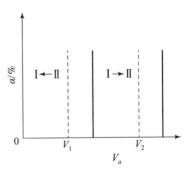

图 4-1 单参数换挡规律

都要设计一个合理的降挡速差,以避免或减少循环换挡现象的发生,保证其换挡控制的相对稳定性。

循环换挡不仅加剧了机件的磨损,而且降低了乘坐的舒适性。避免或减少循环换挡不仅可以通过增加降挡速差的办法,也可以用软件的方法。

单参数换挡规律的特点如下。

(1)换挡点与油门开度无关,无论油门开度如何变化,只有达到规定的车速时才能换挡,这样就不能实现驾驶员的干预换挡,即它不能按照驾驶员的

意图换挡。

（2）降挡速差大小不变，每个挡的行驶车速范围固定不变，它只能保证在某些油门开度下行驶时使车辆的某项性能最佳。一般为保证动力性，把发动机的最高转速作为升挡点，而不考虑对车辆的功率需求情况。其他油门时达不到这样的车速，也不可能使车辆获得最佳动力性。因此，使车辆的某项性能最佳只是相对一部分油门开度而言。

（3）不能兼顾动力性和经济性的要求。

（4）由于换挡点与油门开度无关，因此可以减少换挡次数。

单参数换挡规律控制系统结构简单，早期出现的自动变速车辆曾采用这种换挡规律，现在的自动变速车辆普遍采用二参数换挡规律。

2. 二参数换挡规律

二参数换挡规律克服单参数换挡规律的缺点，其控制参数类型有：车速与节气门开度，液力变矩器泵轮转速与涡轮转速，车速与发动机进气歧管真空度等。现在二参数换挡规律常选用油门开度 α 和车速 v 作为控制参数，以油门开度来反映驾驶员对发动机输出功率的需求，以车速反映车辆当前的行驶状态。按照降挡速差的变化，二参数换挡规律又可分为等速差型、收敛型、发散型和组合型等四种，如图 4-2 所示。

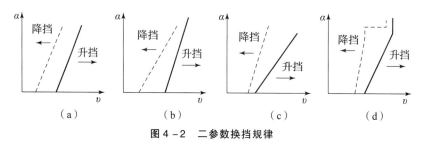

图 4-2 二参数换挡规律

（a）等速差型；（b）收敛型；（c）发散型；（d）组合型

等速差型换挡规律如图 4-2（a）所示，换挡延迟与油门信号无关，不管油门信号的大小，换挡延迟都相等。但其可实现驾驶员导干预，在小油门时可提前换入高挡，既减小发动机噪声，又可延迟换回低挡，改善燃烧经济性。这种换挡规律换挡次数最少，主要用于城市公共交通车辆。

收敛型换挡规律，如图 4-2（b）所示，换挡延迟随着油门信号的增加而减小。大油门时换挡延迟小因而有利于换入高挡，动力性好；小油门时换挡延迟大，有利于减少换挡次数，可改善经济性。这种换挡规律用于经常在大油门工作的重型车辆上。

发散型换挡规律,如图 4-2(c) 所示,换挡延迟随着油门信号的增大而增大。小油门时换挡延迟小因而有利于换入高挡,燃油经济性好;大油门时换挡延迟大,有利于减少换挡次数。这种换挡规律适用于行驶阻力变化不大、经常在小油门下工作的轻型车辆。

组合型换挡规律,如图 4-2(d) 所示,是由两种以上换挡规律所组成,它可以在不同的油门开度下得到不同的换挡规律。一般是在小油门时以减少油耗和污染、提高舒适性为主;大油门时则以提高动力性能为主。车辆实际上采用的都是组合型换挡规律。

图 4-3 所示为 3 挡自动变速器所采用的组合型换挡规律曲线,实线为升挡点曲线,虚线为降挡点曲线。该换挡规律基本上是由发散型换挡规律所组合而成,换挡控制器上共有两种选择,即"D"和"L"(选择"D"时,从 1 挡到 3 挡范围内自动换挡,选择"L"时在 1 挡与 2 挡之间自动换挡)。图 4-3 中的双点画线为液力变矩器的闭锁与解锁控制规律,采用的是单参数等延迟型换挡规律,闭锁与解锁点只与车速(变速器的输出轴转速)有关。

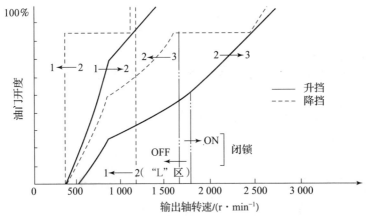

图 4-3 3 挡自动变速器所采用的组合型换挡规律曲线

二参数换挡规律的特点如下。

(1)换挡点对应的车速随油门开度的增大而增大,这样大油门时有利于提高车辆的动力性,小油门时有利于改善车辆的经济性。与单参数换挡规律相比,更符合实际驾驶时的换挡特性。

(2)在满足一定条件下,通过驾驶员急速松开或急速踏下油门踏板,可实现人工干预换挡,即可提前升挡或降挡,能够体现驾驶员的部分意图。

(3)在车辆稳定行驶的前提下,能够按照预先设定的动力型或经济型换挡规律进行换挡,能够满足对车辆最佳动力性或最佳经济性的要求。

(4) 通过组合型换挡规律的设计，可使车辆获得所需的性能。

动力传动系统和车辆类型不同，换挡规律也不同。换挡规律的确定，一般需经过理论设计、台架与道路实验来完成。

另外，加入电子控制后，按照自动变速系统可实现车辆行驶的最佳动力或经济性指标，上述换挡规律还分为动力型换挡规律和经济型换挡规律。所谓动力型换挡规律（一般标记为 P 或 S），是以车辆在行驶中的动力性能（指最大车速、爬坡性能、加速性能等）最优为目标而设计的换挡规律，设计原则主要是充分发挥发动机的功率潜力，提高车辆平均行驶速度。所谓经济型换挡规律（一般标记为 E），是以车辆发动机的燃油消耗为最低而设计的换挡规律。通常在换挡控制器上有这两种控制模式的选择。

随着智能控制理论的发展，出现了综合利用道路环境、驾驶员的操作特点、车辆的运行状况等信息的模糊逻辑和神经网络挡位决策方法，即智能换挡。智能化挡位决策方法综合考虑了车辆运行状况、行驶环境和驾驶员操作意图等信息，能够满足车辆的动力性、经济性和可驾驶性的要求，是自动变速车辆的发展方向。

4.2 液力机械式自动变速系统

4.2.1 概述

液力机械式自动变速系统由液力变矩器、辅助变速器、控制系统等几个部分组成，如图 4 - 4 所示。

1. 液力变矩器

液力变矩器位于自动变速器的最前端，安装在发动机的飞轮上。它是通过工作轮叶片的相互作用，引起机械能与液体能的相互转换来传递动力，通过液体动量矩的变化来改变转矩的传动元件，具有无级连续改变速度与转矩的能力，它对外部负载有良好的自动调节和适应性能，从根本上简化了操作；它能使车辆平稳起步，加速迅速、均匀、柔和；由于用液体来传递动力进一步降低了尖峰载荷和扭转振动，延长了动力传动系统的使用寿命，提高了乘坐舒适性和车辆平均行驶速度及安全性和通过性。

第 4 章　车辆自动变速控制技术

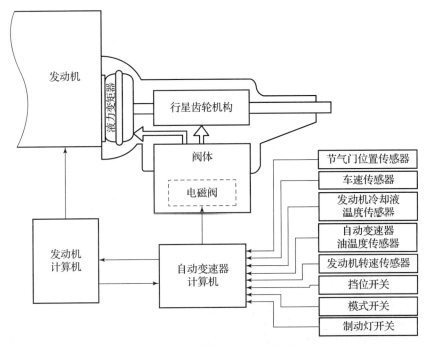

图 4-4　液力机械式自动变速系统组成

2. 辅助变速器

液力变矩器的无级变速性能虽然很好，但从经济性考虑它不能完全满足车辆改变速度和变化动力两方面的要求，故需与齿轮传动串联或并联，以扩大其传动比与高效率工作范围。齿轮传动有行星齿轮式与定轴式两种。虽然，人们熟悉的定轴式机械变速器工艺性好、成本低，但由于行星齿轮传动易于实现自动化、结构紧凑、质量轻，特别是其具有与液力变矩器可实现功率分流的长处，故目前 AT 中多为此型。行星齿轮变速器包括行星齿轮组和换挡执行机构。换挡执行机构可以使行星齿轮组处于不同的啮合状态，以实现不同的传动比。大部分行星齿轮变速器有 3~4 个前进挡和 1 个倒挡。显然机械传动在 AT 中属于辅助地位，故又称其为辅助变速器。

3. 控制系统

液力机械自动变速器的控制系统采用了电液式控制系统，控制系统的组成如图 4-5 所示。

1）系统能源

它是各个机构的动力源，早期的全液压自动控制系统由油泵、调压阀等组

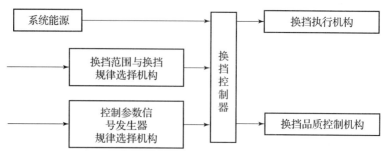

图 4-5 控制系统的组成

成；目前广泛采用的电液式控制系统，除上述外，还需直流电源为电控提供所需能源。

2）控制参数信号发生器

自动换挡是根据汽车行驶中选定的控制参数的变化来确定是否需要进行换挡的，目前主要是采用二参数控制（车辆速度与发动机节气门开度），但这仅是原始信号，还必须加以调制，才能被液压和电控系统所接受，即所选参数不仅应能按比例精确地变换成控制信号，且要求反应迅速、便于实现、工作可靠。

过去全液压系统采用的是速度调压阀和节气门开度调压阀。但在电液系统中它们均已被结构简单的磁感应式、霍尔式、光电式、激光式等车速传感器，以及节气门电位器等所代替。

3）换挡控制器

换挡控制器实质上是向换挡执行机构发出换挡指令的发生器。它接受来自车速、油门加速度及换挡选择机构所传来的信号，进行比较和处理，并按预定的规律选择挡位和换挡时刻，及时发出相应的换挡指令至换挡执行机构；对全液压系统由换挡阀完成；而电液式则由ECU与其控制的电磁阀、换挡阀承担。

4）换挡执行机构

换挡执行机构的功能是接受控制指令去具体完成挡位变换，一般均是通过液压缸充、卸压力油使离合器、制动器或单向离合器的分离或接合实现换挡。

5）换挡品质控制机构

换挡品质控制机构的作用是控制换挡过程平稳、无冲击，从而使乘员舒适，动力传动系统动载荷降低。一般它是在通向液压缸的油路上增加蓄能器、缓冲阀、定时阀、执行压力调节阀、协调阀和单向离合器等，以改善换挡品质。近来，电子控制软件的作用渐呈明显优势，它已不仅可取代原单向离合器的功能，简化了结构，而且逐步向智能化发展。

此外，在自动变速器的外部还设有一个自动变速器油散热器，用于散发自动变速器油在工作过程中产生的热量。

电子控制系统可存储与处理多种换挡规律，一机多能，实现更复杂、更合理的控制；电控系统改变规律或参数时，仅调整局部电路，即可适应性能，开发周期短；无惯量、控制精度高、反应快、动作准确；结构紧凑，质量轻；与整车动力传动系统控制如 EFI、巡航、牵引力控制、四轮驱动控制等兼容性好。因此，电控所获得的优良换挡平顺性和操纵方便性及与汽车上其他电子控制装置之间的联系，导致它代替液压控制的趋势是必然的。

4.2.2 液力变矩器

1. 液力变矩器的基本组成与原理

液力变矩器的基本元件是泵轮 P、涡轮 T、导轮 D，如图 4-6 所示。

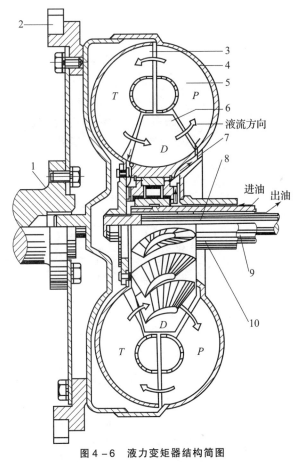

图 4-6 液力变矩器结构简图

1—曲轴；2—齿圈；3—涡轮；4—泵轮；5—循环圆；6—导轮；7—单向离合器；
8—涡轮轴；9—单向离合器固定套；10—泵轮轴套

泵轮是液力变矩器的主动件，它与固定在飞轮上的变矩器壳连为一体；涡轮是变矩器的从动件，与输出轴相连。泵轮和涡轮上都均布有叶片，变矩器壳体内充满了液压油。

当发动机转动时，在液力变矩器中的液体存在以下两种运动。

（1）液体随叶片一起做轴向转动。

（2）液体在由泵轮和涡轮叶片组成的通道及圆环中心通道内做环形运动（按图4-6所示剖切面内圆轨迹运动），这种运动又称涡流运动。

当泵轮有发动机驱动转动时，泵轮像离心泵一样带动液体高速转动，在离心力的作用下，推动液体沿径向叶片通道甩向泵轮四周的出口，呈一定的角度喷射到涡轮的叶片，于是在涡轮上产生一个转动力矩。进入涡轮叶片通道中的液体向内流动到涡轮的出口，然后被迫在定子的叶片之间流动，当液体沿定子弧形叶片滑动时，因流体动量变化产生的反作用力被定子吸收。流体从定子出口进入泵轮叶片所形成的通道，于是在泵轮上产生大小与定子反作用力相等的转矩。传递到涡轮上的转矩包括发动机的输入转矩与流体对泵轮的反作用转矩两部分，即

$$T_T = T_P + T_D \qquad (4-4)$$

式中，T_T、T_P、T_D分别为涡轮、泵轮及导轮上的作用转矩。

导轮上受到的转矩T_D随泵轮与涡轮的转速差的减小而逐渐变小，当涡轮转速升高，涡轮出口油液的速度方向与导轮弧形叶片相切时，导轮上受到的转矩为零。

2. 液力变矩器性能

1）变矩系数

液力变矩器输出转矩与输入转矩（即泵轮转矩T_P）之比称为变矩系数，用K表示。

$$K = \frac{T_T}{T_P} \qquad (4-5)$$

液力变矩器是以液体的动能来传递能量的，在泵轮与涡轮之间的转速差大时，涡轮旋转所形成的反压力小，则从泵轮处流入涡轮的流速高，循环圆中的流量也大，故涡轮上的转矩也随之增大。显然，当涡轮不动（$n_T = 0$）时，循环流量达到最大，涡轮上转矩也增至最大。此时的变矩系数称为失速变矩系数k_0，也将达到最大，对轿车通常在1.6～2.4之间。为了具有可比性，一般用涡轮转速n_T与泵轮转速n_P之比 $\left(\text{称为速比}, i = \dfrac{n_T}{n_P}\right)$ 来代替n_T描述K的变化。

对汽车上常用的向心涡轮式（即指进口半径大于出口半径的涡轮）变矩器，变矩系数随速比的变化如图4-7所示。对液力变矩器，要正向驱动，应使 $n_P > n_T$，一般速比 i 可以工作到 0.98 左右。

这种不需要控制，就能根据外界负荷变化自动改变其转速和转矩的性能，非常接近于理想牵引特性，其良好的自动适应性，对于各种运输车辆都是十分重要的。

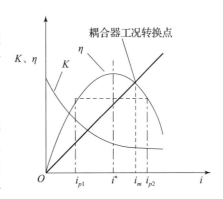

图 4-7 综合式液力变矩器性能曲线

2）效率

效率性能是指变矩器在传递能量过程中损失的变化，用 $\eta = f(i)$ 来表示：

$$\eta = \frac{T_T n_T}{T_P n_P} = ki \qquad (4-6)$$

它是具有极大值的抛物线，见图4-7，在失速点时，泵轮虽有功率输入，但因 $n_T = 0$ 而使 $\eta = 0$；n_T 增大，流量逐渐下降，与其平方成正比的通流（摩擦）损失随之不断下降，从而效率不断提高，在计算工况点 i^*（附近）各叶轮液流均无冲击地进入入口，从而使效率 η 值达到最高；速比再增加时，虽然通流损失仍在下降，但冲击损失又继续增加，使 η 下降。当达到最大速比 $i_{max} = 1$ 时，流量为零，无功率输出，η 再次为零。由于汽车经常在大速比工况下工作，为了克服这一缺陷，故将导轮通过单向离合器后再与壳体相连。设计中速比 i 大于变矩系数 $K = 1$ 的速比 i_m 点时，用液流的反向作用使导轮可自由转动，使液力变矩器转变为耦合器工况，故当 $i > i_m$ 以后的范围，理论上效率 $\eta = 1$，从而使最高效率可达到 0.95~0.97，提高了车辆的燃料经济性。

3. 液力变矩器的闭锁与滑差控制

液力变矩器的性能优越，但最大的缺陷是效率低，为了降低装用液力变矩器汽车的油耗，而采用了闭锁，即在液力变矩器的泵轮与涡轮之间，安装一个可控制的离合器，当汽车的行驶工况达到设定目标时，控制离合器将泵轮与涡轮锁成一体，液力变矩器随之变为刚性机械传动，提高传动效率。

早在1953年就有了液力变矩器闭锁专利，由于当时油价便宜而忽视了它，直到1967年能源危机以后，对其才日趋重视。开始人们认为闭锁降低了乘坐舒适性，只适用于公共汽车、载货汽车，这一观念直到十多年后才被打破。1978年克莱斯勒公司在轿车上首次成功使用了闭锁离合器，可节油 4%~6%，现在各种轿车上的液力变矩器均已推广应用,不仅闭锁范围扩大,有滑差控制的离合器也在兴起。

1）闭锁控制

闭锁离合器的工作原理如图 4-8 所示,当闭锁压力油从油道进入闭锁离合器 3 的左边,而其右边的油液经油道回流,两边的压力差使装于涡轮轴花键上活塞右移,直至变矩器前盖 4 与闭锁离合器之间的油被排出,使涡轮与泵轮稳定地锁在一起,如图 4-8（a）所示。为了弥补液力变矩器的阻尼作用,吸收发动机扭转振动,在有的闭锁离合器中还装有减振弹簧。离合器分离时,油从油道进入闭锁离合器 3 的右边,而其左边的油液经油道泄油 [图 4-8（b）]。

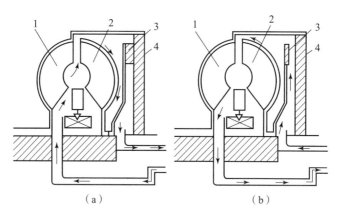

图 4-8 闭锁离合器的工作原理

（a）闭锁状态；（b）分离状态

1—泵轮；2—涡轮；3—闭锁离合器；4—前盖

闭锁的实质是液力传动与机械传动之间的转换,故有在何点闭锁为佳的问题。从理论上讲,闭锁点定在转入耦合器工况点为好,该点变矩器系数 $K=1$,既保证充分利用变矩器的自适应长处,又减少了因闭锁而造成的转矩与转速的突变;但也有为了扩大高效率范围在变矩器最高效率对应的速比处闭锁;还有将闭锁点设在最高效率与耦合器工况点之间的；另外也有少数将闭锁点定在大于耦合器工况点的,以缩小闭锁时的转速差。对于以提高效率为主要目的的城市大客车、载货汽车、军用汽车等,可将闭锁点定在最高效率附近；而轿车还需兼顾舒适性,则以定在耦合器工况点附近为宜。

2）滑差控制

完全闭锁对提高燃油经济性直接有效,故其闭锁范围在不断扩大；但它妨碍吸收振动和冲击,特别是低速时,即使二段式的减振器也很难将其衰减。而且在过低速比时闭锁,当车辆快速制动时,还可能导致发动机熄火,故在变矩器工况与全闭锁工况间增加过渡的滑差控制。

滑差控制是指闭锁离合器处于打滑的半接合状态。其控制原理是,通过闭锁控制阀控制闭锁离合器的接合压力与分离压力,接合压力与分离压力之间的压力差,就代表了闭锁离合器的转矩容量,故它可以实现全闭锁控制或各种程度滑差控制。

4.2.3 辅助变速器

辅助变速器用于扩大自动变速器的传动比变化范围,以满足汽车实际行驶的需要。辅助变速器由齿轮传动装置和换挡执行机构组成,齿轮传动装置采用行星齿轮机构的占绝大多数,换挡执行机构由离合器、制动器及单向离合器组成。

1. 行星齿轮机构

行星齿轮机构由太阳轮、行星轮及行星架、齿圈等组成,如图4-9所示。

根据力的平衡原理和能量守恒定律,可推导出行星齿轮机构的运动方程:

$$n_s + \alpha n_R - (1+\alpha)n_C = 0 \quad (4-7)$$

式中,n_S、n_R、n_C 分别为太阳轮转速、齿圈转速和行星架转速;α 为行星排结构参数,$\alpha = Z_R/Z_S$,Z_R、Z_S 分别为齿圈和太阳轮齿数;通常取 $\frac{4}{3} < \alpha < 4$。

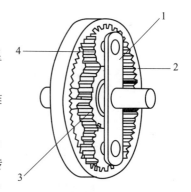

图4-9 行星齿轮机构的组成
1—行星架;2—齿圈;
3—太阳轮;4—行星轮

从行星齿轮机构的运动方程中可看出,将太阳轮、齿圈和行星架这3个构件中的某一个构件通过制动的方式予以固定($n=0$),再将一个连接输入轴,另一个连接输出轴,就可获得六种不同的传动方式。加上任意两构件连接形成的直接传动和任何构件都不加限制的自由空转两种状态,单排行星齿轮机构就有八种传动方案的选择。

由于受结构的限制,单排行星齿轮机构的传动比范围有限,不能满足汽车行驶的实际需要,齿轮变速器通常用双排或三排行星齿轮机构。双排行星齿轮机构组成的形式有多种,在电子控制自动变速器中常见的是辛普森式和拉维娜式,如图4-10所示。

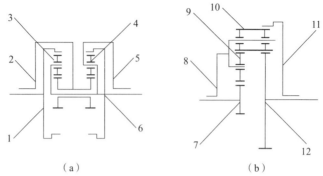

图 4-10 双排行星齿轮机构的组合形式

（a）辛普森式行星齿轮机构简图；（b）拉维娜式行星齿轮机构简图

1—前齿圈；2—前后太阳轮组件；3—前行星轮；4—后行星轮；5—后行星架；
6—前行星架与后齿圈组件；7—前太阳轮；8—行星架；9—短行星轮；
10—长行星轮；11—齿圈；12—后太阳轮

辛普森式双排行星齿轮机构的结构特点是前后行星轮系共用一个太阳轮组，拉维娜式双排行星齿轮机构前后行星轮系共用一个齿圈、只有一个行星架，其中一个行星轮系中有长、短两个行星轮，长行星轮也为两行星排共用。辛普森式和拉维娜式行星齿轮机构配以相应的换挡执行元件后．可形成 3 个前进挡或 4 个前进挡的齿轮变速器。

2. 换挡执行机构

换挡执行机构有离合器、制动器和单向离合器三种执行机构，具有连接、固定或锁止功能，使变速器获得不同传动比，从而达到换挡的目的。

1）离合器

离合器用于将行星齿轮中机构的某个构件与行星齿轮变速器的输入轴等主动部分连接，使之成为主动构件，或是将行星齿轮机构中的两个构件连接起来，使之成为一个整体，以实现直接传动。齿轮变速器换挡执行机构大都采用多片湿式离合器，如图 4-11 所示，由液压控制系统对离合器油缸工作腔注入控制油压或释压来控制离合器的接合或分离。

2）制动器

制动器的作用是将行星齿轮机构中的某一构件固定不动。制动器有摩擦片式和制动带式两种结构形式。摩擦片式制动器的结构与摩擦片式离合器相同，区别在于其制动鼓（相当于离合器鼓）是固定不动的，因而其摩擦片接合的效果是制动。制动带式制动器主要由连接行星齿轮机构某一构件的制动鼓、静止不动的制动带和制动液压缸组成，如图 4-12 所示。

第4章 车辆自动变速控制技术

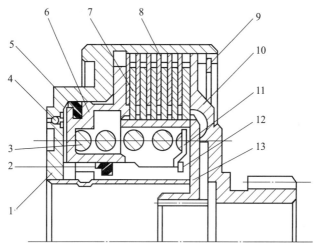

图4-11 多片湿式离合器

1—离合器鼓；2、5—油封；3—回位弹簧；4—单向阀；6—活塞与压盘；7—主动摩擦片；8—从动摩擦片；9、12—卡环；10—太阳轮；11—弹簧座；13—花键鼓

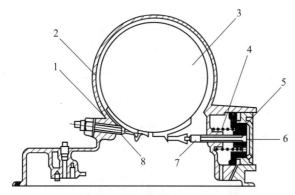

图4-12 制动带式制动器

1—变速器壳；2—制动带；3—制动鼓；4—回位弹簧；5—活塞；6—活塞工作腔；7—推杆；8—调整螺钉

3）单向离合器

单向离合器的作用是连接或制动，由于单向离合器是以自身的单向锁止功能来实现连接和制动，无须控制机构对其进行控制，因此，单向离合器的使用可使自动变速器换挡控制系统得以简化。齿轮变速器换挡执行机构通常采用滚柱式和楔块式单向离合器。

3. 齿轮变速器的换挡原理

以图4-13所示的4个前进挡、辛普森式齿轮变速器为例，说明换挡执行机构在齿轮变速器换挡控制中的作用原理。

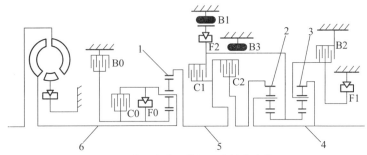

图 4-13　辛普森式 4 挡行星齿轮变速器原理
1—超速挡行星排；2—前行星排；3—后行星排；4—输出轴；5—中间轴；6—输入轴；
C0—直接挡离合器；C1—倒挡及高挡离合器；C2—前进挡离合器；B0—超速挡制动器；
B1—2 挡制动器；B2—低挡及倒挡制动器；B3—2 挡强制制动器；
F0—直接挡单向离合器；F1—低挡单向离合器；F2—2 挡单向离合器

本例在辛普森式 2 行星排的基础上又增设了超速挡行星排，当变速器变速杆置于不同的位置时，自动变速器控制系统通过对各换挡执行元件的控制，实现行星齿轮变速器的自动换挡。该自动变速器各挡下换挡执行元件工作情况见表 4-1。

表 4-1　3 行星排 4 挡行星齿轮变速器各换挡执行元件的工作情况

变速器 变速杆位置	变速器 工作挡	换挡执行元件状态									
		C0	C1	C2	B0	B1	B2	B3	F0	F1	F2
D	1 挡			○					○	○	
	2 挡	○		○			○		○		○
	3 挡					●					
	超速挡			○		●					
R	倒挡	○	○				○		○		
S、L (2、1)	1 挡	○		○			○		○	○	
	2 挡	○		○		●		○	○		
	3 挡	○		○					○		

注：○—接合、制动或锁止；●—接合或制动，但不传递动力。

4.2.4　液压系统

液压系统是自动变速器的重要组成部分，为液力变矩器提供传动介质，完成变速器自动换挡控制。同时，它还保证变速器各部分的润滑，使变速器得到可靠的散热和冷却。可见，液压系统起到传动、控制、操纵、冷却和润滑等作用。在电子控制自动变速器中，采用的是电控式液压系统。

1. 液压系统的组成

自动变速器的液压系统由动力源、执行机构、控制机构、冷却润滑系统等组成。

动力源是被液力变矩器泵轮驱动的油泵，它向控制机构和执行机构供应压力油以完成换挡，同时为液力变矩器提供传动介质并进行冷却补偿，向行星齿轮系统提供润滑油。

执行机构是指行星齿轮系统的离合器、制动器。

控制机构的作用是在汽车行驶过程中接收换挡信号，控制执行机构的动作，使变速器得到不同挡位。同时，它能改善换挡平顺性，保证换挡过程正常进行。控制机构由油泵、主油路调压阀、手控制阀、换挡阀和缓冲安全装置及液力变矩器控制装置组成。

1) 油泵

通常用内啮合齿轮泵、摆线转子泵或叶片泵，为减少在高速时油泵引起的过高的动力损失，目前所用叶片泵大多为流量可变型。三种油泵在结构上的共同点是：转子与定子之间有一定的偏心距。叶片泵的转子与定子之间的偏心距可自动调节，达到改变流量的目的，防止了发动机转速高时供油太多的缺陷，提高了系统效率。

2) 主油路调压阀

由于油泵供油的脉动性，必须经过调节使主油路的压力实现稳定。

主油路调压阀的结构和工作原理如图 4-14 所示。来自油泵的压力油从进油口进入阀体并作用于活塞端面。当主油路压力小于规定值时，活塞上端面的液体压力小于弹簧预紧力，泄油口处于关闭状态。当主油路压力超过规定范围后，活塞在液压力的作用下克服弹簧预紧力下移，泄油口开启。部分压力油被排出，从而保证主油路压力不至过高。由此可见，主油路压力是由调压阀弹簧的预紧力控制的。对于使用齿轮泵或转子泵的自动变速器来说，由调压阀排出

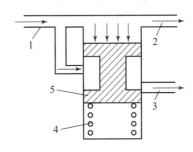

图 4-14 主油路调压阀的结构和工作原理
1—进油口；2—出油口；3—泄油口；
4—弹簧；5—活塞

的多余压力油将回到油底壳。若采用叶片泵,这部分压力油会被送入叶轮壳内,定子在油压的作用下产生径向移动,使其和转子之间的偏心距减小,油泵的泵油量得到控制,进而从根本上限制了主油路压力。

如果主油路系统中只有一个调压阀,它除了控制主油路压力之外,还要调节进入液力变矩器和润滑系统的油压。某些自动变速器的主油路系统包括两个调压阀:一个是主油路调压阀,另一个是第二调压阀,也称变矩器阀,用来控制变矩器的油压。

如果将控制油压引入主油路调压阀弹簧腔,则可以通过调节控制油压来改变主油道的压力,使变速器在不同的挡位均可获得不同的离合器(制动器)工作油压。在电控自动变速器中,通过控制比例电磁阀,可以使主调压阀的输出油压随发动机的负荷大小而变化,而且对换挡离合器和制动器的接合压力及液力变矩器的闭锁离合器的接合压力也可调制,使其更适应提高换挡品质的需要。

3)手控制阀

手控制阀的作用是提供换挡操纵手柄位置信号,控制液压系统接通不同的操纵油路,使自动变速器按照驾驶员的操纵意图工作。

如图 4-15 所示,选挡操纵手柄通过连杆与手控制滑阀的一端相连。当选挡手柄位于空挡或停车挡时,由手控制阀通往操纵油路的油道被关闭,操纵油路中无液压油、来自油泵的压力油经 A 口进入阀体,由 B 口输出至主油路调压阀。若手柄位于前进挡或其他位置,滑阀沿阀体移动到相应位置,接通操纵油路,液压系统按照驾驶员选择的挡位完成相应的工作。

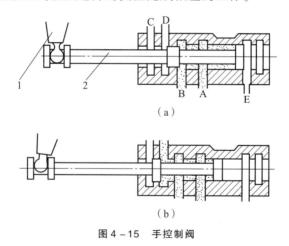

图 4-15 手控制阀

(a)空挡;(b)前进挡

1—手控连杆机构;2—滑阀;A—油泵压力油入口;

B—通往主油路调压阀;C、D、E—通往操纵油路

4）换挡阀

主油路压力油经换挡阀控制流入相应的挡位离合器（制动器）。在 AT 中，换挡阀滑阀一端受离心调速器输出油压的作用，另一端受到节气门阀输出油压和弹簧的共同作用，换挡阀的工作取决于节气门阀和离心调速器的综合作用。在电控自动变速器中，车速和节气门信号均输入 ECU，由 ECU 通过电磁阀来控制换挡阀的换向，如图 4-16 所示。

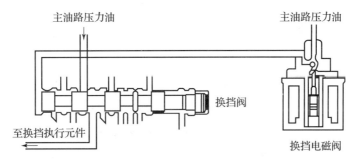

图 4-16 换挡阀

5）缓冲安全装置

缓冲安全装置用来改善换挡品质，较为常见的有蓄能器和单向节流阀等。

（1）蓄能器。蓄能器由减振活塞和弹簧组成，如图 4-17 所示。自动变速器的每个前进挡都设有相应的蓄能器，它并联在换挡执行机构的油路中。自动变速器换挡时，从换挡阀的主油路来的压力油在进入执行机构液压缸的同时也进入蓄能器的减振活塞下部。在换挡执行机构接合初始，油压增长迅速，液压缸的活塞迅速克服它的自由行程，使换挡执行机构接合。当油压增长到一定值时，液压缸活塞下方的油压大于活塞上方的弹簧力，使减振活塞上

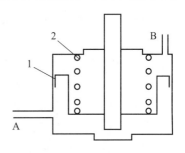

图 4-17 蓄能器
1—减振活塞；2—弹簧；
A—主油压；B—调节油压

升，油路中的一部分液压油进入蓄能器，延缓了换挡执行机构液压缸充油时间，减小了换挡冲击。

通常在减振活塞上方还有调节油压，或称为蓄能器背压，调节油压随节气门开度变化。在节气门开度较大时，适当地降低蓄能器的减振能力，会加快换挡过程，防止大负荷传递动力时换挡执行机构打滑，以满足换挡要求。

（2）单向节流阀。单向节流阀串联在换挡执行机构的油路中，它的作用是对流向换挡执行机构的液压油产生节流作用，使换挡执行机构在接合时能延

缓油压增长速率,以减小换挡冲击。在换挡执行机构分离过程中,单向节流阀不起节流作用,以加快换挡执行机构的泄油分离过程。

单向节流阀,如图4-18所示。它有两种形式,一种是弹簧节流阀式;另一种是球阀节流孔式。

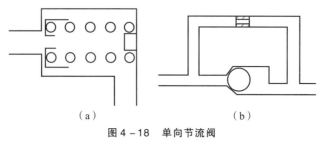

图4-18 单向节流阀
(a) 弹簧节流阀式;(b) 球阀节流孔式

除此之外,在不同型号自动变速器的液压系统中,还有定时阀、顺序阀和限流阀等元件,它们的功能都是通过控制压力油的流量(速)以达到提高换挡品质的目的。

6) 液力变矩器控制装置

若液力变矩器的油液在发动机熄火后被部分或全都排干,将导致变矩器工作打滑或变速器换挡时间滞后。因此,通常在主油路调压阀与液力变矩器之间的油路中设置变矩器阀。变矩器阀的工作原理与主油路调压阀类似。关闭点火开关后,主油路压力下降,变矩器阀关闭上述油路,防止液力变矩器排空油液。

另外,液力变矩器油路系统中还有闭锁控制阀,用以控制闭锁离合器闭锁时刻。根据闭锁离合器的工作特点,只有当汽车在良好路面上行驶,且泵轮与涡轮之间转速差较小时才能使变矩器闭锁。在大多数自动变速器中,当变速器换入前进挡的较高挡位而且车速足够高时,闭锁控制阀接通闭锁离合器的油路,使液力变矩器进入闭锁状态。

2. 液压控制系统工作原理

以四挡自动变速器为例。有4个前进挡的自动变速器通常有3个换挡阀。这3个换挡阀可以分别由3个换挡电磁阀来控制,也可以只用两个电磁阀来控制,并通过3个换挡阀之间油路的互锁作用实现4个挡位的变换。目前大部分电子控制自动变速器采用由两个电磁阀操纵3个换挡阀的控制方式。这种换挡控制的工作原理如图4-19所示。1~2挡换挡阀和3~4挡换挡阀由电磁阀A控制,2~3挡换挡阀则由电磁阀B控制。电磁阀不通电时关闭泄油孔,来自手动阀的主油路压力油通过节流孔后作用在各换挡阀右端,使阀芯克服弹簧力左移。电磁阀通电时泄油孔开启，换挡阀右端压力油被泄空，阀芯在左端弹簧力的作用下右移。

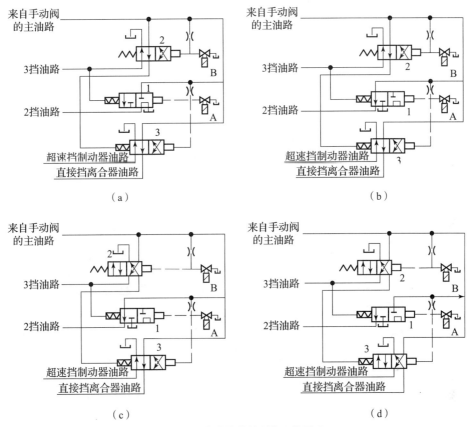

图 4-19　电液换挡控制的工作原理
(a) 1 挡；(b) 2 挡；(c) 3 挡；(d) 4 挡
A、B—换挡电磁阀；1—1~2 挡换挡阀；2—2~3 挡换挡阀；3—3~4 挡换挡阀

图 4-19 (a) 所示为 1 挡，此时电磁阀 A 断电，电磁阀 B 通电，1~2 挡换挡阀阀芯左移，关闭 2 挡油路；2~3 挡换挡阀阀芯右移，关闭 3 挡油路；同时使主油路油压作用在 3~4 挡换挡阀阀芯左端，让 3~4 挡换挡阀阀芯停留在右端。

图 4-19 (b) 为 2 挡，此时电磁阀 A 和电磁阀 B 同时通电，1~2 挡换挡阀右端油压下降，阀芯右移，打开 2 挡油路。

图 4-19 (c) 为 3 挡，此时电磁阀 A 通电，电磁阀 B 断电，2~3 挡换挡阀右端油压上升，阀芯左移，打开 3 挡油路；同时使主油路压作用在 1~2 挡换挡阀左端，并让 3~4 挡换挡阀阀芯左端控制压力泄空。

图 4 – 19（d）为 4 挡，此时电磁阀 A 和电磁阀 B 均不通电，3～4 挡换挡阀阀芯右端控制压力上升，阀芯左移，关闭直接挡离合器油路，接通超速挡制动器油路。由于 1～2 挡换挡阀阀芯左端作用着主油路油压，虽然右端有压力油作用，但阀芯仍保持在右端不能左移。

4.2.5　电子控制系统

电子控制自动变速器采用电液式控制系统，即电控液压操纵系统。电液式控制系统的核心是电子控制系统，电子控制系统由信号输入装置（传感器、控制开关）、电子控制装置（ECU）、执行机构三部件组成，如图 4 – 20 所示。传感器将汽车及发动机的各种运动参数转变为电信号，ECU 根据这些电信号，按照设定的控制程序发出控制信号，通过各种电磁阀（换挡电磁阀、油压电磁阀等）来操纵阀体总成中各个控制阀的工作，以完成各种控制任务。

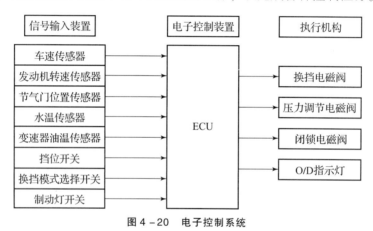

图 4 – 20　电子控制系统

1. 信号输入装置

电子控制自动变速器信号输入装置有传感器和开关，产生的信号一般有脉冲、模拟、开关三种形态，速度传感器产生脉冲信号，温度传感器产生模拟信号，选择开关则产生开关信号。

1）节气门位置传感器

节气门位置传感器安装在发动机节气门体上并与节气门联动，是由驾驶员通过节气门踏板来控制的。其作用就是测量发动机节气门的开度，使 ECU 了解发动机负荷，以此作为自动变速器换挡的一个依据。这与液压控制系统中节气门阀的作用是类似的。

节气门位置传感器既可用于电子控制燃油喷射系统，也可用于电子控制的自动变速器。它有很多种类型，装用自动变速器的汽车通常采用线性可变电阻型的节气门位置传感器。

2）发动机转速传感器

发动机转速测量常用脉冲信号式转速传感器，除测量转速外，它还可以测量发动机曲轴角度位置。

3）车速传感器

车速传感器用于测量汽车的行驶速度，常用的有电磁感应式车速传感器和光电式车速传感器。

4）输入轴转速传感器

输入轴转速传感器与车速传感器类似，也是一种电磁感应式转速传感器；它安装在行星齿轮机构输入轴（液力变矩器涡轮输出轴）附近或与输出轴连接的离合器鼓附近的壳体上，用于检测行星齿轮变速器输入轴转速，以更精确地控制换挡过程。它还作为变矩器涡轮的转速信号，与发动机转速即变矩器泵轮转速信号进行比较，计算出变矩器的传动比，以优化闭锁离合器的控制过程，减小换挡冲击，改善汽车的行驶平顺性。

5）发动机冷却液温度传感器

发动机冷却液温度传感器用于监测发动机冷却液的温度，为热敏电阻结构，通常是位于冷却系中靠近节温器的地方。

6）自动变速器油温度传感器

自动变速器油温度传感器为热敏电阻结构，安装在自动变速器底壳内，用于连续监控自动变速器油的温度，以作为 ECU 进行换挡控制、油压控制、锁止离合器控制的依据。在汽车起步或低速大负荷行驶时，液力变矩器转速比小、效率低、发热严重，造成油温高，因而在超过某一温度界限时，变速器要在较高的发动机转速状况下才开始换挡。随着汽车车速的提高，变矩器的转速比增大、发热减轻、油温下降，自动变速器又重新开始正常的换挡行驶程序。

7）超速挡开关

超速挡开关通常装在自动变速器操纵手柄上，用于控制变速器的超速挡。在驾驶室仪表盘上，有超速挡切断指示灯（"O/D OFF"指示灯）显示超速挡开关的状态。

8）换挡模式开关

换挡模式开关又称程序开关，用于选择自动变速器的换挡控制模式，即选择自动变速器的换挡规律，以满足不同的使用要求。

9）空挡启动开关

空挡启动开关是一个多功能开关，不仅具有控制启动继电器线圈电路的功能，还可将变速器操纵手柄位置的信息传送给自动变速器的 ECU，使 ECU 可判断操纵手柄的位置。

10）停车制动开关

停车制动开关安装在制动踏板支架上。当踩下制动踏板时开关接通。ECU 根据制动开关信号，松开变矩器闭锁离合器，同时停车灯亮。

2. ECU

ECU 实质上是向换挡执行机构发出换挡指令的发生器。它接收来自车速、油门、加速度及换挡选择机构所传来的信号，进行比较和处理，并按预定的规律选择挡位和换挡时刻，及时发出相应的换挡指令至换挡执行机构。ECU 的功能包括换挡时刻控制、后坐控制、超速行驶控制、闭锁离合器控制、换挡品质控制、故障诊断与失效保护等功能。

1）换挡时刻控制

换挡时刻控制即控制自动变速器的换挡时刻，也就是在汽车达到某一车速时，让自动变速器升挡或降挡。ECU 可以让自动变速器在汽车的任何行驶条件下都按最佳换挡时刻进行换挡，从而使汽车的动力性和经济性等指标达到最佳。

汽车自动变速器的操纵手柄或模式开关处于不同位置时，对汽车的使用要求不同，换挡规律也不同，通常将汽车在不同使用要求下的最佳换挡规律以自动换挡图的形式储存在 ECU 的存储器中。汽车在行驶时，ECU 根据模式开关和操纵手柄的信号从存储器中选出相应的自动换挡图，再将车速传感器、节气门位置传感器处测得的车速、节气门开度与所选的自动换挡图进行比较。当在一定节气门开度下行驶的汽车达到设定的换挡车速时，ECU 便向换挡电磁阀发出电信号，由电磁阀的动作决定压力油通往各操纵元件的流向，以实现挡位的自动变换。

不同换挡模式下的换挡规律是不一样的，常见的换挡模式大致有以下几种。

（1）经济（economy）模式。该模式以汽车获得最佳燃油经济性为目标设计换挡规律。当自动变速器在经济模式下工作时，其换挡规律使汽车在行驶过程中，发动机经常在经济转速范围内运行，从而降低了燃油消耗。这种换挡规律，通常当发动机转速相对较低时，就会换入高一挡，即提前升挡。

（2）动力（power）模式。该模式以汽车获得最大动力性为目标设计换挡规律。当自动变速器在动力模式下工作时，其换挡规律使汽车在行驶过程中，发动机经常处在大转矩、大功率范围内运行，从而提高了汽车的动力性能。通常这种换挡规律，只有发动机转速较高时，才能换入高一挡，即延迟升挡。

（3）普通（normal）模式。普通模式的换挡规律介于经济模式与动力模式之间。它使汽车既保证了一定的动力性，又有较好的燃油经济性。

（4）手动（manual）模式。该模式让驾驶员可在各挡位之间以手动方式选择合适的挡位，使汽车像装用了手动变速器一样行驶，而又不必像手动变速器那样换挡时必须踩离合器踏板。

（5）雪地（snow）模式。这是适用于在雪地上行驶的方式。在起步时，自动变速器会自动选择2挡起步，当操纵手柄置于"2"位时，自动变速器保持在2挡工作。而操纵手柄置于"1"位时，自动变速器保持在1挡工作；如初始位置在2挡的话，则当车速降至1挡后，不再升挡。

2）后坐控制

此项功能是指在由N工况变为D工况时，自动变速器并非由空挡直接变为1挡，而是先升至2挡，然后再降到1挡，从而减小车辆的后坐。

3）超速行驶控制

只有当换挡手柄位于D位且超速开关打开时，变速器才可能升入超速挡。当汽车以巡航方式在超速挡行驶时，若实际车速低于4 km/h，巡航控制装置将向变速器ECU发出信号，要求退出超速挡。这种控制功能还可以防止自动变速器在发动机冷却液温度低于60 ℃时进入超速挡工作。

4）闭锁离合器控制

ECU内储存有不同行驶模式下控制闭锁离合器工作的程序，根据车速传感器和节气门位置传感器等发出的信号，ECU可以控制闭锁电磁阀的开和关，从而控制闭锁离合器的接合或分离。

ECU在以下几种情况下可强制解除闭锁：当汽车采取制动或节气门全闭时，为防止发动机失速，ECU切断通向闭锁电磁阀的电路，强行解除闭锁。在自动变速器升降挡过程中，ECU暂时解除闭锁，以减小换挡冲击。如果发动机冷却液的温度低于60 ℃，闭锁离合器应处于分离状态，加速变速器预热，提高总体驾驶性能。

目前许多新型电子控制自动变速器采用脉冲式电磁阀作为闭锁电磁阀，ECU通过改变脉冲电信号的占空比，让闭锁电磁阀的开度逐渐增大，对闭锁离合器实施滑差控制，可以减小闭锁离合器接合时产生的冲击，提高动力传动性能。

5）换挡品质控制

换挡品质是指换挡过程的平顺性和零部件负载两方面。换挡执行机构不可能按理想要求同时交替转换（如制动器分离和离合器接合），发动机等部件在换挡过程中由于惯性会形成冲击，执行机构中摩擦转矩的动态摩擦因数及油压波动也伴随转矩扰动，因此换挡过程中不可避免会产生冲击。为此应使其输出轴转矩扰动下降到人们能接受的程度。

（1）执行机构外部控制。缓冲控制使换挡接合柔和，如蓄能器、缓冲阀、节流阀等；定时控制使换挡摩擦元件分、合交替定时合理，如定时阀、干预换挡定时阀等；换挡执行机构压力控制，如根据发动机负荷、车速、挡位、摩擦因数、液力变矩器速比及油温等参数，通过 ECU 控制比例电磁阀或高速电磁阀快速、精确自动按需调节压力。

一般各接合元件设置独立的蓄能器，满足各挡位下执行机构离合器或制动器工作压力不同的要求。

（2）执行机构自身改进。如采用单向离合器、液力变矩器换挡时解锁，完成后再闭锁；采用分阶段作用液压缸等，可改善换挡品质。在电控自动变速器中，采用软件技术不仅可取代或简化前述机构，而且使换挡时间缩短与提高换挡品质达到最佳。

（3）电液反馈控制。应用现代控制理论，对挡位离合器（制动器）油压实行电液反馈闭环控制，可以使其接合压力平缓地按最佳规律增长，如图 4-21 所示，实现平稳变速。

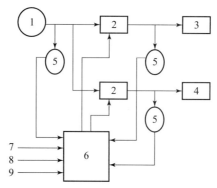

图 4-21　电液反馈控制系统原理

1—油泵；2—电控压力调制阀；3—制动器；4—离合器；5—压力传感器；6—电控单元；
7—输出轴转速传感器；8—发动机转速传感器；9—涡轮转速传感器

（4）动力源控制。因汽车惯量大，在换挡中可控制的主要是发动机的转矩和转速，使其满足提高换挡品质的需要。采用动力传动系统综合控制方法，通过自动变速器与发动机 ECU 之间通信，用换挡时发动机减少喷油、点火滞后等方法降低转矩，效果更佳。

此外，操纵手柄 N（空挡）与 D（前进挡）或 N 与 R（倒挡）转换时，通过调整发动机喷油量，将发动机的转速变化减至最小程度，也能较好地改善换挡品质。

电控技术的进展，可使这些控制的持续时间更准确，从而获得最佳的换挡感觉和乘坐舒适性。一些单向离合器、扭转减震器的功能均可由其来实现，从而简化结构。

6) 故障诊断与失效保护

（1）故障诊断。随着电子控制系统的大规模化和复杂化，系统出现故障时的影响也非常大。为检测出系统部件的故障部位，在ECU内设有专门的故障自诊断电路。它在汽车行驶过程中不停地监测自动变速器电子控制装置中所有传感器和部分执行器的工作。一旦发现故障，ECU将故障信息以故障码的形式储存在ECU的存储器内，只要不拆除汽车蓄电池，被测到的故障码就不会消失。大部分汽车是以超速挡指示灯作为故障警告灯的，若超速挡指示灯亮起后，按动超速挡开关也不能将它熄灭，即说明电子控制装置有故障。

故障诊断分随车诊断和车外诊断，随车诊断及时，车外诊断功能齐全，两者各有优点，不能相互代替，而是应该相互补充并有机结合。

（2）失效保护。发生故障是难免的，一旦有故障，必须马上停车，否则很危险。为此，在诊断系统中有失效保护（容错）功能，即个别部件失效时，其系统功能可用其他部件完全或部分代替，使系统能继续保持规定性能或不丧失基本功能，保证汽车返回维修点维修。图4-22所示是一个完整的汽车电控系统，将系统控制、故障诊断与容错功能有机结合为一个整体。故障检测与诊断模块及时发现控制系统的故障，并分离发生故障的部位，判断故障的种类，估计出故障的大小和时间，进行评价与决策。故障容错与处理模块根据检测和诊断信息，可得知被控对象的结构和参数的变化，采取具体的调整措施，如替代信号或替代冗余、降级控制、转入机械操纵、双ECU系统、故障显示等。它充分利用系统中各硬件和软件资源及其相互关系，增强了出现故障时的后处理能力，提高了汽车的可靠性和安全性。

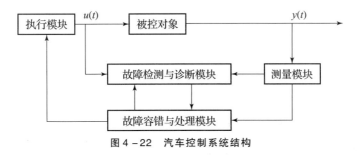

图4-22 汽车控制系统结构

（3）故障诊断程序。ECU按每个传感器测得的有关信号，根据预先设定的控制程序，通过各个执行机构发出相应的控制信号来控制自动变速器的工作。汽车起步和行驶时，自动变速控制系统的故障诊断装置可进行自检。

接口监控程序用于发现系统输入、输出部件及其与系统连线的故障，包括将输入的模拟信号或脉宽调制信号与给定的极限值相比较以检查输入信号的可信度，将输出信号和离合器及换挡电磁阀等执行元件上的信号反馈至控制器，以检验信号电流或电压值是否正常。它与发动机电控系统之间用数据总线CAN通信并由数据总线模块监控。如果有通信故障，则切断数据总线，启用紧急模式。

针对诊断后发现的故障，控制系统合理安排故障处理的优先级，并做两步反应。

第一步对失效信号或功能提供代替信号或替代功能（容错功能），分以下几种情况。

①传感器失效。节气门位置传感器出现故障：踩下加速踏板且怠速开关断开时，按节气门开度为1/2控制，同时节气门油压为最大值；当加速踏板完全放松而怠速开关接通时，按节气门全闭状态控制，同时节气门油压为最小值。

车速传感器出现故障时，自动变速器的挡位由操纵手柄位置决定：对4挡变速器，在D和S或2（低挡2）位固定为超速挡或3挡；在L（低挡1）位，固定在2挡或1挡；或不论手柄在任何前进挡位，均固定于1挡，以保持最基本行驶能力。现代完备的控制系统有发动机转速传感器、输入轴转速传感器及车速传感器，行驶时ECU充分利用其相互关系，检查各自的可信度。如当车速传感器损坏时，仍可用输入轴转速传感器来控制换挡，提高了出现故障时的后备能力；输入轴转速传感器出现故障时，ECU停止发动机减小转矩控制，换挡冲击有所增大；油液温度传感器出现故障时，按80～100℃作为代替信号控制。

②执行机构失效。换挡电磁阀出现故障时有两种处理方法：一种是不论有几个阀出故障，ECU均停止所有换挡电磁阀工作，此时挡位完全由操纵手柄决定；另一种是仅使其中一个失效，其他阀仍工作，以保证仍能自动换挡，但会失去某些挡位，且换挡规律也有所修正。

强制离合器或强制制动器的电磁阀出现故障时，ECU停止其工作，使它始终处于接合状态，以保证汽车减速时总有发动机制动；变矩器闭锁电磁阀出现故障时，ECU停止闭锁离合器控制，使其始终处于分离状态，以液力变矩器状态行驶。

油压电磁阀出现故障时，ECU停止闭锁离合器控制，使油路压力保持最大值。

③变速器电控系统发生故障。例如变速器换挡时间相对延长，使得接合元

件的打滑时间较长,产生热量增多。为了避免出现这种情况,用双向通信方式,即发动机 ECU 和变速器 ECU 之间能互相通信,当检测装置发现 AT 电子控制系统出现故障时,发动机 ECU 发出信号,使变速器系统油压升高,接合元件传递转矩增加,缩短了打滑时间,使接合元件接合时产生的热量减少,延长了接合元件的使用寿命。

第二步为紧急模式,只有当系统无法提供代替信号或代替功能时才可启用。同时驾驶室仪表板上显示相应故障,并将检测到的故障内容以故障码形式储存于系统存储器内,只要不切断电源,故障码就一直保存于 ECU 中,以供维修人员阅读,为查找故障提供了可靠的依据。

(4)安全保护功能。系统的安全保护功能包括倒挡保护、手动降挡保护和超速保护等。

①倒挡保护:当前进车速大于 5 km/h 时,倒挡电磁阀失效,倒挡执行机构脱开,禁止换入倒挡。

②手动降挡保护:只有降挡后该挡的发动机转速低于该节气门下的极限转速时,才允许降挡。

③超速保护:当发动机超过极限转速时,正常电控系统失效,启用紧急模式。这时,D 位只能实现最高挡(如 4 挡或 5 挡),且"前进挡""倒挡""停车"等均根据手动阀位置通过液压控制系统实现。

3. 执行电磁阀

根据工作方式的不同,执行电磁阀分为开关式电磁阀和脉冲式电磁阀两大类。

1) 开关式电磁阀

开关式电磁阀的作用是开启和关闭自动变速器油路,可用于控制换挡阀及液力变矩器的闭锁控制阀。

开关式电磁阀由电磁线圈、衔铁、阀芯和回位弹簧等组成,如图 4-23 所示。当线圈不通电时,阀芯被油压推开,球阀在油压作用下关闭泄油孔,打开进油孔,使主油路压力油进入控制油道,如图 4-23(a)所示;当线圈通电时,电磁力使阀芯下移,推动球阀关闭进油孔,打开泄油孔,控制油道内的压力油由泄油孔卸压,如图 4-23(b)所示。

2) 脉冲式电磁阀

脉冲式电磁阀的结构与开关式电磁阀基本相似,也是由电磁线圈、衔铁、阀芯等组成,如图 4-24 所示,其作用是控制油路中油压的大小。与开关式电磁阀不同之处在于,控制脉冲式电磁阀工作的电信号不是恒定不变的电压信

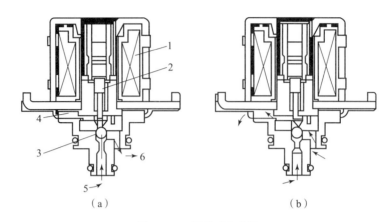

图 4-23 开关式电磁阀

（a）线圈不通电；（b）线圈通电

1—电磁线圈；2—衔铁和阀芯；3—阀球；4—泄油孔；5—主油道；6—控制油道

号，而是一个频率固定的脉冲电信号。电磁阀在脉冲电信号的作用下不断反复地开启和关闭泄油孔，ECU 通过改变脉冲的宽度，即占空比，来改变电磁阀开启和关闭的时间比例，而达到控制油路压力的目的。占空比越大，经电磁阀泄出的压力油就越多，油路压力就越低；相反，占空比越小，油路压力就越高。

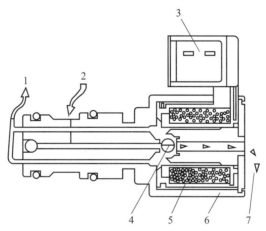

图 4-24 脉冲式电磁阀

1—压力油出油口；2—压力油进油口；3—接线器；
4—限流钢球；5—线圈；6—骨架；7—卸压口

脉冲式电磁阀一般安装在主油路或蓄能器背压油路中，通过 ECU 控制，在自动变速器自动升挡及降挡瞬间或者在闭锁离合器接合及分离动作开始时使油压下降，以减少换挡和接合与分离冲击，使车辆行驶更平稳。

4.3 电控机械式自动变速系统

电控机械式自动变速系统是在原固定轴式有级齿轮变速器的基础上增加自动变速操纵系统构成的。AMT 的基本工作原理是：在以微处理器为核心的电控单元的控制下，模拟驾驶员的操作动作，通过控制离合器执行机构、换挡执行机构和油门执行机构，自动完成离合器的分离与接合、选挡换挡操作以及发动机油门的调节，以实现起步和换挡的自动操纵。它的主要功能靠软件来实现，通过控制软件的优化，保证起步迅速而平稳、换挡快捷且换挡冲击小。AMT 既保留了原手动变速器（MT）传动效率高、结构简单、工作可靠、制造和维护成本低的特点，同时又具有液力自动变速器的优点。

4.3.1 系统组成

换挡控制系统的组成，可用图 4-25 所示的框图来描述。系统由换挡控制器、ECU、离合器控制、选挡与换挡控制机构、发动机油门控制机构，以及传感器、油源系统组成。驾驶员通过选挡控制器和油门踏板向 ECU 表达意图，传感器监测车辆的运行状态，ECU 根据所设定的最佳换挡规律、离合器控制规律、发动机油门自适应调节规律，对油门开度、离合器结合以及换挡三者进行控制，实现动力传动系统的最佳匹配。

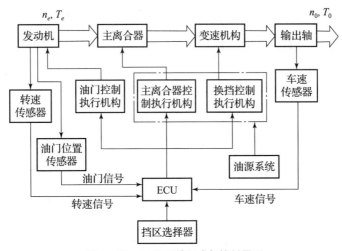

图 4-25 AMT 系统组成与控制原理

系统除具有自动换挡的功能外，一般还同时保留手动换挡的功能。图4-26所示为一种换挡系统的ECU和输入输出信号。作为系统的输入信号主要有挡位选择、油门信号、发动机转速、变速器输入轴转速、车速、制动踏板位置、润滑油温度、冷却水温度等；系统的输出则主要控制离合器的结合与分离、选挡与换挡、油门开度等，此外系统还具有巡航控制的功能。

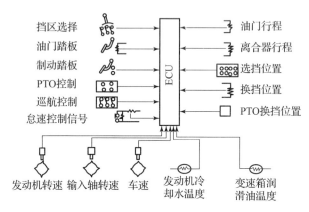

图4-26　ECU及输入输出信号

4.3.2　离合器控制

图4-27所示为离合器控制系统的组成与工作原理。当各个电磁阀都不通电时，在压紧弹簧的作用下，离合器处于结合状态；当ECU控制M1和M2通电，推动伺服缸杆向右移动，可以实现离合器的分离操作；当ECU通过联合控制M1~M5，推动伺服缸杆向左移动时，可以实现离合器的结合操作。伺服缸杆的位移反映了离合器的结合程度，可通过位移传感器检测。为了使离合器在结合过程中转矩能够平稳变化，目前常用的一种办法是采用脉宽调制电磁阀来控制伺服缸杆的位移。

离合器的结合过程如图4-28所示，可分三个阶段：无转矩传递区（AB）、转矩传递区（BC）和转矩不再增长区（CD）。因为第一阶段（$0 \sim t_1$）无转矩传递，为了减少动力中断时间，应进行快速结合；在第二阶段（$t_1 \sim t_2$）为了获得平稳的起步和换挡，减小对动力传动系统的冲击，应缓慢结合（为了减少滑磨，结合时间也不能太长）；在第三阶段（$\geq t_2$），由于转矩已不再增长，应快速完成结合。对离合器的结合与分离控制的要点有如下三个方面。

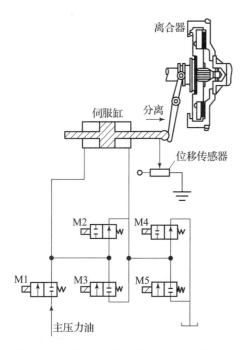

图 4-27 离合器控制系统的组成与工作原理

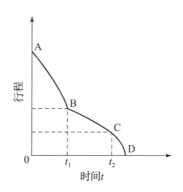

图 4-28 离合器的结合过程

1. 部分结合点的检测

在转矩开始传递时的 B 点称为部分结合点。由于存在离合器的磨损等因素,该点在车辆使用过程中是不断变化的,因而为了得到理想的离合器结合规律,需要经常进行检测。一个实用的办法是当换挡控制器处在空挡位置、启动发动机时测得该点,即 ECU 先控制离合器分离,然后再使离合器慢慢地结合,(当变速器输入轴开始旋转时)通过传感器测得控制离合器油缸的位移,作为部分结合点的起始位置,并将检测到的信号存入存储器中。该数据作为系统的控制参数,可随时被新的数据所取代,不受电源开关的影响。采用这种办法可保证系统的控制状态不受离合器磨损导致的部分结合点改变的影响。

2. 起步和换挡时离合器的控制

通过确定油缸行程和速度的最优控制规律来控制离合器的结合。参与控制的参数如下。

(1) 发动机油门踏板的角位移量——反映驾驶员的意愿。

(2) 发动机的转速、变速器输入轴的转速、离合器传递转矩特性——反映车辆运行状态。

在起步时需要考虑慢起步和正常起步两种工况。慢起步工况需要达到极低的车速，例如在车库中需要车辆爬行（蠕动）。这时的控制方法与输出特性如图 4-29 所示，是利用油门踏板操作来控制离合器的结合，使离合器结合规律与油门踏板的操作规律相同，进而使变速器输入轴转速的变化规律与发动机转速的变化规律相同，驾驶员只需通过控制油门踏板便可获得所需的极低的车速。

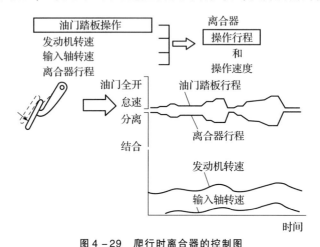

图 4-29　爬行时离合器的控制图

正常起步时，通过发动机的转速和变速器输入轴转速来控制离合器的结合速度，控制方法和输出特性如图 4-30 所示。由图 4-30 中可见，离合器的结合规律不完全依赖于油门踏板的操作，变速器输入轴的转速随离合器结合行程的增加而增加。从起步开始，当加速到变速器输入轴的转速与发动机输出轴的转速相等时，离合器的结合过程结束，车辆则达到正常行驶工况。

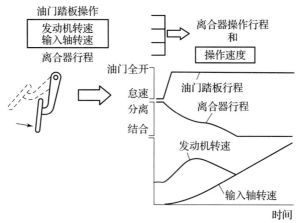

图 4-30　正常起步时离合器的控制

3. 制动时离合器的控制

在制动时,有两种工况需进行离合器的分离控制:一是普通制动,二是紧急制动。ECU 通过制动油缸的压力及其变化率、发动机转速的降低值来区分这两种工况。在普通制动中,ECU 控制离合器保持结合,直到发动机达到怠速,从而利用发动机进行制动。相反,在紧急制动时,ECU 为了保证发动机的正常运转而防止熄火,应立即分离离合器。

4.3.3 选挡与换挡控制

为了实现选挡与换挡,一般在手动变速器上方交叉地安装有两组液压控制油缸,即选挡控制油缸与换挡控制油缸。为了保证正确地进行选挡与换挡控制,通过传感器检测这两组控制油缸活塞杆的位移来确定其工作位置。图 4-31 所示为一种控制油缸安装在变速器上部的布置结构,实际上是利用电控液压油缸代替了手动换挡操作机构。图 4-32 所示为具有 6 个前进挡、一个倒挡的变速器选挡流程图与换挡控制系统原理图,其中选挡控制由 3 个电磁阀来完成,换挡控制由两个电磁阀来完成。图 4-32 中也表示出了实现每个挡位的电磁阀工作状态。通过对不同的电磁阀施加控制信号,可以得到不同的挡位。从控制的逻辑上可以看出,自动操作顺序和手动操作顺序是相同的。现以由 3 挡升入 4 挡为例说明系统的操作过程,变速器处在 3 挡时工作的电磁阀是 M1、M2 和 M5,而处在 4 挡时工作的电磁阀是 M1、M3 和 M4。当需要由 3 挡升入 4 挡时,ECU 先控制 M4 和 M5 通电,通过传感器检测到换挡油缸已处于空挡位置后,再控制 M2 断电、M3 通电;当通过传感器检测到选挡油缸已处于 4 挡位置以后,再控制 M5 断电,此时如果由传感器检测到换挡油缸已处在 4 挡位置,则完成换挡控制。

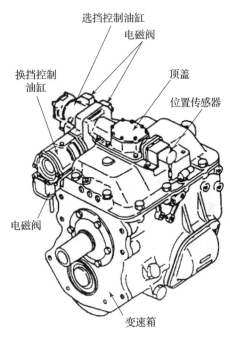

图 4-31 选挡与换挡控制结构

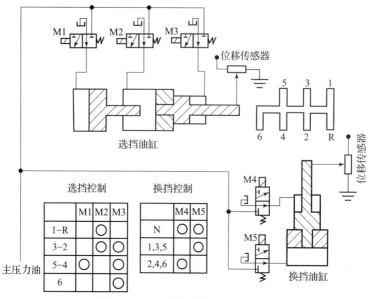

图 4-32 选挡与换挡控制系统图

完成升挡和降挡的控制策略，常用的办法是直接根据动力传动系统的牵引特性曲线，按照以下的原则来进行。

1. 升挡

升挡操作仅当下述两个条件同时满足时才能进行。

（1）通过换挡控制规律判断，满足升挡条件。

（2）通过比较新挡位的行驶阻力和牵引力的大小，如果牵引力大于行驶阻力则满足升挡条件。

2. 降挡

当满足下面两个条件之一时就可以进行降挡操作。

（1）通过换挡控制规律判断，满足降挡条件。

（2）通过比较当前挡位的行驶阻力和牵引力的大小，如果牵引力小于行驶阻力则满足降挡条件（由于降挡后发动机转速要增加，因而要保证不因降挡而导致发动机超速运转）。

4.3.4 油门控制

在离合器的结合过程中，为了减小冲击和尽快同步，需要对发动机的工作状态进行控制。控制办法与发动机的被控制形式有关。如果发动机没有采用电子控制，则需增加一套控制发动机油门的机构，如利用步进电机等。控制中需要考虑三种情况。

（1）发动机启动：在发动机启动时，由于启动电机大量耗电而导致蓄电瓶电压急剧下降。相对于正常情况，步进电机的输出转矩要下降，这时需要降低步进电机的频率，以保证步进电机有足够的驱动转矩，使控制系统仍能正常工作。

（2）发动机油门控制：根据油门踏板的角位移量和所要结合的挡位来确定并控制油门的开度。油门的自动调节机构工作时应保证与油门踏板的控制不相干涉。

（3）在换挡过程中发动机的控制：在换挡过程中，以变速器输入轴的转速为目标来控制发动机的转速，也达到在换挡完成后，离合器的主被动边转速差较小，从而达到结合过程中减小冲击的目的。例如在升挡操作时应降低油门开度使发动机输出转速降低，降挡操作时则应加大油门开度使发动机输出转速增加。控制目标是否达到，可以通过检测发动机转速与变速器输入轴的转速是否一致来判断。

如果发动机也采用电子控制，则可以通过"传动ECU"与"发动机ECU"进行通信，或者直接采用动力总成整体控制的ECU，在离合器结合过程中，控制发动机的点火或喷油，达到改善离合器结合平稳性的目的。图4-33所示为一种采用双ECU控制的发动机与变速器电控系统框图。图4-33中右端为系统输入，左端为系统输出。其除具备换挡控制功能外，还有发动机控制功能。

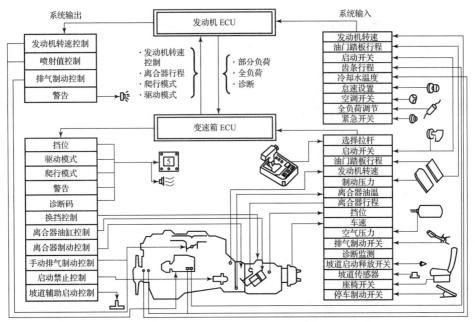

图4-33　采用双ECU控制的发动机与变速器电控系统框图

4.4 机械式无级变速系统

4.4.1 CVT 的基本概念

车辆传动系统的目的,就是匹配发动机的特性来适应行驶的需要。为充分利用发动机的功率,减少燃料的消耗以及改善发动机的排放性能,理想的车辆变速器是具有无级变化的传动比。随着电子控制自动变速器技术的发展,无级变速传动技术得到了实际的发展和应用。目前,在轻型车辆上广泛应用的无级变速传动是采用 V 形带传动,传递的功率相对较低(发动机的输出功率一般在 40~120 kW)。应用于重型车辆上的无级变速传动,采用的主要是液压传动和液压机械传动(结合液压泵马达机组的无级变速特性和机械传动效率高的优点所构成的传动系统)。

CVT 与 AMT、AT 比较最主要的优点是它的速比变化是无级的,在各种行驶工况下都能选择最佳的速比,从而提高了动力性、经济性并降低了有害排放。CVT 不能实现换空挡,在倒挡和起步时还得有一个自动离合器,有的采用液力变矩器,有的采用模拟液力变矩器起步特性的电控湿式离合器或电磁离合器。CVT 采用的金属带无级变速器与 AT 一般所用的行星齿轮有级变速器比较,结构相对简单,在生产批量相当时成本可能低些。金属带无级传动是摩擦传动,存在效率和磨损问题,它的工程技术还正在发展之中。

传动比有级变化的变速器,从低挡到高挡的有级变速过程中,不能使发动机总是工作在高效率区域。当传动比发生变化时,需要发动机时而加速,时而减速,这种发动机在换挡过程中的加速与减速,使工作处于不稳定的状态,带来动力传动系统的冲击,使发动机的排放污染增加。

无级变速传动能使发动机工作在最高效率区,达到最优的燃油经济性能。如图 4-34 所示,理想的发动机工作状态应该在最经济的油耗 A 线,这是人们长期追求的目标。

CVT 传动的主要优点如下。

(1) 最大的燃油经济性和最低的排放污染,这是因为发动机工作在较高的效率区,较有级式变速传动,没有动力的中断,传动比变化非常平滑,动力传动系统的冲击小,从而使乘坐舒适性得到了进一步提高。据资料介绍,在装备有 CVT 的车辆与 5 挡手动变速器的车辆在道路上做对比试验时,装有 CVT

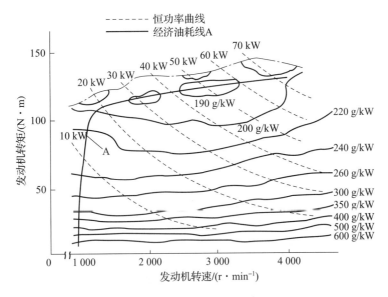

图 4-34 CVT 控制的目标

车的燃油消耗少 11.5%，碳氢化合物的排放量少 33%，CO 的排放量少 20%。

（2）无级变速传动操纵方便性和乘坐舒适性均可与电子控制的有级式自动变速器相比美。其传动效率却远高于带有液力传动的有级式自动变速器。在变速过程中由于没有动力的中断，因而提高了行驶的动力性能。这些都是有级式变速器无法相比的。与装备 4 挡自动变速器车辆相比，0~100 km/h 的加速性能提高 10%。

（3）无级变速系统可以控制发动机的转速在最小的范围内变化，而使车速在较宽的范围内变化（目前传动比范围可达到 5.0 以上）。有级式变速只能是一挡一挡地升或降，而发动机的转速随着每个相应的挡位不断地交替变化，造成发动机的工作状态不稳定。

（4）无级变速系统能最好地协调车辆的外界行驶条件与发动机负荷，充分发挥发动机的功率潜力，提高整车燃料经济性。图 4-35 所示为 CVT 与 3 个挡位的有级变速器牵引特性的比较。随着行驶阻力的上升，CVT 可以沿着恒功率曲线变化，因而充分地利用有级式变速器所无法利用的功率（阴影部分）。

4.4.2 CVT 的组成及原理

图 4-36 所示为 V 形带传动的无级变速原理图。变速部分由主动带轮（也称初级轮）、V 形带和被动带轮（也称次级轮）所组成。每个带轮都由两个带有斜面的半个带轮组成一体，其中一个半轮是固定的，另一个半轮则可以通过

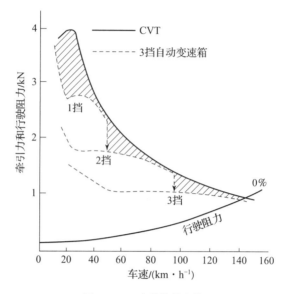

图 4-35 牵引特性比较

液压伺服油缸控制其移动。半轮间的轴向相对位置可以通过控制机构来改变（图 4-37）。两个带轮轴之间的距离是固定的，传动带的周长是固定不变的，所以形成的传动比为：$i = r_2/r_1 = n_1/n_2$。当主动轮的半径 r_1 处于最小半径（两个半轮之间的距离最宽）、被动轮的 r_2 处于最大半径时（两个半轮间的距离最窄），传动系统所形成的传动比最大，相当于车辆低挡行驶状态；当通过液压伺服缸控制改变 r_1 与 r_2 的半径值时，如使 r_1 逐渐增大，由于两个带轮轴之间的距离和传动带的周长是固定的，为了保证正常传动而使 r_2 的值减小，则所形成的传动比也相应减小，直至 r_1 达到最大值而 r_2 达到最小值时，传动比达到最小，相当于车辆高挡行驶状态。由于 r_1 和 r_2 可以连续无级地变化，因而所形成的传动比也是连续无级变化的。

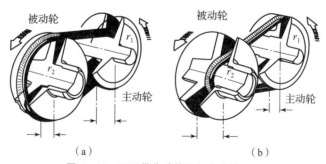

图 4-36 V形带传动的无级变速原理图
（a）低挡；（b）高挡

第4章 车辆自动变速控制技术

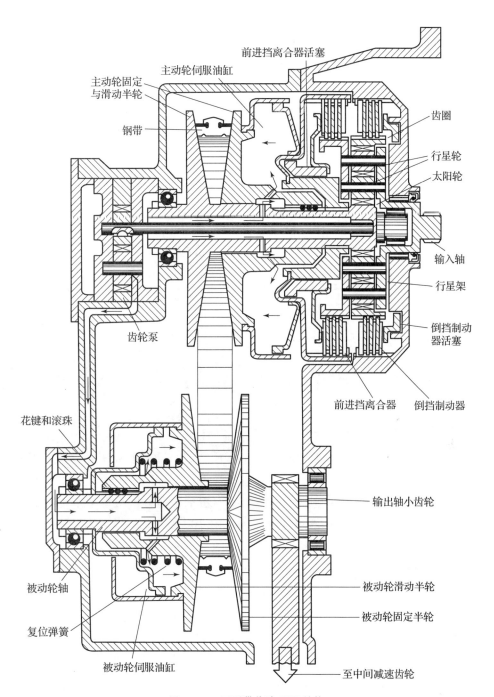

图4-37 V形带传动CVT结构

控制 r_1 与 r_2 的大小是通过控制作用在主动轮和被动轮上可滑动半轮上的液压力实现的,液压力减小则相应的带轮与 V 形带的接触半径减小,反之则增大,图 4-38 表示了 CVT 的变速过程。当主动轮与被动轮之间的传动比为 1∶1 时,传动效率最高(约 0.92),当在其他传动比下工作时,传动效率将下降(如传动比 1∶2.6 时,传动效率为 0.86)。

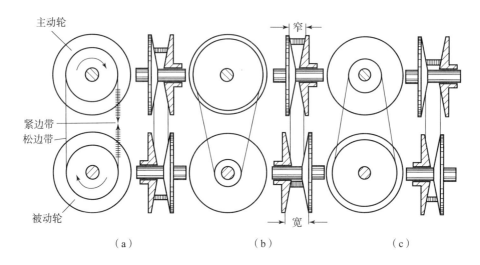

图 4-38　V 形带传动 CVT 结构
(a) 传动比 1∶1;(b) 传动比 1∶2.6;(c) 传动比 1∶0.445

目前 CVT 的关键部件 V 形带主要是采用钢带(图 4-39),由一层层带有 V 形斜面的金属片通过柔性的钢带所组成,靠 V 形金属片传递动力,而柔性钢带则只起支撑与保持作用。和普通的带传动不一样,在图 4-36 中,上边的带为紧边,下边的带为松边,相当于由主动轮通过钢带推着被动轮旋转来传递动力。一般钢带总长约 600 mm,由 300 块金属片组成,每片厚约 2 mm、宽 25 mm、高 12 mm。每条带包含柔性的钢带 2~11 条,所包含的钢带厚约 0.18 mm。生产出能够传递高转矩和高转速的 V 形钢带,是当前 CVT 主要研究问题之一。

一般无级变速机构所形成的传动比的变化范围是在 4.69~0.44,故在其后面需增加主减速,在其前面一般还要配有如电磁离合器,或带闭锁离合器的液力变矩器,或机械式变速机构,以及为实现前进和倒车的"正倒机构"等,来满足车辆使用的实际需要。如图 4-40 所示采用 V 形带变速与液力变矩器相组合的 CVT 变速器。

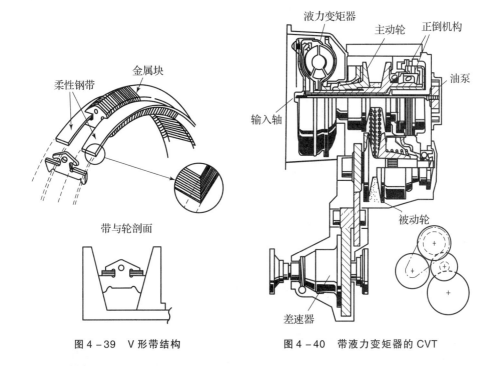

图 4-39　V 形带结构　　　　图 4-40　带液力变矩器的 CVT

4.4.3　CVT 控制系统

1. 控制系统组成

图 4-41 所示为一种电液控制的 CVT（ECVT）系统。系统中包括电磁离合器的控制和 V 带变速控制。变速比由发动机油门信号和主动带轮转速所决定，ECU 根据发动机的转速、车速、油门位置、换挡控制器（一般仅有 P、R、N、D 选择）信号，来控制电磁离合器，以及控制 V 形带轮上伺服油缸的压力实现无级变速，一般在最高传动比时（低挡）控制压力最大，约为 2.2 MPa；在最低传动比（高挡）时的控制压力最小，约为 0.8 MPa。由于传动比的改变仅受油门和主动带轮转速的控制，因而控制的灵活性相对受到了限制。

图 4-42 所示为利用主、被动带轮转速，以及发动机油门作为主要输入控制信号，控制电磁离合器、带轮油压和传动比的 ECVT 系统，其控制的灵活性得到了增强。

2. 控制方法

图 4-43 所示为以发动机的输入转速作为反馈信号，以油门开度等作为控

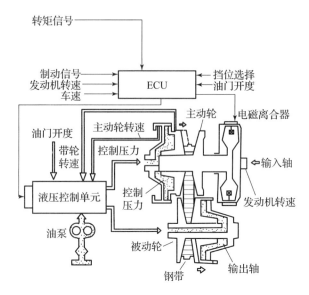

图 4-41 电液控制的 CVT（ECVT）系统

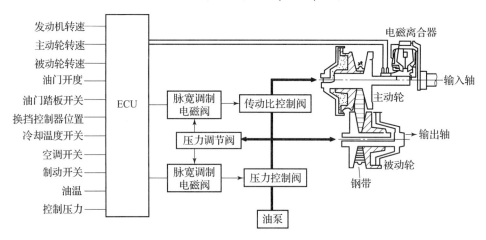

图 4-42 改进 CVT 电子控制系统

制输入信号，来控制 V 形带轮的压力，调节传动比的闭环 ECVT 控制系统。这是一个全部输入和输出转速都能检测的闭环电子控制系统。驾驶员的意图通过油门开度及换挡控制器输入电子控制系统，并可以选择动力型（S）或经济型（E）的最佳换挡规律。根据发动机的转速和转矩，确定施加到主、被动轮上的压力，并由发动机转速（相应于主动轮转速）构成转速反馈闭环控制，根据转速的偏差信号，决定升挡或降挡变速，并输出控制信号至电液比例控制阀，控制作用在两个运转带轮上的伺服油缸的压力。为了改善控制系统的动态与稳态性能，在控制系统中采用了 PID 控制技术。

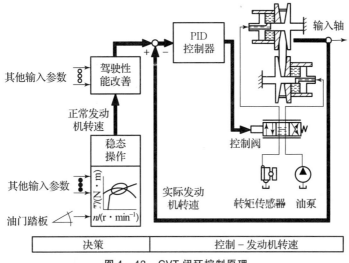

图 4-43 CVT 闭环控制原理

夹紧力控制是提高 CVT 传动效率和延长金属带与带轮摩擦副寿命的保证。如夹紧力过小，金属带与带轮间产生滑转，这会降低传动效率并加快金属带与带轮的磨损，缩短使用寿命。金属带与带轮间除带的节圆层外，带与带轮间存在滑动、夹紧力过大时也会增加摩擦损失，降低传动效率，同时金属带的张力过大也会缩短其使用寿命。所以根据传递转矩和速比的大小来确定夹紧力的最佳值。为了保持金属带在带轮稳定的节圆上啮合，由主、被动带轮的转速得到速比，ECU 发出指令由脉宽控制的压力控制阀给被动带轮适当夹紧力，按一定的传动比，控制阀给主动带轮适当夹紧力以保持在一定传递转矩和速比下稳定工作。

传动系速比的控制应按驾驶员的意图，在车辆行驶阻力和发动机输出功率之间实现最佳匹配。在保持被动带轮夹紧力不变时，速比变化可以通过改变主动带轮夹紧力实现，但随速比变化时，主、被动带轮夹紧力失去原有平衡，被动带轮夹紧力也必须相应变化。可见夹紧力控制与速比控制是相互影响的，这就使 CVT 的控制变得复杂。

第 5 章

车辆主动安全技术

车辆主动安全技术是指协助驾驶员避免意外事故发生和提高驾驶的安全性所采取的技术措施。从技术作用对象，其可以分为作用于驾驶员的安全技术和作用于车的安全技术。在车辆制动时，如果车轮被抱死，后轴可能侧滑，前轮将丧失转向控制能力，防抱死制动系统对车轮制动进行控制，提高制动减速度和缩短制动距离，有效地提高车辆制动的稳定性，防止车辆侧滑和甩尾。在车辆起步、加速、转弯等过程中驱动车轮可能过分滑转，使得汽车方向稳定性和转向操纵能力下降，汽车驱动防滑系统可根据车辆的行驶行为使车辆驱动轮在恶劣路面或复杂路面条件下得到最佳纵向驱动力。这些都是通过对制动系统或发动机进行控制，都属于作用于车的主动技术手段。除了这些，其还包括汽车稳定性控制系统、主动避碰控制系统等。驾驶员监测系统，可以在驾驶员的行为或反应变得异常时警告驾驶员；改进的显示和警告系统，可以清晰地显示或用语音提示驾驶员所需的信息，而不需要他的视线离开行进道路的前方。这些就属于作用于驾驶员的安全技术，通过对驾驶员进行提示和告警，避免驾驶员由于操作造成安全事故。

5.1　车辆路面附着性能

5.1.1　车轮运动状态的描述

车轮的转动情况可以分为三种：自由滚动、加驱动力矩的滚动、加制动力矩的滚动，如图 5-1 所示。

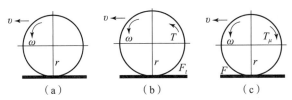

图 5-1 车轮转动状态示意图

(a) 自由滚动；(b) 加驱动力矩的滚动；(c) 加制动力矩的滚动

自由滚动时，$v=\omega r$，如图 5-1（a）所示，其中 v 为车轮中心的速度即车辆车身的速度，r 为车轮的动力半径，ω 为车轮的角速度。制动时，制动力矩 T_μ 的作用会拉长轮胎向前滚动一边的弧长，使得 $\omega r < v$，如图 5-1（c）所示，极端的工况是车轮抱死，$\omega r = 0$，车轮在地面上拖滑，而一般情况是又滚又滑。引入滑动率 S 来表示车轮在地面滑动的程度：

$$S = \frac{v - r\omega}{v} \times 100\% \qquad (5-1)$$

当车轮是驱动轮时，驱动力矩的作用会压缩车轮向前滚动一侧的弧长，使得 $\omega r > v$，如图 5-1（b）所示，极端的工况是车轮完全滑转，$v = 0$。引入滑转率 S 来表示车轮滑转的程度：

$$S = \frac{r\omega - v}{r\omega} \times 100\% \qquad (5-2)$$

5.1.2 车轮附着系数

动力装置（指发动机与传动系）所确定的驱动力是决定动力性的一个主要因素，驱动力大，加速能力好，爬坡能力强，但这个结论只有在路面有足够大的车轮附着力时才成立。同样地，在制动时，若制动力小于车轮附着力，制动力越大，制动效果越好，但若制动力大于车轮附着力，增大制动力并不能提高制动性能。

车轮附着力可以用纵向附着力 F_x 和侧向附着力 F_y 来描述：

$$F_x = \varphi_x F_z \qquad (5-3)$$
$$F_y = \varphi_y F_z \qquad (5-4)$$

式中，F_z 为车轮垂直载荷；F_x 为纵向附着力；φ_x 为纵向附着系数；F_y 为侧向附着力；φ_y 为侧向附着系数。

纵向附着力决定车辆的制定性能和加速性能，而侧向附着力决定车辆的稳定性。

车轮附着性能可以用纵向附着系数和侧向附着系数来描述。

影响纵向附着系数和侧向附着系数的因素很多，这些因素可归纳为四大

类：路面因素 R、轮胎因素 T、车辆因素 V 和制动工况因素 M。即

$$\varphi_x = f_x(R, T, V, M, S) \qquad (5-5)$$
$$\varphi_y = f_y(R, T, V, M, S) \qquad (5-6)$$

路面因素包括路面基础、路面材料、路面宏观不平度、路面微观粗糙度、路表面的覆盖物（如灰尘、油污、水、雪、冰等）、路面横向坡度、路面的曲率等。当车辆行驶时，这些因素随时在改变。

轮胎因素包括轮胎尺寸及其比例、帘布层结构、轮胎的径向、切向、侧向刚度、胎压、胎面花纹及其磨损程度、轮胎类型（四季型、夏季型还是冬季型）等。对于给定的车辆轮胎，这些因素可以认为在制动过程中保持不变。

车辆因素包括整车质量、悬挂质量、整车质心位置、轴距、前和后轮距、每个车轮的动态载荷、车身绕其质心的转动惯量、各个车轮的转动惯量、转换到驱动轮上的转动惯量、车轮外倾角、悬挂装置的类型和性能、转向系统的类型和性能、制动系统的类型和性能等。

在制动过程中，这些参数有的保持不变，如车轮的转动惯量；有些随时间而变，如作用在各个车轮上的动载荷。有些参数在一定条件下是变化的，如悬挂质量。有些参数改变甚微，可看作是不变的，如轴距等。

制动工况因素包括：车速、制动踏板动作速度、车辆行驶路迹、风速及其作用方向、侧向力和制动器的温度等。所有这些参数在制动全过程中都随时而变。

图 5-2 所示为作用于车轮的垂直载荷和车速对纵向附着系数的影响。图 5-2 中纵坐标给出的是相对值，φ_0 为当车轮载荷为 264 kg、行驶速度为 37 km/h 时在干水泥路面上测得的峰值附着系数。

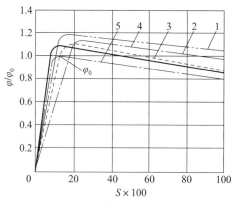

图 5-2 作用于车轮的垂直载荷和车速对纵向附着系数的影响

1—垂直载荷 204 kg，车速 10 km/h；2—垂直载荷 204 kg，车速 18 km/h；
3—垂直载荷 204 kg，车速 37 km/h；4—垂直载荷 264 kg，车速 18 km/h；
5—垂直载荷 264 kg，车速 37 km/h

5.1.3 附着系数与滑移率、滑转率的关系

当上述诸因素确定时，纵向附着系数、侧向附着系数主要取决于滑移率及滑转率，如图5-3所示。非制动状态下，即车轮自由滚动时，制动附着系数为零；制动状态下，滑移率达到某个数值时制动附着系数最大，之后随着滑移率的增大制动附着系数减小；加速或启动状态时，滑转率达到某个数值时制动附着系数最大，之后随着滑转率的增大制动附着系数减小。而侧向附着系数随着滑移率和滑转率的增大都减小。

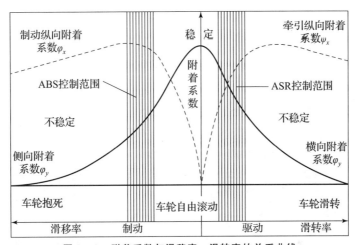

图5-3 附着系数与滑移率、滑转率的关系曲线

图5-3中阴影部分为制动防滑与驱动防滑控制区域，侧向附着系数保持较大值，能够确保汽车行驶稳定性和操纵性。

5.2 汽车防抱死制动控制技术

汽车防抱死制动控制技术的作用是，防止汽车在常规制动过程中由于车轮完全抱死而出现的后轴侧滑、前轮丧失转向能力等现象，从而充分发挥轮胎与路面间的潜在附着力，最大限度地改善汽车的制动性能，以提高汽车在制动过程中的方向稳定性和转向操纵能力，满足行车安全需要。

5.2.1 ABS的组成及原理

ABS通常是由电控单元、液压控制单元（液压调节器）和车轮速度传感器

等组成，如图 5 – 4 所示。

图 5 – 4　ABS 的结构组成

ABS 的每一个车轮都安装一个转速传感器，传感器感受系统控制所需的汽车行驶状态参数，并将运动物理量转换为电信号。电子控制器根据传感器信号及其内部存储信号，对各个车轮的运动状态进行检测和判定，并形成相应的控制指令，该指令指使制动压力调节器对各个制动轮缸的制动压力进行调节，使得车轮滑移率控制在 10%～20% 之间，同时监控系统的工作状况。执行器则根据 ECU 的指令，依靠由电磁阀及相应的液压控制阀组成的液压调节系统对制动系统实施增压、保压或减压的操作，使车轮始终处于理想的运动状态。

1. 传感器

ABS 每一个车轮都安装一个转速传感器，测量车轮转速，其工作原理见 2.1.2 小节。

2. 制动压力调节器

制动压力调节器的作用是根据 ECU 的指令，调节各个车轮制动器的制动压力。制动系统不同，所采用的制动压力调节装置的结构和工作原理也不一样。常用制动系统有液压式、机械式、气压式和空气液压复合式等。而在 ABS 中应用最广泛的是液压式制动系统。

液压式制动压力调节器的主要元件是液压电动泵和液压电磁阀，用液压电动泵和液压电磁阀产生的液压压力控制汽车的制动力。在汽车每个车轮或每个系统内部都有电磁阀，通过电磁阀直接或间接地控制制动压力，通常把直接控制制动压力的形式称为循环式，把间接控制制动压力的形式称为可变容积式。

ABS 液压制动压力控制总成是在普通制动系统的液压装置上经设计后加装 ABS 制动压力调节单元而形成的。ABS 液压调节单元装在制动主缸与轮缸之间，如果与主缸装在一起，称为整体式，否则称为非整体式。

下面,以循环式液压制动压力调节器为例介绍其组成和工作原理。

液压式制动压力调节器是在汽车原有的制动管路中串联装入电磁控制阀,直接控制制动压力的增减。制动压力调节器主要由电磁控制阀、液压泵和储液器等组成,如图 5-5 所示。

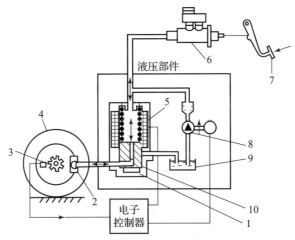

图 5-5 制动压力调节装置

1—电磁阀;2—轮缸;3—车轮转速传感器;4—车轮;5—电磁阀线圈;6—制动主缸;7—制动踏板;8—电动泵;9—储液器;10—柱塞

3. ECU

ABS 的 ECU 接收由设于各车轮上的传感器传来的转速信号,经过电路对信号的整形、放大和 ECU 的比较、分析、处理,向 ABS 执行器发出压力控制指令,如图 5-6 所示。一般来说,ABS 的电控单元还具有初始检测、故障排除、速度传感器检测和系统失效保护等功能。

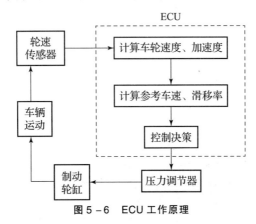

图 5-6 ECU 工作原理

汽车的制动回路由制动踏板、制动主缸、液压控制阀、制动轮缸及速度传感器等组成，ECU 根据车轮速度传感器发出的信号，由电子控制器判断确定车轮的运动状态，向制动压力调节器的电磁阀线圈发出指令，通过电磁阀的动作来实现对制动分泵的保压、减压和增压控制。压力调节装置的电磁阀以很高的频率工作，以确保在短时间内有效地对车轮滑移率实施控制。其工作原理如下。

1）普通制动模式（ABS 不工作）

在普通制动模式中，根据 ECU 的指令，电磁线圈不通电，电磁线圈没有电流，电磁阀中的柱塞处于如图 5－7 所示位置，制动主缸与制动轮缸的管路经电磁阀相连通，液压泵不工作，这样来自制动主缸的制动液就经电磁阀进入制动轮缸，制动轮缸的压力随制动主缸的压力变化而变化，即制动主缸可随时控制制动压力的增减。

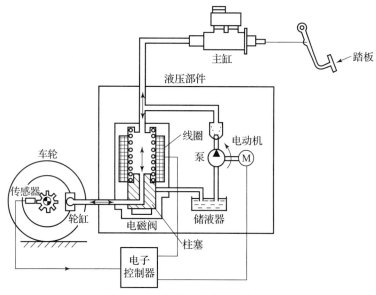

图 5－7　普通制动模式的调压过程

2）减压制动模式

当制动轮缸需要减压时，ECU 发出指令，使电磁线圈通入较大的电流，电磁阀中的柱塞在电磁力的作用下，移至上端，如图 5－8 所示。此时制动主缸和制动轮缸的管路被切断，并将制动轮缸的管路与通向储液器的管路接通，制动轮缸的制动液就流入储液器，从而减小了该车轮的制动压力。同时启动液压泵，将流回储液器的制动液加压后输送到蓄压器或制动主缸，为下一个制动周期做好准备工作。

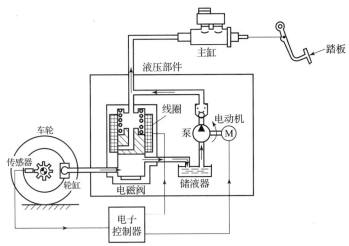

图 5-8 减压制动模式的调压过程

这种液压泵叫再循环泵,它的作用是把减压过程中的制动轮缸流回的制动液送回高压端,这样可以防止 ABS 工作时踏板行程发生变化。因此,在 ABS 工作过程中液压泵必须常开。

3) 保压制动模式

当制动轮缸需要保持制动压力时,根据 ECU 的指令,给电磁线圈通入较小的电流,电磁阀中的柱塞移至图 5-9 所示的中间位置,所有的通道都被关闭,同时切断液压泵电动机的电源使液压泵停止工作,使制动轮缸内的制动压力保持原有状态。

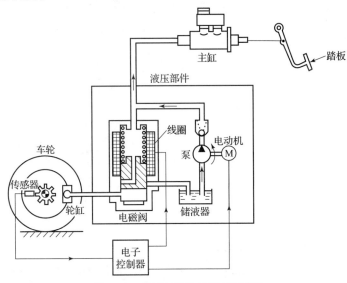

图 5-9 保压制动模式的调压过程

4) 增压制动模式

当制动轮缸需要增加制动压力时，ECU 发出指令，使电磁线圈断电，电磁阀中的柱塞又回到普通制动模式时的初始位置，制动主缸和制动轮缸的管路再次相通，制动主缸和液压泵输出的制动液再次进入制动轮缸，增加了制动压力，如图 5-10 所示。增压的速度可以通过电磁阀的进出油口的制动液流速来控制。

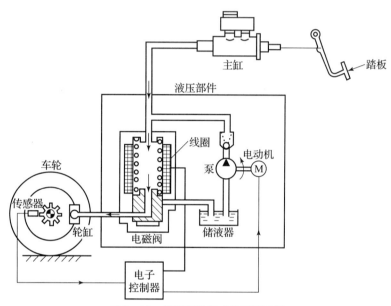

图 5-10 增压制动模式的调压过程

5.2.2 ABS 的类型

汽车上出现过多种类型的 ABS，现以不同的分类方式加以概括。

1. 按系统控制方案不同分

（1）轴控式 ABS。其根据一个车轮转速传感器（或轴转速传感器）信号共同控制同一轴上的两车轮，这种控制方案多用于载货汽车。轴控式又分低选控制（由附着系数低的车轮来确定制动压力）和高选控制（由附着系数高的车轮来确定制动压力）两种方式。

（2）轮控式 ABS。轮控式 ABS 也称单轮控制，即每个车轮均根据各自车轮转速传感器信号单独进行控制。

（3）混合式 ABS。混合式 ABS 中同时采用轴控式和轮控式两种控制方式。

2. 按控制通道和传感器数不同分

ABS 中的控制通道是指能独立进行制动压力调节的制动管路，按控制通道分 ABS 有单通道、双通道、三通道及四通道四种形式。

1) 四传感器四通道布置方式

4 个传感器和 4 个液压控制通道（即具有 4 个独立的单轮液压控制装置）的 ABS 如图 5-11 中（a）、（b）所示。每个车轮都具有一个轮速传感器和一个液压控制通道，因而可对每个车轮实现独立控制。如果按照单轮控制目标进行独立控制，把每个车轮的滑移率都控制在附着系数-滑移率曲线的峰值点，那么在对称路面上既可以使制动距离最短又能保持较好的操控性，而且 ABS 的总体性能还可以发挥到最佳状态。但在非对称路面上，将在左、右两侧车轮上产生不同的制动力，使汽车很难保持它原来的行驶方向，操控性和方向稳定性恶化。可见，四传感器四通道是 ABS 最完备的配置系统，也必须配合相应的控制方式，才能达到预期的效果。

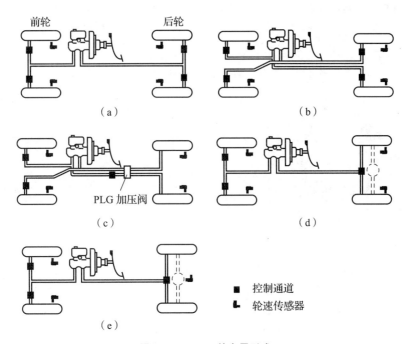

图 5-11 ABS 的布置形式

(a) 四通道四传感器前、后制动管路用；(b) 四传感器四通道 X 形制动管路用；
(c) 四传感器三通道带加压泵的 X 形制动管路用；(d) 四传感器三通道前、后制动管路用；
(e) 三传感器三通道前、后制动管路用

为了提高系统的可靠性，图 5-11（a）采用两个独立的液压回路，一前一后布置，即前、后轮缸分别采用不同的液压回路，保证即便其中的一条液压回路出现故障，另一液压回路仍然能可靠、稳定地工作。图 5-11（b）所示为两个独立的液压回路，按对角方式（X 形方式）布置，即处在对角线上的两个轮缸采用同一液压回路。当其中的一条回路出现问题，系统仍然能够有效地工作，只是效能降低了一半。特别需要注意的是，两条独立的液压回路不能左、右布置，一旦其中一条回路出现故障，在制动工况下整车就会因突然制动而回转，这将导致十分严重的后果，情形可能比单一的液压回路更糟。

2）四传感器三通道系统

四传感器三通道 ABS 的布置方式有图 5-11（c）、（d）两种形式。图 5-11（c）采用对角形式布置，由机械方式（柱塞加压阀）实现车轮低选控制。其整车控制策略是：两前轮采用独立控制，后轮以两前轮中较易抱死的车轮所施加的制动力矩作为标准，按低选的方式对后轮施加相等的制动力矩进行控制。图 5-11（d）采用前、后布置方式以提高系统在出现故障时的可靠性，整车控制策略采用电控方式实现低选控制。图 5-11（c）、（d）两种布置与低选控制方式组合的结果改善了汽车在非对称路面上制动时的方向稳定性，但制动距离会有所增加. 由此看出，ABS 的某些性能指标，如稳定性和制动距离是相互矛盾的，在改善其中某一项性能指标的同时，可能会伴随另一项指标的降低。所以，在设计系统时必须进行综合评价，使各项性能指标加权后的总体性能指标为最佳。

3）三传感器三通道系统

三传感器三通道 ABS 如图 5-11（e）所示，一般为前、后布置方式，两前轮采用独立控制方式，两后轮取差速器的转速信号（或平均轮速）并由同一通道进行控制，仅采用低选控制方式。

4）四传感器二通道系统

四传感器二通道系统是按对角方式布置的 ABS 所用的简易系统。其前轮一般采用独立控制，后轮控制有图 5-12（a）、（b）两种形式。在图 5-12（a）中，前轮的制动液通过一个定比减压阀，按固定的比例减压后传至对角后轮。该布置方式的 ABS，当在不对称路面上制动时，高附着系数侧前轮产生的高压传至低附着系数侧后轮，会使对角上的后轮抱死。而在低附着系数侧前轮的输出压力较低，与它相对的高附着系数侧后轮将不抱死。所以，该方式即使在非对称路面上，一般也能保持汽车行驶方向的稳定性［图 5-13（a）］。与三通道和四通道的相比，其后轮制动力一般稍有不足，制动距离有所增长。

为了避免图 5-13（a）中低附着系数侧车轮出现抱死现象，把图 5-13

（a）中的定比减压阀改为图 5 – 12（b）中的低选阀，则控制高附着系数侧前轮的高压不是直接传到低附着系数侧后轮，而是从两前轮中取较低压力传至后轮。在非对称路面上制动时，压力按照低选方式传递的路径如图 5 – 13（b）所示。可见，四传感器二通道布置方式带低选控制阀可防止后轮抱死，进一步改善制动时的方向稳定性。与没有低选阀［图 5 – 13（a）所示系统］相比，带低选阀的系统更接近于三通道甚至四通道系统的性能。

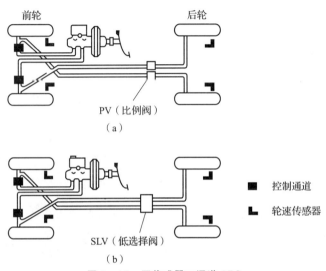

图 5 – 12　四传感器二通道 ABS
（a）基于比例阀的四传感器二通道 ABS；（b）基于低选择阀的四传感器二通道 ABS

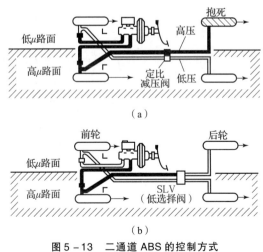

图 5 – 13　二通道 ABS 的控制方式
（a）定比减压阀；（b）带低选控制阀

综上所述，ABS 的总体性能与通道数和传感器数目有关，一般而言，传感器和通道数目越多，则 ABS 的性能越好。四传感器四通道 ABS 是完备的布置方式，由于各个车轮均能任意设定其控制目标，因而可以取得最佳的效果。但如果所有车轮均采用独立控制，则会导致汽车在非对称路面上失去方向稳定性。而简单地按照低选方式进行控制，则四传感器四通道 ABS 就降低到四传感器三通道 ABS 甚至四传感器二通道 ABS 的性能，使部分控制通道的潜力得不到充分的发挥，造成资源浪费。可见，前轮独立控制，后轮按照低选方式仅在二通道或三通道的非完备 ABS 上才有实用的价值。对于四传感器四通道 ABS，必须研究分析整车控制技术，使全部的控制通道在各种路况下均能充分发挥它们的作用，以保证 ABS 总体性能最佳。

从 ABS 的几种布置形式可以看出，ABS 都是由两路独立的液压回路组成，并布置成前、后或对角两种形式，而且不因传感器和控制通道的数目不同而异。其目的在于提高 ABS 的可靠性，万一偶然的原因导致其中的一条液压回路失效，则另一条液压回路也能照常工作而且不会降低系统的操纵性、稳定性，只是制动效能降低一半，制动距离随之增加而已。

5.2.3 ABS 控制算法

防抱死制动控制算法主要有逻辑门限值控制算法和基于滑移率的控制算法。

1. 逻辑门限值控制算法

逻辑门限值控制算法通常都是将车轮的减速度（或角减速度）和加速度（或角加速度）作为主要控制门限，而将车轮的滑移率作为辅助门限。因为单独采用其中的任何一种门限进行车轮防滑控制都存在着较大的局限性。

双门限值控制逻辑可以适应不同的路面特性，当路面附着系数出现跃变时，就不能快速适应了，因此，其对快速变化的路面跟踪性能较差。为了适应路面特性的变化，必须通过相应的逻辑条件识别出这些变化，再对控制逻辑做出修改，从而使得车辆在不同的路面条件下都能取得良好的控制效果。为此引入车轮的滑移率作为辅助的控制门限值，与车轮的减速度组合成双参数的逻辑控制算法。

逻辑门限值控制算法把车轮的加速度分为 $-a$，$+a$，$+A$（车轮圆周加速度门限值）等几个不同的门限值，然后辅以车轮的滑移率门限值 S，通过这些门限值不同的组合构成控制逻辑。在控制的第一循环中主要进行路面特性的识别，通常是在减压切换到保压的阶段，以规定的时间内可能检测到的信号作为路面识别的依据。再根据识别结果，分别针对不同路面采用相应的控制逻辑，从而保证 ABS 对路面特性有良好的跟踪性能。

例如，仅以车轮的加、减速度作为控制门限时，当汽车在湿滑路面上高速行驶过程中进行紧急制动、在车轮的滑移率离不稳定区域较远时，车轮的减速度就可能达到控制门限值；而对于驱动车轮，如果制动时没有分离离合器，车轮系统存在着较大的转动惯量，又会造成车轮滑移率已进入不稳定区域而车轮的减速度却仍未达到控制门限，这都会严重地影响控制效果。仅以车轮的滑移率作为控制门限时，由于路面情况不同，峰值附着系数滑移率的变化范围较大（8%~30%），因此，仅以固定的滑移率门限作为防滑控制门限，就很难保证在各种路面情况下都能获得最佳的控制效果。而将车轮的加、减速度控制门限和滑移率控制门限结合起来，有助于对路面情况的识别，进而提高系统的自适应控制能力。通常根据一定范围内附着路面进行加、减速度双门限控制。

对于单一附着路面，无论车轮的滑移率在任何范围内变化，其附着系数都不会超过一定的值。因此，受路面附着系数影响，作用在车轮上的制动力满足以下关系：

$$F_{xb} \leq F_x = \phi F_z = \frac{1}{4} mg\phi_{max} \qquad (5-7)$$

汽车制动时，其减速度 $-a$ 应满足

$$-a = -\frac{4F_{xb}}{m} \leq -g\phi_{max} \qquad (5-8)$$

当车轮的制动角减速度 $\dot{\omega}$ 超过极限条件，即 $\dot{\omega} r < -a$ 时，表明制动力已超出路面所提供的最大附着能力，车轮有抱死的倾向，即

$$\dot{\omega} < \frac{-a}{r} \qquad (5-9)$$

制动控制系统进行减压，以此推理保压和增压控制，构成加、减速度双门限 $(-a, a)$ 控，即

$$\begin{cases} \dot{\omega} < \dfrac{-a}{r} & 减压 \\ \dfrac{-a}{r} < \dot{\omega} < \dfrac{a}{r} & 保压 \\ \dot{\omega} < \dfrac{a}{r} & 增压 \end{cases}$$

控制实例如下。

1) 高附着系数路面上的制动控制

图 5-14 为汽车在高附着系数的路面上防抱死制动系统的一个典型的控制

循环周期。在高附着系数路面上制动时，为了避免冲击干扰而引起车桥的共振，制动压力的升高速度应为没有装防抱死制动系统的制动系统的 1/5～1/10。

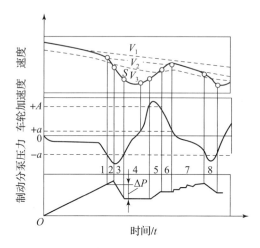

图 5-14　高附着系数路面上制动控制

图 5-14 中的制动控制特性曲线简述了这一要求。图 5-14 中 V_1 是车速，V_2 是参考速度，V_3 是车轮圆周速度，S 是滑移率门限值，$+A$ 和 $+a$ 是车轮加速度门限值，$-a$ 是车轮减速度门限值，Δp 是制动压力减小量。

在制动的最初阶段，车轮制动分泵的制动管路压力上升而轮胎滚动的圆周速度下降，同时，车轮的减速度值变大。在阶段 1 的末端，车轮减速度超过给定的门限值 $-a$，相应的电磁阀转换到压力保持状态 2，此时制动管路压力保持不变。由于车轮减速度超过门限值时还在附着系数 - 滑移率曲线的稳定区内，同时形成的参考速度在给定的斜率下相应递减，滑移率门限值 S 由参考速度求导。

在保压阶段 2 的末端，车轮速度低于滑移率门限值 S，此时电磁阀转换到压力降低位置。制动管路压力下降直到车轮减速度回升超过门限值 $-a$。在阶段 3 的末端，车轮减速度仍低于门限值 $-a$。随之是一个压力保持阶段 4。在这段时间内，车轮的加速度迅速增加直至超过门限值 $+a$。此时压力继续保持不变，直到阶段 4 的末端。在阶段 4 的末端，车轮加速度超过比较大的门限值 $+a$。在车轮加速度超过门限值 $+a$ 的阶段 5 中，制动管路压力一路上升。由于车轮加速度超过门限值 $+a$，因此在阶段 6 中，制动管路压力重新保持不变，此阶段车轮的加速度下降。到阶段 6 的终端，车轮加速度又回落到门限值 $+a$ 以下，这表明车轮行驶在图 5-2 系数与滑移率关系曲线的稳定区内，并稍有不足制动。在阶段 7 中，制动管路压力将阶梯形上升直到车轮减速度在阶段 7 的末端超过门限值 $-a$。这时制动管路的压力立即下降且不产生 S 信号（阶段 8）。其后的控制循环过程与上述相同。

2）低附着系数路面上的制动控制

图 5-15 为在低附着系数路面上的制动控制过程。与在高附着系数路面上不同的是，其制动踏板只要有轻微压力就足以使车轮抱死，而且需要更长的时间加速才能走出高滑移率区。ECU 的逻辑电路可以识别主要路况，并能使防抱死制动系统的控制特性与之相适应。

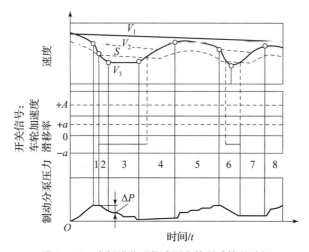

图 5-15　在低附着系数路面上的制动控制过程

在阶段 1、2，其制动过程与高附着系数路面上情况相同。阶段 3 开始有一个短时间的压力保持，然后在很短时间内把车轮圆周速度与滑移率门限值 S 相比较。若车轮圆周速度小于滑移率门限值，则在既定短时间内制动管路压力下降。随后是一个短时间的压力保持阶段，然后再比较车轮圆周速度与滑移率门限值，同样又产生在给定短时间内的制动管路压力下降。在随后的压力保持阶段里，车轮重新加速，车轮加速度超过门限值 $+a$。紧随其后的阶段 4 中的压力保持，使车轮的加速度再次低于门限值 $+a$（在阶段 4 的末端），系统进入稳定滑移区域。接下来的阶段 5 是类似于高附着系数路面的一个阶梯形压力升高的进程，直至阶段 6 由一个压力下降过程开始一个新的控制循环周期。当车轮在高滑移率区域行驶时间比较长时，对汽车的操纵性和稳定性来说都不是最优的。因此，为了提高汽车的操纵性和稳定性，在此后的控制循环周期内不断地比较车轮圆周速度和滑移率门限值 S，将导致在阶段 6 中制动管路压力持续下降，直至阶段 7 车轮加速度超过门限值 $+a$。该持续的制动管路压力下降的结果是使其处于高滑移率区域内的时间很短,因而相对第一控制循环周期而言,其操纵性和稳定性有所提高。

3) 分离路面的左右车轮制动

分离路面左、右车轮附着系数不同,如左侧前、后两个车轮在干燥的沥青路面上,右侧前、后两个车轮在冰路面上,则两个车轮形成很大差别的制动力,不同的制动力产生绕汽车垂直轴的一个横摆力矩,如图 5-16 所示,横摆力矩对车辆稳定性产生一定影响。解决方法是推迟高附着系数路面上的前轮制动轮缸中制动压力的建立时间。

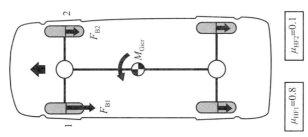

图 5-16 分离路面的左右车轮制动

逻辑门限值控制算法不涉及具体系统的数学模型,对于 ABS 这类非线性系统实用有效。其缺点是门限值及保压时间都是经反复试验得出的经验数值,需要反复试验,同时滑移率精度有限,没有达到最佳的制动效果,车速和制动压力的波动较大。

2. 基于滑移率的控制算法

针对逻辑门限值控制算法的不足,越来越多的学者青睐基于滑移率的控制算法,并将现代控制理论应用在滑移率的控制上,控制目标值参考滑移率,控制算法主要有 PID 算法、最优控制方法、模糊控制方法、滑模变结构控制方法,较简单实用的当属 PID 控制算法,下面以 PID 控制算法为例进行说明。

如图 5-17 所示,PID 控制系统由内、外环两个 PID 控制算法串联在一起实现连续的控制。在外环,将当前路面状况下的理想滑移率与实际滑移率的差值作为输入,计算出一个制动压力值输出给后面的压力控制闭环 PID 控制系统。在制动系统压力闭环 PID 控制系统中,再以计算得到的制动压力与实际的制动压力的差值去控制当前的制动系统的管路压力。在这个系统中内环为压力控制,外环为滑移率控制,要求内环的控制响应快于外环的控制响应,这样才能得到比较好的控制准确度及控制稳定性。该算法主要局限性是滑移率受车速测量误差所限,测量精度不易得到保证。

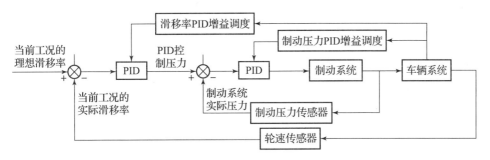

图 5-17 PID 控制系统

5.3 驱动防滑控制技术

汽车驱动防滑系统,是一种主动安全装置,可根据车辆的行驶行为使车辆驱动轮在恶劣路面或复杂路面条件下得到最佳纵向驱动力,能够在驱动过程中,特别在起步、加速、转弯等过程中防止驱动车轮发生过分滑转,使得汽车在驱动过程中保持方向稳定性和转向操纵能力及提高加速性能等,故又称为牵引力控制系统。汽车行驶在易滑的路面上,如果没有 ASR 装置,在加速时驱动轮容易打滑,后驱动的汽车容易甩尾,前驱动的汽车容易方向失控;有 ASR 装置的汽车在加速时,ASR 将驱动轮的滑转率控制在一定的范围内,从而防止驱动轮的过度滑转,这样就会使车辆沿着正确的路线行驶,避免发生驱动轮过度打滑导致安全性能降低和偏离路径。

ASR 可视为 ABS 在技术上的延伸。ASR 与 ABS 共用车轮转速传感器和压力调节器,除此之外,增加了发动机输出力矩的调节功能和驱动轮制动压力的调节功能。

5.3.1 驱动防滑基本原理

1. 驱动力与车轮滑转率

汽车在路面上行驶时,其驱动力取决于发动机输出扭矩,但受到路面附着条件的限制。从图 5-3 可以看出轮胎与路面之间附着极限的附着力系数与驱动滑转率的关系,当滑转率从 0 开始增加时,纵向附着系数也随之增大;当滑转率达到某一极限时,纵向附着系数达到最大值;滑转率继续增加,纵向附着系数反而随之下降。当滑转率达 100% 时,车轮发生纯滑转。横向附着系数随滑转率的增大急剧减小。如果横向附着系数太低,横向附着力很小,此车轮遇到小的扰动,就会向行驶的侧向滑动。因此,把滑转率控制在灰色区域,使得车轮的纵向附着系数较大,同时也具有较大的横向附着系数,从而保证汽车不仅具有较大的驱动力,而且具有较大的侧向附着力,提高转向操控能力和方向稳定性。

2. 驱动轮受力分析

汽车驱动力传递过程如图 5 - 18 所示。

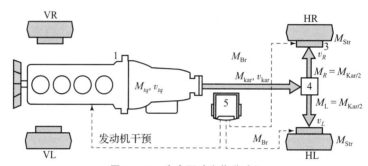

图 5 - 18 汽车驱动力传递过程

汽油发动机输出转矩

$$M_{tq} = M_{tq}(\phi, \theta, \alpha, n, \dot{m}_f) \tag{5-10}$$

式中,ϕ 为过量空气系数,θ 为点火提前角,α 为节气门开度,n 为发动机转速,$\dot{m}_f$ 为燃料流量。ϕ、θ、α 为可控参数。

柴油发动机输出转矩为

$$M_{tq} = M_{tq}(\alpha, n) \tag{5-11}$$

变速器输出力矩为

$$M_{Kar} = \eta_g i_g M_{tq} \tag{5-12}$$

驱动轮力矩为

$$M = M_R M_L = \frac{1}{2} \eta_g i_g \eta_0 i_0 M_{tq} \tag{5-13}$$

式中,η_g 为变速器与离合器传动效率;i_g 为变速器传动比;η_0 为驱动桥传动效率。

图 5 - 19 所示为驱动轮受力分析,驱动轮平衡力矩为 $J\dot{\omega}$:

$$J\dot{\omega} = M - M_{Br} - M_{Str} - F_x r \tag{5-14}$$

$$F_x = \frac{M - M_{Br} - M_{Str} - J\dot{\omega}}{r} \tag{5-15}$$

改变车轮上的平衡力矩 $J\dot{\omega}$，可以影响到车轮的速度，进而可以控制车轮滑转率。由式（5-14）和式（5-15）可知，在汽车载荷不变的情况下，发动机提供的驱动力矩、变速器传动比、变速器和离合器的传动效率及制动阻力矩，可以影响平衡力矩的大小。由式（5-15）可知，在汽车挡位不变的情况下驱动力矩和制动力矩这两个重要的参量就是 ASR 系统重要的控制参数，可以提高汽车附着力极限来增大汽车的驱动力，以防汽车滑转。

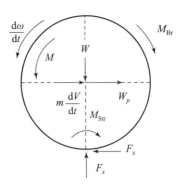

图 5-19　驱动轮受力分析

5.3.2　驱动防滑控制方法

1. 发动机转矩调节方式

1）控制燃油喷射和点火时间

对 ASR 非常重要的输入信息是车轮的旋转速度（驱动轮和从动轮）。当采用燃油喷射和点火时间调节发动机转矩方式时，ABS/ASR - ECU 和发动机 ECU 可相互传递信息，如图 5-20 所示。由从动轮和驱动轮的转速可计算出驱动轮的滑转率为

$$S = \frac{\omega_{dr} - \omega_{dn}}{\omega_{dr}} \quad (5-16)$$

式中，ω_{dr} 为驱动轮转速；ω_{dn} 为从动轮转速。

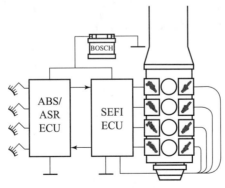

图 5-20　ABS/ASR - ECU 与发动机 ECU 之间的信息传递
SEFI—顺序电子多点喷射

设驱动轮的期望滑转率为 S_e，则发动机转矩控制的依据为

$$\begin{cases} S > S_e & \text{减小发动机转矩} \\ S < S_e & \text{增加发动机转矩} \end{cases} \quad (5-17)$$

减小发动机转矩输出的最简单方法是按一定的顺序停止向气缸喷射燃油，也可中断对某一缸的点火。但中断点火会把没有燃烧的燃油排出气缸，降低了燃油经济性且加剧了对空气的污染。

发动机转矩四级输出方式（单循环控制）是一种逐级减小发动机输入转矩的控制方式，如图 5-21 所示。在一个工作周期内，各缸都喷射燃油，此为发动机正常的工作情况；各缸都不喷射燃油，则为发动机制动工况，此时发动机输出转矩达到最小。对于四缸发动机，在一个工作循环内，分别向一个气缸、两个气缸或3个气缸喷油，就可使发动机得到多级转矩输出。可见，控制发动机一个工作循环内参加工作气缸的数目，就可得到发动机转矩的四级输出。

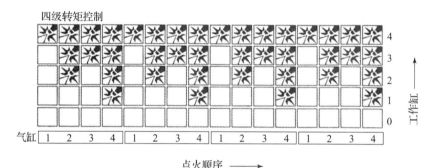

图 5-21 发动机转矩四级输出方式（单循环控制）

采用喷油中断法减小发动机的输出转矩非常简单，不需要增添其他硬件设备。驱动控制试验已经证实，借助 ASR 控制软件，在各种路面条件下，它都能保证车辆行驶的方向稳定性和操纵性。它不仅适用于前轮驱动车辆，也适用于后轮驱动车辆。但是这种方法在 ASR 工作模式下噪声偏大，振动比较厉害，发动机运转不平稳，而且它只能适用于顺序燃油喷射电控发动机。

2）节气门调节方式

采用喷油中断和延迟点火的方法不需要增加硬件设备，但发动机噪声大，运转不平稳。因此，目前更广泛采用的是节气门调节方式，该系统的结构如图 5-22 所示。

ASR 的节气门总成由主、副节气门组成，主节气门由驾驶员通过加速踏板控制，在主节气门前面的副节气门通常由机械回位弹簧维持在最大升度。进入 ASR 工作模式，副节气门的开度由步进电动机控制。由于把副节气门从全开位

第 5 章 车辆主动安全技术

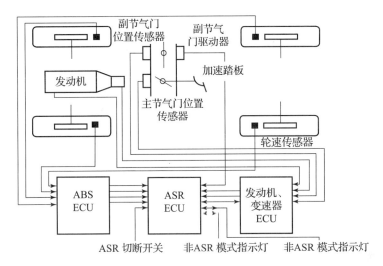

图 5-22 节气门调节驱动控制系统框图

置驱动到全闭位置需要一定的时间（约为 200 ms），因此用节气门调节发动机的输出转矩时滞大，响应也较慢。

设车辆的行驶速度为 v_e，驱动轮期望的滑转率为 S_e，则驱动轮的理想速度应为

$$v_{dr0} = (1 + S_e)v_e \tag{5-18}$$

为把驱动轮转速控制在目标值 v_{dr0} 的小范围内，节气门闭环控制规律可由式（5-19）计算：

$$\alpha(t) = K_a \int (v_{dr0} - v_{dr}) + K_b(v_{dr0} - v_{dr}) + \alpha_i \tag{5-19}$$

式中，K_a、K_b 为反馈控制增益；v_{dr} 为驱动轮实际速度；v_{dr0} 为驱动轮目标速度；$\alpha(t)$ 为节气门开度角；α_i 为节气门的初始开度角。

式（5-19）是经典 PI（比例积分）控制器。如对式（5-19）再加一微分项，从理论上来说，它可以改善系统的动态响应速度。但应用中由于传感轮速信号的噪声和路面扰动，微分项的作用表现为对噪声的控制。在工作频率内混入的噪声，很难找到抑制的有效方法，所以节气门闭环控制更适于采用式（5-19）的形式。基于控制规律式（5-19），为使驱动控制取得满意的性能，其问题就归结为确定合理的反馈增益 K_a、K_b 和初始角度 α_i。

3）节气门调节与供油控制相结合方式

节气门控制在起步时的动态响应如图 5-23 所示，节气门与供油方式结合起来，性能已很接近制动方式。特别是最新发动机技术，可以实现燃油缸内直喷，并达到精确计量控制，发动机干预完全可以达到制动方式的快速性。

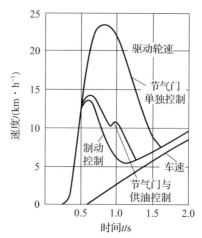

图 5-23 节气门控制在起步时的动态响应

图 5-24 所示为 ASR 在雪地上的加速性能试验数据,分别为汽车从静止起步到通过 100 m 所需要的时间。结果表明,装有 ASR 的车辆无论采用冬季轮胎还是夏季轮胎,都比不带 ASR 的车辆要快。

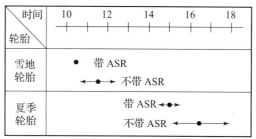

图 5-24 ASR 在雪地上的加速性能试验数据

未装设 ASR 车辆和装设 ASR 车辆在积水路面上行驶稳定性的对比试验结果如图 5-25 所示。装设 ASR 的车辆,在积水路面上行驶方向盘转角和方向盘保持力矩都比未装设 ASR 车辆小,并且不需要精确控制加速踏板。对于未装设 ASR 的车辆方向盘最大转角达到 50°,为了保持方向稳定性,还要配合加速踏板的操作。

把节气门控制、燃油中断和点火时间控制组合起来,可使基于发动机转矩控制的 ASR 的驱动性能几乎达到制动控制的水平,而实现的成本比制动控制方式低。但基于发动机转矩控制的 ASR,不能适用非对称路面,尤其是一侧的车轮陷入泥坑时的情形。所以,现代车辆的 ASR 基于发动机转矩控制还必须辅以制动或限滑差速器(limited slip differential,LSD)方式。

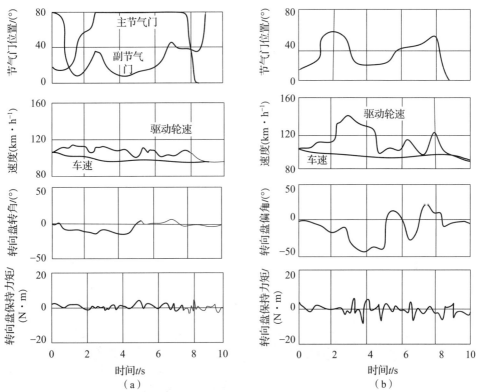

图 5-25 未装设 ASR 和装设 ASR 车辆在积水路面上行驶稳定性的对比试验结果
(a) 装设 ASR；(b) 未装设 ASR

2. 采用制动方式的驱动控制

防滑控制系统也可采用类似于 ABS 的逻辑门限方式，这种控制算法简单，可靠性强，便于实现。ASR 控制算法见表 5-1。

表 5-1 ASR 控制算法

车辆运动状态	控制命令
$S > S_e$ 和 $\dot{\omega}_r > 0$	驱动轮制动缸小步长增压
$S > S_e$ 和 $\dot{\omega}_r < 0$	驱动轮制动缸小步长减压
$S > S_e$ 和 $\omega_r < \omega_v$	驱动轮制动缸大步长减压
$S > S_{\lim}$	驱动轮制动缸大步长增压

注：$\dot{\omega}_r$ 为驱动轮的角加速度（本例为后轮）；ω_v 为与车速等效的角速度（可看作从动轮角速度），S_e、$S_{\lim}$ 分别为驱动轮期望滑转率和滑转率门限值。

3. 发动机 + 制动组合驱动控制

从上述的分析可知，采用制动方式响应速度快。但这种控制方式要把发动机多输出的功率以热的形式在制动器上消耗掉，因而制动器发热严重，缩短它的使用寿命，也不利于提高汽车的燃油经济性，而采用发动机转矩控制，除了响应速度比制动方式较慢以外，另一个本质问题是在非对称附着系数路面上不能实现最佳驱动控制，其效能和 ABS 低选方式的情形相似。所以，为了实现驱动力最佳控制，即最大限度地提高汽车的燃油经济性、动力性、方向稳定性及可操纵性，通常采用发动机转矩 + 车轮制动的组合控制方式。

Toyota Crown 采用发动机转矩和制动组合的 ASR（TRC）系统，如图 5 – 26 所示。系统中，用于驱动控制的制动液压回路如图 5 – 27 所示。ASR 和 ABS 采用同一液压系统，从 ABS 模式切换到 ASR 模式由切换控制阀实现，左、右两驱动机构采用非独立控制方式。

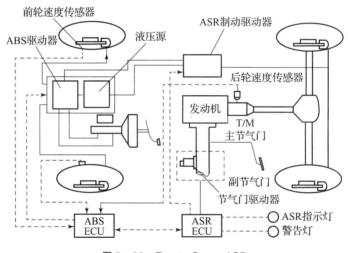

图 5 – 26　Toyota Crown ASR

节气门的开度由式（5 – 20）确定：

$$\alpha(t) = K_a \int_0^t (v_{dr0} - v_{dr}) + K_b (v_{dr0} - v_{dr}) + c \quad (5-20)$$

式中，c 为常数。

同时，根据车速和加速度，由脉宽调制信号控制制动轮缸的增压、减压变化速率。制动器控制逻辑见表 5 – 2。

第 5 章 车辆主动安全技术

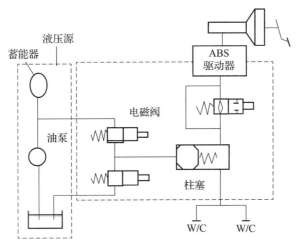

图 5-27 Toyota Crown ASR 中用于驱动控制的制动液压回路

表 5-2 制动器控制逻辑

	$\dot{v}_e < a_1$	$a_1 < \dot{v}_e < a_2$	$a_2 < \dot{v}_e$
$v_{dr}^b < v_{dr}$	慢减压	慢增压	快增压
$v_{dr0} < v_{dr} < v_{dr}^b$	慢减压	慢减压	慢减压
$v_{dr} < v_{dr0}$	快减压	快减压	快减压

注：v_{dr}^b 为制动器起作用参考速度；a_1、a_2 为车辆加速度门限值。

制动器与节气门起作用的参考速度如图 5-28 所示。为了防止制动与节气门控制相互干涉，用驱动轮的滑转率门限值（$S_1 < S_2$），确定两种控制方式的作用区间。车辆的目标速度为

$$v_{dr0} = (1 + S_e) v_e \tag{5-21}$$

当驱动轮的速度满足条件

$$v_{dr} > v_{dr}^b = (1 + S_2) v_e \quad S_1 < S_2 \tag{5-22}$$

则采用制动控制方式，迅速减小驱动轮的滑转速度。当驱动轮的速度进入门限值 λ_2 之内，即当 $v_{dr} < v_{dr}^b$ 时，便切换到节气门控制方式。采用发动机节气门+制动组合控制方式，加快了驱动控制的响应速度和调节能力，驱动控制的效果如图 5-29 所示。在压实的雪地上进行方向行驶稳定性试验的结果如图 5-30 所示，在其 S 形弯道上进行可操纵性试验结果如图 5-31 所示。这些试验结果表明，节气门与制动器组合的 ASR，能够更有效地改善车辆在低附着系数路面上行驶的方向稳定性、可操纵性和加速性能。

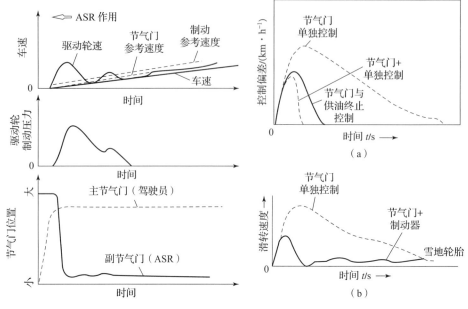

图 5-28　驱动轮滑转时 ASR 的控制过程

图 5-29　节气门与制动同时使用的动态响应
（a）控制偏差；（b）滑转速度性试验的结果

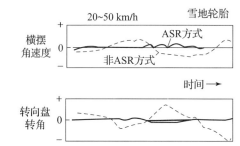

图 5-30　在压实的雪地上进行方向行驶稳定性试验的结果

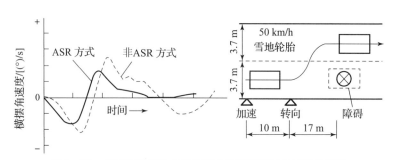

图 5-31　在压实的雪地 S 形弯道上进行可操纵性试验的结果

综上所述，ASR 的性能与它的硬件配置有关，其中以发动机供油中断方式最为简单。对于顺序喷射发动机，它不需要增加任何硬件设备，通过相应的控制软件就能达到较好的效果。但是这种驱动控制方式，在 ASR 工作模式下噪声较大，发动机运转也不平稳。在此基础上，再增加发动机节气门的控制，可以更有效地降低发动机的多余转矩，提高汽车的加速性、燃油经济性、方向稳定性和可操纵性，并克服单一供油中断法的不足之处。但是节气门控制与供油中断组合方式不可避免地存在发动机控制的固有缺陷，就是在非对称路面上失去了它的控制效能。为了最大限度地提高 ASR 的性能，显然，发动机转矩调节和驱动轮制动就成为自然的组合，如 Crown ASR 和 LexusASR。Crown ASR 把发动机转矩调节和驱动轮单通道控制组合起来，虽然它可以充分利用制动控制的快速性，但却仍然解决不了发动机转矩调节方式的本质问题，在非对称路面上的控制问题。

4．发动机 + 限滑差速器组合驱动控制

主动式限滑差速锁止装置如图 5 - 32 所示。通过主动控制，可使锁止程度在 0~100% 范围内变化。当限滑差速器不起作用时，允许两轮独立旋转。当完全锁定时，两轮成为一个整体一起旋转。根据路面状况，可任意控制锁止程度。ECU 通过测量两轮的转速信号与方向盘的转角信号，即可判定路面附着系数的分布情况。在正常情况下，两侧车轮的速度差与方向盘的转角呈一定的比例关系变化。而在分离附着系数路面上，低附着系数侧的车轮出现的滑转导致两侧车轮的速度差与方向盘的转角关系出现畸变，于是通过这些信号，ECU 即可准确判定路面附着系数的分布。根据车辆行驶的路面条件，电控装置自动调节离合器驱动油缸的压紧力，经过多片湿式离合器把左、右半轴锁定起来，保证左、右驱动轮的滑转率之差在允许的范围之内。可见，限滑差速器在非对称路面条件下具有很好的效果。但 LSD 在对称路面上对提高车辆驱动力的效果并不明显，因此它通常不单独用作 ASR 的驱动控制，而是和发动机转矩调节方式组合使用。

5．实现 ASR 不同方式的性能比较

ASR 的本质是：①控制作用在驱动轮上的转矩；②在非对称路面上，对传到驱动轮上的转矩实现最佳分配，从而改善汽车的加速性、力向稳定性和操纵性。

采用单一的节气门控制，结构简单，便于实现，它不会给传动系带来任何附加载荷，舒适性也好，但驱动控制的效果和适应性都有一定的局限性。单

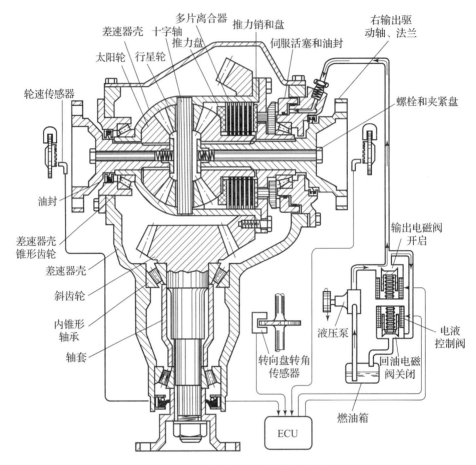

图 5-32 主动式限滑差速锁止装置

独采用制动方式，多余的功率都得以热的形式在制动器上消耗掉，因而发热严重，不宜在高速下使用，也不宜长时间使用。此外，制动时在相关传动部件上产生附加动载荷，引起传动轴的振动和噪声。从上述分析可以得出，ASR 控制一般采用组合方式，常用的两种组合方式分别为发动机 + 制动组合、发动机 + 限滑差速器组合。通常现代车辆都有 ABS，很容易把 ABS 扩充到 ASR 方式，又不需要添加新的硬件设备。所以，发动机 + 制动器组合是 ASR 最常用的组合方式，也是硬件配置最完备的形式。只要采用合理的控制算法，充分发挥发动机控制和制动控制的优势，就可以满足车辆在各种路面条件下的驱动控制的要求，使车辆的方向稳定性、操纵性、舒适性和加速性达到最佳状态。由于各整车厂发展的历史背景不同，其技术的继承性也有所不同，如限滑差速器已经是车上的基本配置时，则发动机转矩控制 + 限滑差速器组合就可能优于发动机转矩控制＋制动组合。

随着汽车电子技术的发展，ASR 技术也在不断进步，今天在车上还是普遍适用的，明天可能就不适用了。可能使 ASR 技术发生变化的新技术如下。

电子节气门将替代主、副两个节气门的驱动控制，驾驶员操作的是一个驱动节气门的信号，而不是节气门的实际开度，节气门的实际开度由电子节气门确定。

发动机燃油直喷技术＋燃油精确控制实现了发动机转矩无级调节，有选择性地对发动机某缸采用中断供油的方式将被取代。

由于发动机技术的进步，发动机转矩控制的响应速度相比于制动方式毫不逊色，制动干预可能仅在非对称路面上才起作用，在其他工况下毫无用处。

单一驱动控制向多目标的综合控制发展，如 ASR＋自动变速＋速度控制（巡航控制、设定速度控制）组合起来成为汽车动力控制，在 ASR 的硬件条件下，可以达到汽车动力传动的最佳控制，保证汽车在各种路面条件下，实现车速的精确控制。

增加方向盘转角传感，进一步就可实现 ASR＋自动变速＋速度控制＋方向稳定性控制（巡航控制、设定速度控制、方向稳定性控制），保证汽车在各种路面条件下，行驶速度、行驶方向达到精确控制，不妨把这种模式定义为汽车主动稳定性控制。

ASR 控制与 ABS 控制类似的地方，就是在非对称路面上提高驱动力与方向稳定性是矛盾的，最大限度地利用高附着系数路面一侧的驱动力，必然降低车辆的方向稳定性。在这种工况下，即使车辆没有转向要求，也可能会使车辆偏离期望的行驶方向。为此驾驶员必须通过方向盘产生纠偏力矩以抵消非稳态力矩（由两侧驱动力之差产生）的影响。当车辆在高速行驶时，驾驶员是否能做出及时、正确的反应，并把车辆的行驶方向控制在期望的状态，这是 ASR 无法保证的。从这一方面说，ASR 只是通过它的控制作用，保证车辆处在一个可控的状态。而能否准确控制车辆的行驶方向，则取决于驾驶员的心理状态、技术熟练程度等多种因素。要主动实现车辆的行驶方向稳定性，就必须采用综合控制系统。如增加方向盘转角信号传感，构成车辆行驶方向闭环自动控制系统，在各种路面条件下就可以实现车辆方向稳定性的主动控制。可以肯定，随着汽车电子控制技术的发展，必然出现由当前的单目标（驱动）控制逐步向多目标（驱动、方向稳定性）综合控制过渡。

ASR 和 ABS 虽然都是最佳地利用路面附着系数，但两者所利用的区间不同，附着系数的理想点也不同。ABS 控制的是车轮的滑移率，并把滑移率控制在 $\mu_b - \lambda$ 曲线的峰值；而 ASR 控制的是车轮的滑转率，通常把滑转率控制在

10% 左右。

5.3.3 典型 ARS 结构组成与工作原理

图 5-33 为发动机节气门开度调节与驱动轮制动力矩控制综合应用的 ASR 功能图。该系统是在 ABS 的基础上发展起来的,它与 ABS 共用轮速传感器、液压驱动元件等,并扩展了 ECU 功能,增设了制动作动器、节气门作动器、ASR 开关指示灯以及 ASR 诊断系统等。

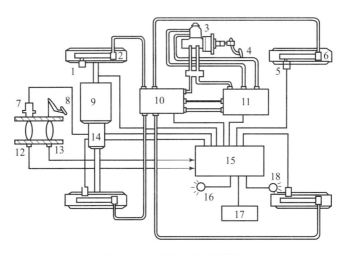

图 5-33 典型 ASR 功能图

1—前轮速传感器;2—前轮制动器;3—液压元件;4—制动踏板;5—后轮速传感器;
6—后轮制动器;7—副节气门作动器;8—油门踏板;9—变速器;
10—ABS 制动作动器;11—ASR 制动作动器;12—副节气门位置传感器;
13—主节气门位置传感器;14—发动机;15—ABS + ASR ECU;
16—ASR 报警灯;17—ASR 切断开关;18—ASR 工作指示灯

对于单轴驱动汽车,启动后当车轮速度高于 10 km/h 时,ASR 便开始监测驱动轮的转动特性。各轮速传感器将采集到的信号传给 ECU。经 ECU 处理后,得到各驱动轮的速度和加速度。当车速小于门限速度时,一般取为 40~50 km/h,再进一步识别驱动轮的滑转率,如果发现某一驱动轮发生过度滑转,ECU 就指令 ASR 制动系统制动滑转轮,并根据滑转轮的滑转情况改变制动力,直至滑转率控制在要求范围内。如果另一驱动轮也发生滑转,当其滑转率刚好超过门限值后,ECU 便指令节气门作动器减小节气门开度,降低发动机输出扭矩;若车速大于门限值,如果驱动轮发生滑转,ECU 便指令节气门作动器减小节气门开度,从而使车辆驱动轮始终处于最佳的滑转范围内。

5.4 汽车稳定性控制技术

汽车的操纵稳定性控制是主动安全的重要技术。ABS 可以防止制动时车轮抱死,ASR 可以防止驱动轮驱动时发生滑转,它们都能改善汽车的行驶稳定性,也都属于稳定性控制技术。自 20 世纪 80 年代中期以来,利用电子控制来改善操纵稳定性越来越受到各大汽车公司的重视,开发了很多系统。比较著名的有 BOSCH 公司的车辆动力学控制(VDC)系统,日本丰田的车辆稳定性控制系统,宝马公司的动力学稳定性控制(dynamics stability control,DSC)系统。BOSCH 公司后来又称其为电子稳定性程序(electronic stability program,ESP)。尽管名称有所不同,结构上也略有差异,但是主要功能和原理是一致的。

5.4.1 基本原理

汽车轮胎受地面的作用力包括:地面垂直反力 F_z;纵向方向的作用力 F_x,含纵向的制动力和牵引力;侧偏力 F_y,也称为拐弯力。侧偏力 F_y 除了与路面附着系数有关外,还与轮胎的侧偏角有关,在小侧偏角时二者是线性关系,在大侧偏角时是非线性关系,极限时侧偏角增加,侧偏力几乎不再增加,如图 5-34 所示。

根据汽车理论二自由操纵稳定性模型,方向盘转过一定角度 Q_{wh},前轮转角为 δ,对应的转弯半径为 R,当侧向加速度比较小时,转弯半径 R 与方向盘转角近似为线性关系,司机很容易控制汽车的弯道行驶。如果进一步加大方向盘转角,轮胎就进入非线性工作区,这时转

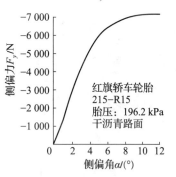

图 5-34 侧偏力与侧偏角的关系

弯半径不再增加。在大转向角时司机不能按原来的经验驶过弯道,不能准确地控制车辆。极限时,可能前轮先侧滑,然后车辆向外驶离弯道,也可能后轮先侧滑,然后出现车辆急转的情况,如图 5-35 所示。无论哪种情况在实际弯道行驶时出现都会发生危险。因此,如何避免大侧向加速时的危险工况对车辆安全性至关重要。

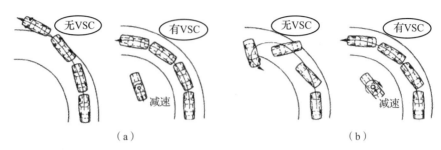

图 5-35 车辆稳定性控制的作用
(a) 向内侧的横摆力偶矩；(b) 向外侧的横摆力偶矩

车辆稳定性控制系统通过对 4 个车轮上的纵向力 F_x 的调节增加车辆的偏转力矩，避免急转和驶离弯道的情况出现。F_x 的调节包括驱动力和制动力的调节，减少驱动力不仅降低车速还会形成横摆力矩。要注意的是，对 4 个车轮施加制动力产生的横摆力矩的效果是不一样的，如图 5-36 所示。制动前内轮、后内轮和后外轮均能产生向内侧的横摆力矩，但随着制动力的加大，这 3 项横摆力矩中有的迅猛增加，有的很快变为负值，有的是先负又变大。所以要综合利用 4 个车轮来优化横摆力矩，达到最好的路径跟踪能力。

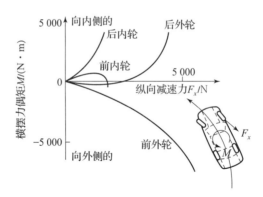

图 5-36 各车轮作用制动力所产生的横摆力矩

5.4.2 车辆稳定性控制系统组成及工作原理

车辆稳定性控制系统是 ABS 和 ASR 的发展，同时也是 ABS 和 ASR 的集成，有很多部件是共通的。系统一般包括方向盘转角传感器、横摆角速度传感器、侧向加速度传感器、制动压力传感器、液压调节单元、轮速传感器系统和电控单元、制动灯和制动踏板开关、ABS、ASR 和车辆稳定性控制的指示灯，如图 5-37 所示。

第 5 章 车辆主动安全技术

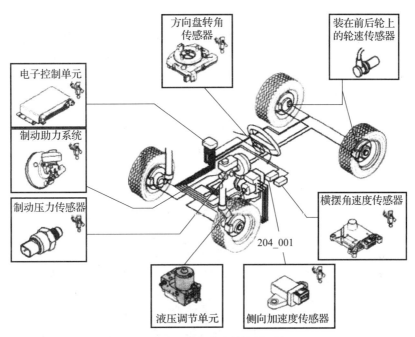

图 5-37 车辆稳定性控制系统

和 ABS、ASR 相比,其主要增加了车轮转速传感器、方向盘转角传感器、横摆角速度传感器和侧向加速度传感器。

车轮转速传感器——用来跟踪每一车轮的运动状态。

方向盘转角传感器——用来传感方向盘的转角。

横摆角速度传感器——用来记录车辆绕垂直轴线转动的所有运动。

侧向加速度传感器——用来检测转向行驶时离心力的大小。

众多传感器中核心部分是横摆角速度传感器,这是因为车辆的横摆角速度和方向盘转角的比值是反映车辆转向行驶品质的一个重要参数。其他传感器则把车辆每一瞬时的运动状态的信息传给电子控制装置,使之与理想的运动状态相比较,一旦车辆偏离了理想的路线,它就会在极短的时间内采取纠正措施,给制动控制系统或发动机控制系统发出相应的指令,维持车辆在理想的路线上行驶。

车辆稳定性控制系统对转向行驶的控制主要是借助对各个车轮的制动控制和发动机功率输出控制来实现的。例如车辆左转弯时,若前轮因转向能力不足而趋于滑出弯道,车辆稳定性控制系统即可测知侧滑即将发生,采取适当制动左后轮的办法。左后轮产生的制动力可帮助车辆转向,使车辆继续按照理想的路线行驶,如图 5-38 所示。若在同一弯道上,因后轮趋于侧向滑出而转向过多，车辆稳定性控制系统即采取适当制动右前轮的办法，维持车辆的稳定行驶。在极端情况下，车辆稳定性控制系统还可采取降低发动机功率输出的办法降低行驶车速，减少对地面侧向附着能力的需求来维持车辆的稳定行驶。采用车辆稳定性控制系统后，车辆在对开路面上或弯道路面上的制动距离还可进一步缩短。

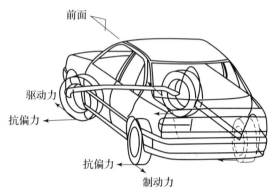

图 5-38 制动左后轮帮助车辆转向

在物理极限的驱动状态下对车辆运动状态的控制涉及车辆在道路平面上的 3 个自由度（纵向、侧向和绕垂直轴线的横摆），所以车辆的操纵稳定性应符合驾驶员的输入和道路的情况。VDC 的控制变量为车辆的横摆角速度和车身的侧偏角。首先要确定驾驶员的输入，在物理极限的驱动状态下，车辆应表现如何（名义表现），以及实际上它表现如何（实际表现）。为了尽量减小名义和实际表现之间的差别（偏差），必须借助执行器对轮胎力进行某种控制（图 5-39）。

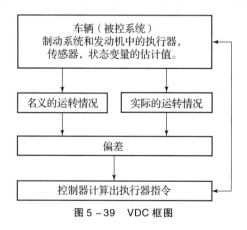

图 5-39 VDC 框图

通过在车辆上安装的各种传感器，检测到车辆的速度、角速度、方向盘转角以及其他的车辆运动姿态，根据需要可以主动地对车轮进行制动，来改变车辆的运动状态,使车辆达到最佳的行驶状态和操纵性能,增加了车辆的附着性、控制性和稳定性。

5.5 自适应巡航控制技术

道路交通事故统计分析结果表明,在驾驶员、车辆和道路这三个环节中,驾驶员是可靠性最差的因素。驾驶员疏忽、超速行驶、疲劳驾驶和判断失误等人为因素均是直接导致交通事故发生的诱因。如果驾驶员能在事故发生前1~2 s意识到危险的存在,则绝大部分交通事故都是可以避免的。

5.5.1 ACC系统的功能

自适应巡航控制技术是在传统的巡航系统上增加了前视探测器(雷达),通过检测自车和前面目标车辆之间的距离、相对速度和加速度,自动根据驾驶员的驾驶模式进行合适的匹配,设定合适的速度和距离,保证车辆不发生碰撞而安全行驶。

ACC系统具有如下功能:

(1)传统的巡航系统功能。如果前方没有车辆,ACC车辆将处于普通的巡航驾驶状态,按照驾驶员设定的车速行驶,驾驶员只需要进行方向的控制。

(2)自动减速。当ACC车辆前方出现目标车辆时,如果目标车辆的速度小于ACC车辆,ACC车辆将自动开始进行平滑的减速控制。

(3)跟随控制。当两车之间的距离等于安全车距后,采取跟随控制,即与目标车辆以相同的车速行驶。

(4)当目标车换道或者ACC车辆换道后,前方又没有其他的目标车辆,ACC车辆恢复到初期的设定车速(加速控制)行驶。

5.5.2 ACC系统的基本组成

汽车自适应巡航控制系统主要由信号感知单元、控制单元、执行单元和人机交互界面构成,其基本组成如图5-40所示。

1)信息感知单元

信息感知单元主要用于向电控单元提供自适应巡航控制所需的车辆行驶工况参数及驾驶员的操作信号。它包括以下几种传感器:雷达传感器、车速传感器、节气门位置传感器、制动踏板传感器和离合器踏板传感器等。雷达传感

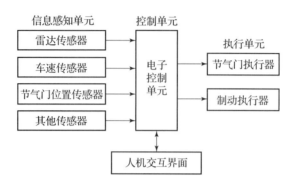

图 5-40 ACC 系统的基本组成

器,安装在汽车前端,用来获取车间距离信号;车速传感器,安装在变速器输出轴上,用于获取实时车速信号;节气门位置传感器,安装在节气门轴上,用于获取节气门开度信号;制动踏板传感器,安装在制动踏板下,获取制动灯开关信号,用于获取制动踏板动作信号;离合器踏板传感器,安装在离合器踏板下,用于获取离合器踏板动作信号。

2) 控制单元

控制单元用于实现系统的控制功能。ECU 根据驾驶员所设定的安全车距及巡航行驶速度,结合雷达传送来的信息确定主车的行驶状态。当两车间的距离小于设定的安全距离时,ECU 计算实际车距和安全车距之比及相对速度的大小,选择减速方式,同时通过报警器向驾驶员发出警报,提醒驾驶员采取相应的措施。

3) 执行单元

执行单元包括节气门执行器和制动执行器。节气门执行器用于调整节气门的开度,使车辆做加速、减速及定速行驶;制动执行器用于紧急情况下的刹车。

4) 人机交互界面

人机交互界面用于驾驶员设定系统参数及系统状态信息的显示等。驾驶员可通过设置在仪表盘上的人机交互界面(HM1)启动或清除 ACC 控制指令。启动 ACC 系统时,要设定主车在巡航状态下的车速和与目标车辆间的安全距离,否则 ACC 系统将自动设置为默认值,但所设定的安全距离不可小于设定车速下交通法规所规定的安全距离。

5.5.3 ACC 系统的工作原理

在行驶过程中,安装在车辆前部的车距传感器会持续扫描车辆前方道路,同时轮速传感器采集车速信号。当与前面的车之间的距离过小时,ACC 控制单元可以通过与防抱死制动系统、发动机控制系统协调动作，使车轮适当制动，并使发动机的输出功率下降，同时车内音响会发出警报声音，提醒走神的驾驶员注意，它能有效地防止追尾这类事故的发生。

图 5-41 为自适应巡航控制系统的控制原理。该控制原理图中自适应巡航控制系统是由一个自适应模块和一个巡航控制模块组成。图 5-41 中巡航控制模块就是传统的定速巡航控制，定速巡航控制系统是一个闭环系统，它的输入是整车的实际车速和驾驶员设定的期望车速，根据比较两个车速的差值，利用巡航控制模块控制节气门的开度，从而保证实际车速跟随到驾驶员的期望车速。控制的目的是保持两车之间的距离，至少是期望的距离（在实际车辆中可以通过开关和组合仪表设置期望的最小距离），该距离和反馈回来的车速（实际车速）通过模块 A 算法给出自适应系统的期望车速，该期望车速代替传统的定速控制系统驾驶员输入的期望车速，从而实现自适应巡航控制。

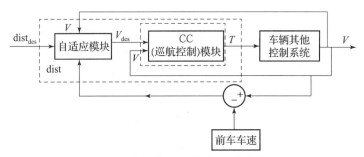

图 5-41　自适应巡航控制系统的控制原理

5.5.4　ACC 系统的毫米波雷达技术

从上面介绍的 ACC 的组成可以看出，ACC 系统的关键部件是前视探测器，也就是雷达。汽车 ACC 系统中前视探测器有毫米波雷达和激光雷达两种，但毫米波雷达应用更广泛。

目前，汽车上 ACC 系统的毫米波雷达主要采用调频连续波（frequency modulated continuous wave，FMCW），也就是说发射的毫米波是一个频率线性变化的调制波，将接收的毫米波和发出的波进行比较，根据频率差就可以计算出滞后时间，其组成如图 5-42 所示。

系统将信号源的本振信号和接收的回波信号在混频器中得到其差频信号，这是一个中频（IF）信号。该中频信号经过放大解调等一系列的处理电路，就可以得到滞后时间，检测出距离和速度的信息。假定雷达系统通过天线向外发射的一系列连续调频毫米波的调制信号为三角波信号，并接收目标的反射信号。这样发射信号与接收信号的频率变化如图 5-43 所示。

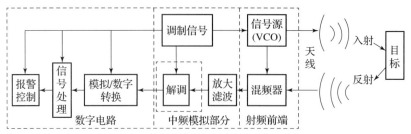

图 5-42 调频连续波汽车前视雷达组成框图

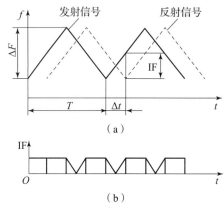

图 5-43 FMCW 雷达测速原理（一）
（a）入射波和发射波时序图；（b）入射波和发射波频差示意图

反射波与发射波的形状相同，只是在时间上有一个延迟 Δt，Δt 与目标距离 R 的关系可以表示为

$$\Delta t = \frac{2R}{c} \tag{5-23}$$

式中，R 为自车至目标车的距离；c 为光速，$c = 300\,000$ km/s。

图 5-43 中，T 为调频的周期，ΔF 是调频的带宽，发射信号与反射信号的频率差为 IF。从图 5-43 可以看出如下关系：

$$\frac{\Delta t}{\text{IF}} = \frac{T/2}{\Delta F} \tag{5-24}$$

将式（5-23）代入式（5-24）可得

$$R = \frac{c \cdot \text{IF} \cdot T}{4\Delta F} \tag{5-25}$$

当目标车以相对速度 v 运动时，根据多普勒频移的原理，雷达接收的反射波会产生频 $f_d = \dfrac{2f_0 V}{c}$，f_0 为发射波的中心频率。三角波的上升沿和下降沿都会移动 f_d，如图 5-44 所示。

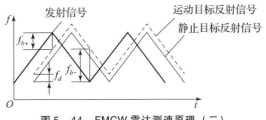

图 5-44　FMCW 雷达测速原理（二）

用公式表示如下：

$$f_{b+} = \text{IF} - f_d, \quad f_{b-} = \text{IF} + f_d, \quad f_d = (f_{b-} - f_{b+})/2 \tag{5-26}$$

如果考虑到车速大大低于光速，那么目标车移动的相对速度为

$$V = \frac{c(f_{b-} - f_{b+})}{4f_0} \tag{5-27}$$

5.5.5　主动避撞控制技术

自适应巡航控制的目的是，防止由于前方突然出现障碍物或者驾驶员的疲劳及其他疏忽的原因而忽视了前方的车辆或障碍物，驾驶员反应不及制动汽车，可能造成交通事故。汽车自动防撞系统对车辆实施自动制动和转向控制，尽量避免追尾等碰撞事故的发生，有效地保证人、车安全。因此汽车主动避撞是自适应巡航控制的关键技术之一。

汽车主动避撞控制器依据安全距离、减速度等，结合车辆制动系统模型，设计控制算法，实现对节气门、制动、转向等精确控制，保持车辆的安全距离，其工作过程如图 5-45 所示。汽车主动避撞控制包括纵向避撞控制、侧向避撞控制和纵向侧向避撞控制，下面主要介绍纵向避撞控制和侧向避撞控制。

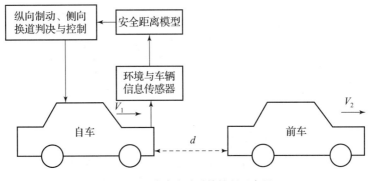

图 5-45　汽车主动避撞控制示意图

1. 纵向避撞控制

纵向避撞控制的目的是避免在同一车道上行驶的两辆车追尾。其工作原理是，实时检测车辆的运行工况，获取周围环境信息及自车和前车的相对距离、相对速度和自车速度等信息，根据行驶安全判定模型和自动制动判定模型计算出安全距离、危险距离及制动距离，并通过两车实际相对距离进行行车安全判定，最后做出控制决策。具体判定依据为：当两车实际相对距离小于安全距离时，系统发出临界安全报警信号；当两车实际相对距离小于危险距离时，系统发出危险报警信号（即实现两级报警）。驾驶员在听到报警信号后应该采取有效措施（如通过转向机构、制动机构或动力传递和调节机构使车辆转向、制动或减速）。若驾驶员未采取有效措施而使得两车实际相对距离小于等于制动距离或出现紧急情况，控制单元会发出自动制动指令，对车辆实施自动制动控制，从而避免车辆发生碰撞，达到防撞目的。

1) 安全距离模型

图5-46为同向运行的自车和前车安全距离模型，驾驶员主观安全距离由三部分组成：驾驶员反应时间内自车行驶过的距离 d_1、消除自车与前车之间相对速度行驶过的距离 d_2、两车之间的最小距离 d_0，因此车间距离控制的安全距离模型为

$$d_s = d_0 + d_1 + d_2 \tag{5-28}$$

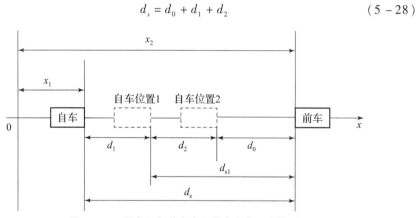

图5-46 同向运行的自车和前车安全距离模型

当两车实际车间距离为 $d_0 + d_1 + d_2$ 时，认为目前自车处于安全行车状态，不必控制动作；当实际车间距离减小到 $d_0 + d_2$ 时，若驾驶员没有采取制动或转向动作，认为车辆进入危险状态，报警提示并开始采取制动，避免车辆进入危险状态。因此，$d_0 + d_2$ 是主动避撞系统判断当前车辆安全状态的安全距离，主动避撞系统安全距离模型为

$$d_{s1} = d_0 + d_2 \tag{5-29}$$

该安全距离模型主要是用于车间距离保持，因此控制目标是车距，而不是以车速跟踪为目的的安全距离模型。

这里忽略自动制动执行机构响应时间，同时假设自车制动减速度总是大于前方车辆的制动减速度，两车间隔一定距离向 x 轴正方向行驶，自车距原点为 x_1，前车距原点为 x_2，虚线框表示制动过程中自车的位置，相对减速度用 δ_a 表示，根据图 5-46 的坐标及位置关系，定义自车与前车之间的相对速度为

$$\dot{\xi} = \dot{x}_2 - \dot{x}_1 \tag{5-30}$$

则驾驶员按照自己期望的减速度，对自车进行制动来消除自车与前车之间的相对车速，该段时间内所需要的距离为

$$d_2 = \int_0^{\frac{\dot{\xi}}{\delta_a}} (\dot{\xi} - \delta_a t)\,\mathrm{d}t = \frac{\dot{\xi}^2}{2\delta_a} \tag{5-31}$$

将式（5-31）代入式（5-29）可得安全距离模型为

$$d_{s1} = d_0 + d_2 = d_0 + \frac{\dot{\xi}^2}{2\delta_a} \tag{5-32}$$

式中，$\dot{\xi}$ 由主动防撞系统的雷达测量得到；δ_a 为驾驶员期望的相对减速度。

两车之间的最小距离是驾驶员的特性参数，因人而异，两者的取值应该要反映驾驶员的驾驶特性，需要通过大量实验数据分析得到。

2）避撞系统的工作过程

避撞系统的工作过程可分为三部分，如图 5-47 所示。图 5-47 中，d_s 为安全距离；y_r 为期望的自车到目标车辆的距离；a_{cdes} 为期望的自车加速度；a_{ccon} 为控制加速度；α、α_{cdes} 分别为自车实际、期望的节气门开度；p_b、p_{des} 分别为自车实际、期望的制动压力；$\dot{x}_1$ 为自车实际速度；$\ddot{x}_1$ 为自车实际的加速度；ω_e 为自车发动机转速；ω_w 为自车车轮转速；b_r 自车驾驶员制动信号；ξ 为自车与目标车辆间的实际距离；$\dot{\xi}$ 为自车与目标车辆间的相对速度。

（1）当车辆正常行驶时，汽车主动避撞系统不停地对车辆行驶的安全程度进行评估。如判断为安全状态，避撞系统无任何动作，不干扰正常驾驶，同时驾驶员可以随时选取适合当前环境的模式进行车辆的自动控制。

（2）当系统判断为危险状态时，避撞系统会首先自动关闭油门，此时若驾驶员尚未采取相应的动作，则系统将自动控制车辆制动和转向，并调用其他相关控制系统（如 ABS、ESP 等），使车辆远离危险的同时保证自车的安全，一旦车辆回到安全的行驶状态或驾驶员采取了控制动作，系统对车辆的控制将自动解除，回到正常行驶状态。

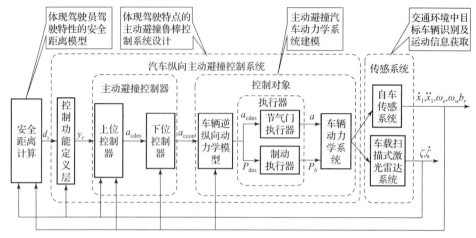

图 5-47 汽车主动避撞系统纵向控制系统

（3）当系统判断为危险无法避让时，除了采取远离和减少危险的控制外，还将根据危险程度的高低和障碍物的类型（车辆、行人或者其他障碍物），选择合适的被动安全（如乘员保护甚至行人保护措施）控制策略。

2. 侧向避撞控制

侧向避撞控制的目的是通过转向换道避撞，控制系统能够根据自车和前车或前方障碍物之间的纵向距离和侧向距离、纵向速度和加速度，规划出换道路径，通过控制车辆前轮转角完成转向操作。车辆完成紧急换道的前提条件是安全的换道路径以及适当的纵向安全距离。

1）安全距离模型建立

图 5-48 所示为侧向控制安全距离模型，也称为换道避撞距离模型或换道距离模型。假设双直行车道上只有自车 F 和前车 D。F 车位于 D 车后方并同道行驶，相邻车道上无其他车辆，且 D 车匀速向前行驶。

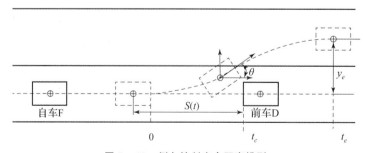

图 5-48 侧向控制安全距离模型

合适的间距是防止车辆随意"变道"而设置的安全距离,间距不足是造成追尾的最主要原因。最佳的轨迹规划行驶路径不仅要能够保证足够小的转向行驶距离,还要保证车辆行驶的稳定性。

设变道前车辆初始速度为 u,进行最大强度所需制动时间为 t_{adj},路面附着系数为 ϕ。车辆制动时的最大制动减速度 $a = \phi g$,那么自车在进行车速调整的过程中的纵向运动距离为

$$X_1(t) = ut - at^2/2, \quad 0 \leq t \leq t_{adj} \tag{5-33}$$

制动过程完成之后的 t_{adj} 时刻,自车此时的行驶速度为变道过程中的纵向速度,即

$$u(t_{adj}) = u - at_{adj} \tag{5-34}$$

变道轨迹函数为

$$y(t) = (y_e/t_e^5)(6t^5 - 15t_e t^4 + 10t_e^2 t^3), \quad 0 \leq t \leq t_{ej} \tag{5-35}$$

式中,y_e 为车辆完成整个变道过程的侧向位移,一般取为一个标准的车道宽度,即为 3.75 m。而 t_e 为整个变道过程所用时间。

车辆变道过程中的纵向位移为

$$X_2(t) = u(t_{adj})(t - t_{adj}) \quad t_{adj} \leq t \leq t_{adj} + t_e \tag{5-36}$$

而在整个制动和变道的过程中,车辆的侧向位移可表示为

$$y(t) = \begin{cases} 0 & 0 \leq t \leq t_{adj} \\ y_e/t_e^5 [6(t - t_{adj})^5 - 15t(t - t_{adj})^4 + 10t_e^2(t - t_{adj})^3] & t_{adj} \leq t \leq t_{adj} + t_e \end{cases} \tag{5-37}$$

设车辆前方障碍物的宽度为 w,自车的前外侧与障碍物的后内侧轮廓可能产生碰撞的时刻为 t_c,那么车辆在此时刻恰好不与障碍物发生碰撞的临界条件为 $w = y(t_c)$,有

$$w = y_e/t_e^5 [6(t - t_{adj})^5 - 15t(t - t_{adj})^4 + 10t_e^2(t - t_{adj})^3] \tag{5-38}$$

自车达到临界碰撞点时所用的变道时间为 $t_c - t_{adj}$。那么自车从发现障碍物开始进行制动,到到达可能的碰撞点时车辆行驶的纵向距离为

$$X_3(t_c) = X_1(t_{adj}) + X_2(t_c) = ut_{adj} - \frac{at_{adj}^2}{2} + (u - at_{adj})(t_c - t_{adj}) \tag{5-39}$$

由式(5-39)可知其最小值只会取在两个端点上,即 $t_{adj} = 0$ 或 $t_{adj} = u/a$ 处,二者分别代表不对车辆进行制动和一直制动直至车辆停止两种情况,即说明在车速较高且障碍物较小时,直接进行变道所用的安全距离最短;在车速较低且障碍物较大时,直接进行制动避撞所用的安全距离最短。因此,$t_{adj} = 0$,该式求得到达可能碰撞点的时间 t_c,车辆到达碰撞的临界时刻时的航向角为

$$\theta = \arctan[v_y(t_c)/u] \quad (5-40)$$

式中,v_y 为侧向速度,考虑车身长度,并保证车辆在整个变道的过程中不与前方障碍发生碰撞,相应的安全距离为

$$X = X_3(t_c) + S\cos\theta + d \quad (5-41)$$

式中,S 为车辆的车身长度,这里设为 5 m;d 为静态安全距离,这里设为 2 m。式(5-39)即为建立的安全距离模型。假设自车与障碍物的初始距离为 D,那么当 $X \geqslant D$ 时,过车道变换操作避免与障碍物发生碰撞;否则,将会发生碰撞事故。

2)控制原理

图 5-49 所示为紧急变道控制系统控制原理。根据车速信息实时进行安全距离计算,并与车辆距前方障碍物的距离进行比较,若障碍物进入安全距离内,而且驾驶员没有采取合理措施,那么控制模块便会启动,控制车辆按照设定变道轨迹进行变道。控制模块的输入是根据变道轨迹模型得到的期望侧向加速度,其经过车辆方向盘转角模型计算后会得到期望的方向盘转角,由方向盘转角信号控制车辆完成变道。考虑到车辆模型的强非线性,简单的开环控制难以满足要求,应采用模糊 PID 控制器等,实现基于侧向加速度偏差值的闭环反馈控制。

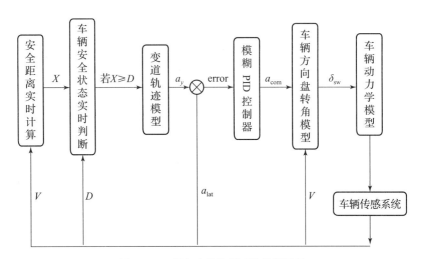

图 5-49 紧急变道控制系统控制原理

V—自车行驶速度;D—自车到障碍物间的距离;X—控制系统实时计算出的最小安全距离;

a_y—通过较优变道轨迹模型计算出的理想的侧向加速度;

a_{lat}—自车的实际侧向加速度;a_{con}—控制器处理后的控制加速度;

error—a_y 和 a_{lat} 的偏差值;δ_{SW}—方向盘转角

5.6 轮胎压力监测技术

轮胎是汽车行驶过程中唯一与地面接触的部件,轮胎承载汽车的全部质量,缓冲路面的冲击,并通过与地面的附着力来产生驱动力和制动力。轮胎气压偏高或偏低对汽车的使用性都会产生不利影响。合适的轮胎压力对汽车的燃油经济性及操纵舒适性也是至关重要的。怎样防止爆胎已成为安全驾驶的一个重要课题。

5.6.1 轮胎气压对汽车性能的影响

在汽车行驶过程中,轮胎慢性渗漏会导致轮胎气压降低,而这种降低往往不易被驾驶员及时发现,图 5-50 为气压不足和正常状态时轮胎的形状。一方面,轮胎压力过低时,胎面接触地面增大,胎面与地面摩擦阻力加大,胎体各部件的变形量变大,轮胎内部组织间的摩擦也进一步加大,这些因素都进一步加剧了胎体温度的迅速上升;另一方面,胎肩变形量大,容易引起帘线、钢丝和橡胶等材料扯断、拆裂,导致胎体强度下降。温度上升或强度下降到一定程度就引发爆胎。汽车在轮胎气压不足及过低时行驶,会产生以下不利影响。

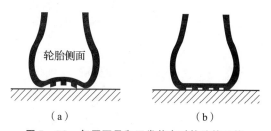

图 5-50 气压不足和正常状态时轮胎的形状
(a) 气压不足;(b) 正常状态

(1) 在同样承载条件下,胎体变形大,行驶时轮胎温度升高、橡胶老化,容易产生帘线脱层等。

(2) 轮胎下沉量大,轮胎凹陷,使用时容易产生磨胎肩现象。

(3) 轮胎断面变形大,双胎并装间距缩小,容易引起胎侧碰撞磨损。

(4) 轮胎发生不正常磨损,缩短轮胎寿命,为爆胎埋下隐患。

(5) 轮胎滚动阻力增大,燃料消耗高,转向性能差。

（6）紧急制动时，若某侧轮胎压力偏低，就会造成车身偏转，甚至酿成事故。

如果轮胎气压过高，也会产生危害。轮胎的负荷能力和气压都是在设计时就已给定。由于内压的增加，轮胎各部位的变形和所受的内应力也相应增加。内压增加只能使轮胎刚性增大，载荷下的变形显得较小而已。胎面胶的橡胶分子链长期处于高度伸张和应力状态下，其耐磨性显著下降，必然导致胎面胶，特别是胎面中部加速磨损。从轮胎结构看，胎冠部位帘布层顶部处于行驶面中心部位，胎内气压向外扩张的作用力在胎冠顶部达到最大值，使胎体产生较大的径向伸长变形。虽然胎面胶有一定的弧高，但由于胎面中部最先与地面接触，所受的冲击力、剪切力和磨耗也最大。如果气压过高，迫使胎面中部产生更大的凸变，胎面弧高进一步增大，胎体帘线处于过度伸张状态，内应力增大，胎面与地面的接触面积减小，单位压强增加，致使行驶面中部的磨损进一步加剧。

5.6.2 轮胎压力监测系统的类型

轮胎压力监测系统主要用于车辆行驶时实时地对轮胎气压及胎内温度进行自动监测，对轮胎漏气和低气压进行报警，以保障行车安全。压力正常时，系统无任何动作，不干扰驾驶员的正常驾驶；而压力出现异常时，系统将发出报警信息，提醒驾驶员采取相应措施，防止爆胎引起车辆安全事故。

轮胎压力检测系统一般分为间接式（wheel—speed based，WSB）TPMS、直接式（pressure - sensor based，PSB）TPMS 和复合式 TPMS。

1. 间接式 TPMS

间接式 TPMS 是利用汽车上现有传感器的信息，建立其与轮胎气压变化之间的关系，通过相应的模型和算法间接监测轮胎气压的变化，其特点是以算法为主。目前常见的间接式 TPMS 有计算式间接 TPMS 和磁敏式间接 TPMS 两种。

1）计算式间接 TPMS

计算式间接 TPMS 是通过汽车 ABS 的轮速传感器信号，求出轮胎之间的转速差，进而监测两轮胎压力的相对变化以达到监测胎压的目的。目前，计算式间接 TPMS 可分为以下两类。

（1）轮径分析型。最早的轮胎压力监测系统是通过 ABS 测量轮胎转速，因为气压不足的轮胎其转速、半径小于正常状况，据此可判断轮胎压力是否正常。这种间接式气压监测装置利用汽车原有的 ABS 的轮速传感器测得的转速

第 5 章　车辆主动安全技术

信号，通过智能算法来判别轮胎气压。这种类型是监测一个基于静态轮速非线性变化的差值，当轮胎半径接近于最佳值（此时拥有最佳轮胎压力）时，这个差值接近于零。目前广为采用的是与轮速呈静态非线性关系的气压检测方法，其表达式为

$$\gamma = \frac{\omega_1}{\omega_2} - \frac{\omega_3}{\omega_4} = \frac{R_2}{R_1} - \frac{R_4}{R_3} = \frac{R_2 R_3 - R_1 R_4}{R_1 R_3} \tag{5-42}$$

式中，ω_1、ω_2、ω_3、ω_4 和 R_1、R_2、R_3、R_4 分别为左前轮、右前轮、左后轮、右后轮的角速度和半径。

当其中一个轮胎气压降低时，其角速度增大，对应的轮胎半径值便相应减小，则此时 $\gamma \neq 0$，由此可以判断汽车某一轮胎处于欠压状态。

（2）振动分析型。当汽车行驶时，粗糙的路面会使轮胎上的橡胶产生类似弹簧的振动。这种类型是通过监测与轮胎压力有关的振动频率来监测胎压的。轮胎的弹簧常数随轮胎压力的变化而发生变化，且两者呈线性关系。据此原理，利用 4 个车轮上安装的 ABS 轮速传感器产生的波形信号并经过 VSC 处理，求出轮胎的扭振频率，计算得到轮胎的弹簧常数，再根据胎压和弹簧常数的关系，求出轮胎压力，当控制单元检测出轮胎压力异常时输出报警信号，提醒驾驶员检查轮胎压力，其控制流程如图 5-51 所示。

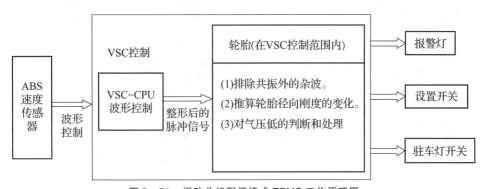

图 5-51　振动分析型间接式 TPMS 工作原理图

丰田公司开发出一种振动分析型间接式气压监测的新方法，该方法依据的轮胎振动模型如图 5-52 所示，将轮胎简化为由两个弹簧构成的扭振系统模型。根据各个车轮转速信号的变化，计算各轮的共振频率，并由此共振频率求出轮胎的弹簧常数。由于轮胎的弹簧常数随轮胎气压的降低而降低，轮胎的气压和弹簧常数基本呈线性关系，如图 5-53 所示。因此，由弹簧常数可最后求得轮胎气压，并对其进行监测。

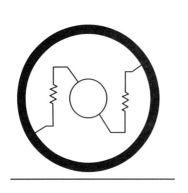

图 5-52 轮胎振动模型

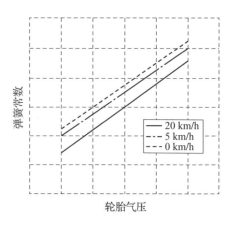

图 5-53 气压-弹簧常数图

2）磁敏式间接 TPMS

磁敏式间接 TPMS 由气压传感器、霍尔装置和电控单元等组成。轮胎压力传感器安装在车轮轮辋上，霍尔装置安装在悬架支柱或车轮制动底板上。汽车行驶时，轮胎压力变化引起螺旋弹簧变形，带动磁性元件旋转使得磁场方向发生变化，从而使通过霍尔装置中磁敏元件的磁感应强度变化，霍尔装置的输出信号随之变化，由此实现轮胎压力信号由轮胎至车体的非接触传递。电控单元由单片机和外围接口组成，单片机对经过调理的霍尔装置的输出信号进行采样，并将数据送入存储器中，经运算分析和比较判断，得到轮胎压力值及其状态，报警装置显示轮胎压力或在压力异常时进行声光报警，其系统机构如图 5-54 所示。

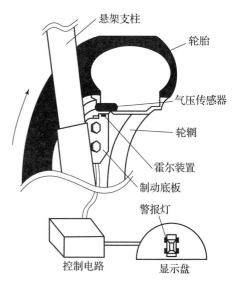

图 5-54 磁敏式间接 TPMS 的系统结构

2. 直接式 TPMS

直接式 TPMS 利用安装在每个轮胎里的压力传感器和温度传感器来直接测量轮胎的压力和温度，并对各轮胎气压进行显示及监控。直接式 TPMS 工作原理如图 5-55 所示。

第 5 章　车辆主动安全技术

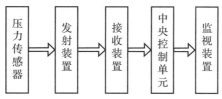

图 5-55　直接式 TPMS 工作原理

目前直接式 TPMS 主要有机械式直接 TPMS 和主动直接式 TPMS，它们的区别在于传感器的类型。直接主动式 TPMS 的温度压力传感器一般是植入轮胎内部，而机械式直接 TPMS 的温度压力传感器一般是安装在轮胎的气门芯上。

1）机械式直接 TPMS

机械式直接 TPMS 将系统分为轮胎模块和中央接收模块两部分。其中轮胎模块由压力传感器、控制器和发射机组成；中央接收模块由接收机、控制器和显示报警部分组成。机械式 TPMS 与其他的 TPMS 的主要区别在于其压力传感器部分使用的是机械式压力传感器，其结构如图 5-56 所示。

机械式压力传感器工作原理如下：把传感器的 B 部位旋入轮胎的气门嘴上，空心螺柱顶开气嘴的心轴，气体则外溢，并通过空心螺柱中心孔传到密封垫上部的气室中，再

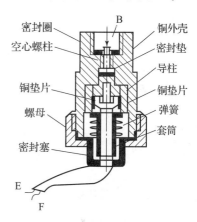

图 5-56　机械式 TPMS 的压力传感器结构

通过密封垫导柱作用到弹簧上，弹簧受压收缩，铜垫片随着导柱向下移动，铜外壳在其接触处产生一定的距离，导线 E、F 断开，当轮胎的气压低于标准气压的某个值时，弹簧依靠自身的弹力推动导柱向上移动，直至铜垫片和铜外壳接触，导线 E、F 接通，无线发射模块通电，发射信号，接收模块得到信号，发出声光报警。

2）直接主动式 TPMS

目前大多数厂家所研制和汽车所使用的都是直接主动式 TPMS，其结构图如图 5-57 所示。TPMS 主要由两部分组成：安装在汽车轮胎里的远程轮胎压力监测模块（采样端）和安装在汽车驾驶台上的接收和显示模块（监测端）。直接安装在每个轮胎里测量轮胎压力和温度的模块，将测量得到的信号调制后通过高频无线电波［RF（射频）］发射出去。一个 TPMS 有 4 个或 5 个（包括备用胎）TPMS 监测模块。接收模块接收 TPMS 监测模块发射的信号，将各个轮胎的压力和温度数据显示在屏幕上，供驾驶员参考。如果轮胎的压力或温度

出现异常，中央监视器根据异常情况，发出报警信号，提醒驾驶员采取必要的措施。

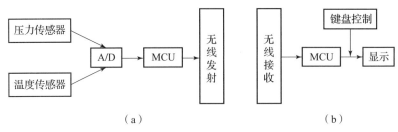

图 5-57 直接主动式 TPMS 的结构图
(a) 采样端结构图；(b) 监测端结构图

由于汽车在实际行驶过程中，轮胎气压总是在一定范围内波动变化的，为了检测到轮胎气压的准确状态，程序设计成在 200 次的连续采样次数内，若有连续的 20 次采得的气压值都属于同一个胎压状态，则认为气压状态是稳定（未必是正常的）的，可以将该胎压状态发送出去；若在 200 次的连续采样次数内，没有连续的 20 次采得的气压值都属于同一个胎压状态，则说明此时气压不稳定，必须重新开始新一轮的连续 200 次采样。

3. 复合式 TPMS

复合式 TPMS 兼具有 PSB TPMS 和 WSB TPMS 两个系统的优点。在两个互相成对角的轮胎内装备直接传感器，并安装一个四轮间接系统。与直接式 TPMS 相比，这种复合式系统可以降低成本，同时克服间接式 TPMS 不能检测出多个轮胎同时出现气压过低的缺点。但是复合式 TPMS 还是不能像 PSB 那样提供所有轮胎的实际压力实时数据显示。

5.6.3 轮胎压力监测系统组件

一个直接式 TPMS 包括 4 个或 5 个（取决于备胎是否装备传感器）轮胎模块和一个中央接收器模块。轮胎模块由压力传感器、温度传感器、控制模块[如 ASIC（专用集成电路）或 MCU（微型控制器）]、发射器和天线以及电池组成，还可以包括更多的外部系统，如启动发射的低频（LF）探测器（使模块不仅仅作为发射器，还可以作为收发器使用）、惯性开关或无内置电池的电源等装置。NHTSA（美国高速公路安全管理局）并不要求这些功能，但它们可以使系统更加完善。一个简单的接收器模块由一根中央天线、一个接收器 IC（集成电路）和一个与车辆其余部分相连接的接口组成。

5.6.4　TPMS 的发展趋势

汽车轮胎压力监测系统出现的时间还不长,很多方面的功能还需进一步完善,例如以下几个方面。

(1) 系统需进一步集成化。轮胎监测模块的传感器、微处理器和射频发射电路集成在同一块芯片上,中央监测模块的射频接收电路和微处理器集成在同一块芯片上,实现系统的小型化和高度集成化。

(2) 系统无源化。通过电磁感应技术实现轮胎监测模块自给供电,降低系统的功耗并延长系统使用寿命。

(3) 系统的可靠性需进一步增强。现有的抗干扰技术还不能完全解决系统面临的复杂环境问题,当前国内大部分 TPMS 仍然存在抗干扰能力差的问题,要使 TPMS 真正普及化,这方面还有待进一步加强。

5.7　车道保持辅助系统

车道保持辅助(lane keeping assist,LKA)系统采用数字摄像机记录车道标记,并且智能检测汽车在道路上的位置。只要汽车在行驶中逼近任何一条边界线、车辆将要驶离正常的车道时,如驾驶员来不及做出反应,该系统能够根据偏移的程度自动修正驾驶方向,给予警告提示。该系统在驾驶员交谈、疲劳、听音乐等分散注意力的情况下,能有效地减少交通事故的发生。

5.7.1　分类和组成

根据汽车偏离车道时所采取的措施不同,车道保持辅助系统分为两种类型,一类为车道偏离提醒——当汽车偏离正常车道时,系统通过振动方向盘,以提醒驾驶员注意;另一类为车道偏离干预——当汽车偏离正常车道时,系统会对方向盘施加一个纠正力矩(不低于 2 N·m),促使汽车回到正确的车道上。

车道保持辅助系统的组成如图 5-58 所示。摄像机安装在车内后视镜区域内的挡风玻璃处。摄像机的拍摄范围包括至车辆前方最远大约 40 m 处,至车辆左右两侧最远大约 5 m。

图 5-58 车道保持辅助系统的组成

5.7.2 工作原理

汽车车道保持辅助系统是基于图像识别以及图像处理技术，该系统主要由图像传感器及负责图像处理的控制器组成。图像传感器安装在前挡风玻璃上方，它采集车辆前方 20~60 m 范围内场景的图像信息，并且发送给控制器。控制器根据得到的场景信息进行分析，抽取其中的特征建立三维模型或二维模型，从而得出车辆两侧的车道线，并将车道线与车辆的行驶方向进行比较，当存在交叉时，控制器认为汽车已经或正在偏离正确的车道，将做出相应的提示。

如图 5-59 所示，系统根据车辆偏离车道中央、偏离行驶方向和车辆半径计算出辅助操舵力，对应偏离的程度来控制 EPS 施加的操舵力大小，辅助驾驶员操控方向盘。车辆行驶方向的控制是在驾驶员的操舵力上增加这个控制操舵力。

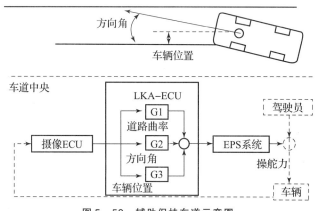

图 5-59 辅助保持车道示意图

5.7.3 功能

车辆保持辅助系统主要功能如下。

1. 直道上的车辆保持功能

借助识别出的车道标线,车道保持辅助系统计算出一条可使车辆沿其行驶的虚拟车道。除此之外,该系统还会确定车辆相对于该虚拟车道的位置。如车道将要偏离虚拟车道,那么车道保持辅助系统便会借助电控机械式转向系统,施加一个修正力矩(最大 3 N·m),以修正车辆的偏移,在这种情况下,转向力矩的大小取决于车辆与识别出的车道标线之间的夹角,而且转向干预最长一般持续 100 s,如果车辆在这段时间内重新按车道走向行驶,修正过程结束。如果该力矩不足以修正转向,那么电控机械式转向助力电机便会振动转向系,使驾驶员感到方向盘振动,从而对其发出警告。驾驶员也可通过主动的转向操作,随时终止转向干预过程,例如,驾驶员未打开转向灯时也可进行变道。

2. 弯道上的车道保持功能

即使是在一段很长的弯道上,也就是说弯道半径很大时,如果车辆偏离系统计算出虚拟车道,那么车道保持辅助系统也可以实施干预。在此情况下,车道保持辅助系统虚拟车道时,使弯道内侧的虚拟车道边缘线尽量接近系统识别到的弯道内侧车道标线。通过这种方式,驾驶员可以轻松地切线驶入。而车道保持辅助系统不进行修正性转向干预。

如果在最多 100 s 的干预时间内,系统无法使车道保持在弯道内行驶,那么便会给予驾驶员振动告警并发出电子警告音,同时在组合仪表的显示屏上显示一条文字信息,要求驾驶员接管转向操作。

第 6 章

车辆被动安全技术

被动安全技术是指当事故发生后采取的避免或减轻对驾乘员伤害的技术措施。与主动安全不同，主动安全主要强调如何避免事故的发生，而被动安全则主要强调事故发生后如何降低对车内驾乘员的伤害。

6.1 概 述

通常将汽车的碰撞称为一次碰撞，而将人体与车内部件的碰撞称为二次碰撞。显然二次碰撞是由于一次碰撞导致人体与汽车快速相对运动而造成的。

驾乘员在碰撞过程中受到损伤的主要原因可归纳为以下四点。

（1）一次碰撞过程过分剧烈，以致传递到驾乘员身上的加速度值超过了人体的耐受极限，使人体器官受到损伤。

（2）碰撞过程中乘坐室外部刚硬物体（如发动机）侵入乘坐室内部，直接将驾乘员挤压伤亡。

（3）驾乘员在车内遭受单次或多次二次碰撞而受伤。

（4）在碰撞过程中，乘坐室变形太大，以致驾乘员缺乏生存空间而伤亡。

为降低事故发生时对驾乘员的伤害，所采取的技术措施主要包括安全车身结构和驾乘员保护系统两类。其中，安全车身结构主要是为了减少一次碰撞带来的危害，而驾乘员保护系统则是为了减少二次碰撞造成的驾乘员损伤或避免二次碰撞。

在安全车身结构方面，通常将汽车分为驾乘员安全区和缓冲吸能区。为避免驾乘员在汽车碰撞变形后产生挤压受伤，驾乘员安全区在碰撞中的变形越小越好；从缓冲吸能角度讲，缓冲吸能区的刚性应足够小，变形应足够大。为解决驾乘员安全区变形小与缓冲吸能区变形大的矛盾，汽车必须设计成"外柔内刚"式的结构，即驾乘员安全区和缓冲吸能区交界处设计成具有较大刚性的结构，而在缓冲吸能区外围应设计成具有较小刚性和较好缓冲吸能的结构。

在驾乘员保护系统方面，减少二次碰撞的可能性和对驾乘员的伤害的主要措施，包括安全带系统和安全气囊系统等。安全带的作用是使驾乘员在汽车碰撞时不飞离座椅而与汽车内饰件发生剧烈碰撞。安全气囊是避免驾乘员与汽车内饰件发生直接碰撞的有效手段。此外，可折叠的吸能方向盘、膝部的缓冲垫、车内饰件软化、仪表板的软化以及避免风窗玻璃碎片的侵害等，都可有效减少二次碰撞发生时对驾乘员的伤害。可折叠的吸能方向盘、车内饰件和仪表板的软化要考虑的因素主要是在保证基本刚度满足结构功能要求的前提下，提供尽可能好的缓冲吸能性能。

6.2 安全气囊

6.2.1 安全气囊保护原则

安全气囊系统是一种被动安全系统。

在车辆事故中，导致驾乘员遭受伤害的主要原因是二次碰撞。当汽车发生正面碰撞时，在惯性力的作用下，驾驶员面部或胸部可能与方向盘和风窗玻璃发生二次碰撞，前排乘员可能与仪表板发生二次碰撞，后排乘员可能与前排座椅发生二次碰撞。当汽车遭受侧面碰撞时，驾驶员和乘员可能与车门、车门玻璃或车门立柱发生二次碰撞。车速越高，惯性力越大，遭受伤害的程度就越高。车辆安全气囊的基本原则是：在发生一次碰撞后、二次碰撞前，迅速在驾乘员和车辆内部结构之间打开一个充满气体的袋子，使驾乘员扑在气囊上，避免或减缓二次碰撞，从而达到保护驾乘员的目的。由于驾乘员和气囊相碰时，振荡易造成驾乘员伤害，所以一般在气囊的背面开两个直径为 25 mm 左右的圆孔。这样，当驾乘员和气囊相碰时，借助圆孔的放气可减轻振荡，放气过程同时也是一个释放能量的过程，因此可以很快地吸收驾乘员的动能，有助于保护驾乘员。

6.2.2 安全气囊系统的组成

经过几十年的发展,诞生了多种类型的安全气囊。各型汽车 SRS 采用控制部件的结构、数量和安装位置各有不同,但是其基本组成大致相同,主要由传感器、SRS ECU、气囊组件等组成。

1. 传感器

汽车安全气囊系统中,根据作用,传感器分为两类,一类主要用于控制气囊点火器电源电路,防止因碰撞传感器意外短路而造成气囊误膨开,这类传感器称为安全传感器;另一类主要用于感知汽车碰撞的减速度,这类传感器称为碰撞传感器,有时也简称为碰撞传感器。

安全传感器通常采用机械式传感器,图 6-1 是一种典型结构的原理图。在没有发生碰撞时,在磁铁吸力作用下,动、静触点分开。当发生足够大的碰撞时,动触点在惯性力的作用下克服磁铁吸力向箭头方向移动,使动、静触点相吸,从而使气囊充气。

碰撞传感器通常采用电子式传感器,包括压电式加速度传感器(piezoelectric accelerometer)、压阻式加速度传感器(piezoresistive accelerometer)和智能式传感器(smart sensor)。图 6-2 为压电式加速度传感器原理图。当传感器受到冲击时,质量块的惯性力作用在压电晶体上,压电晶体在力的作用下产生电荷,将电荷进行处理就可以得到电压信号,通过测量传感器的输出电荷就能测量传感器所承受的加速度。

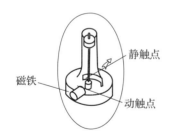

图 6-1 机械式安全气囊传感器

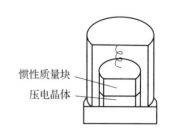

图 6-2 压电式加速度传感器原理图

智能传感器是一种将传感元件、信号适配器和滤波器等集成在一块芯片上的传感器,它具有可靠性好、功能强、大批量生产成本低等优点,但是技术要求高。目前智能传感器主要有压阻式和电容式两种,图 6-3 为压阻式智能传感器的示意图。悬臂梁及梁上的电阻片都在芯片内,芯片厚度是 500 μm,悬臂梁的厚度是 50 μm。所以悬臂梁在芯片内有一个变形空间,悬臂梁的质量就是惯性质量,当传感器承受冲击时,悬臂梁发生弯曲,从而使电阻片的电阻发生变化,集成在另一端的电路是一个电桥放大器,可以将电阻片的电阻变化信号放大后输出到芯片外。电容式加速度传感器同压阻式智能传感器相类似,也是采用微细加工工艺在芯片中制造一个可变电容,当发生碰撞时,电容发生变化,通过检测电容变化量就能检测碰撞的加速度。

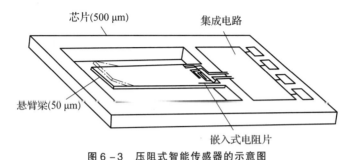

图6-3 压阻式智能传感器的示意图

在安全气囊系统电路中,各碰撞传感器并联,之后与安全传感器串联。只有当安全传感器与任意一只碰撞传感器同时接通时,点火引爆电路才能接通,气囊才能引爆充气。图6-4为Ford车辆安全气囊系统的电路原理。

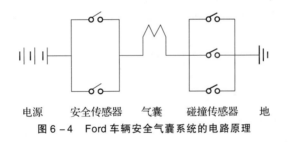

图6-4 Ford车辆安全气囊系统的电路原理

2. SRS ECU

SRS ECU是安全气囊系统的核心部件。当防护传感器与SRS ECU组装在一起时,SRS ECU应当安装在汽车纵向轴线上;当碰撞防护传感器与SRS ECU分开安装时,SRS ECU安装位置依车型而异。

SRS ECU电路原理框图如图6-5所示。其主要由专用中央处理单元、备用电源电路、稳压保护电路等组成。

1)专用中央处理单元

专用中央处理单元由模/数转换器、数/模转换器、串行输入/输出接口等组成,其主要功用是监测汽车纵向减速度是否达到设定值,以控制气囊点火器引爆电路。

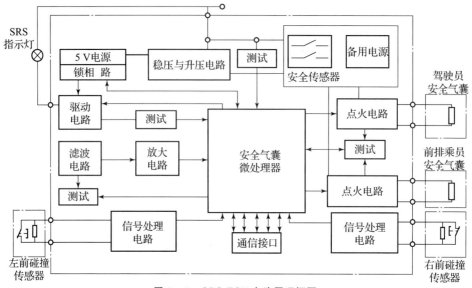

图 6-5 SRS ECU 电路原理框图

此外还对传感器电路、备用电源电路、点火电路、SRS 指示灯及其驱动电路不断进行诊断测试，通过 SRS 指示灯和存储器故障码来显示测试结果。仪表板上的 SRS 指示灯可直接向驾驶员提供 SRS 的状态信息。

2）信号处理电路

信号处理电路主要由放大器和滤波器组成，其功用是对传感器检测的信号进行放大整形和滤波处理，以便专用中央处理单元接收与识别。

3）备用电源电路

SRS 有两个电源，一个是汽车电源（蓄电池和交流发电机），另一个是备用电源。备用电源由电源控制电路和若干个电容器组成，其功用是：当汽车遭受碰撞而导致蓄电池或交流发电机与 SRS ECU 之间的电路切断时，备用电源能在 6 s 之内向点火器供给足够的点火能量引爆点火剂，以保持 SRS 的正常功能。时间超过 6 s 之后，备用电源供电能力降低，SRS ECU 备用电源不能保证电脑测出碰撞和发出点火指令；点火备用电源不能供给最小点火能量，气囊将不能充气膨开。

4）稳压保护电路

在汽车电器系统中，许多电器部件带有电感线圈，电器负载变化频繁。当线圈电流接通或切断、开关接通或断开、负载电流突然变化时，都会产生瞬时脉冲电压即过电压，这些过电压如果加到 SRS 电路上，系统中的电子元件可能因电压过高而损坏。为了防止 SRS 元件遭受损害，SRS ECU 中必须设置保护电路。同时，为了保证汽车电源电压变化时 SRS 能正常工作，还必须设置稳压电路。

3. 气囊组件

气囊组件由气囊、气囊点火器和气体发生器等组成。驾驶席气囊组件安装在方向盘的中央，前排乘员席气囊组件安装在副驾驶员席座椅正前方的仪表板上。

1）气囊

气囊通常用尼龙布制成，内层涂有聚氯丁二烯，用以密闭气体，尼龙布上还有些排气用的小孔。气囊充气膨胀展开后，能吸收冲击能量，使乘员的头部和胸部降低受伤率及受伤程度。而气囊上设置小孔可在气囊充气后通过小孔排气，使气囊逐渐变软，以增强缓冲作用，并在气囊起作用后，不会有膨胀的体积而影响车内人员的适当活动。

气囊在静止状态时，像降落伞未打开时一样折叠成包，安放在气体发生器上部与气囊饰盖之间。气囊开口一侧固定在气囊安装支架上，先用金属垫圈与气囊支架座圈将气囊与气体发生器固定在一起，以便承受气体压力的冲击。

气囊的形式有两种：一种体积比较大，可单独起保护作用，即使乘员不系安全带也能起到良好的保护作用，发生碰撞时，气囊要保护人的头部和胸部。一种体积较小，与安全带配合使用，是将安全气囊与三点式安全带共同组成一个乘员保护系统使之达到最佳的乘员保护效果。当低速碰撞时，主要是安全带对乘员起保护作用，当发生高速碰撞时，才启动气囊对人进行保护，此时气囊主要保护人的面部，又称为"面袋"。

2）气囊点火器

气囊点火器外包铝箔，安装在气体发生器内部中央位置。其功用是根据 SRS ECU 的指令引爆点火剂，产生热量使充气剂分解。气囊点火器的结构如图 6-6 所示，主要由 ECU 的指令引爆炸药 1、药筒 2、引药 3、电热丝 4、电极 10 和引出导线 7 等组成。

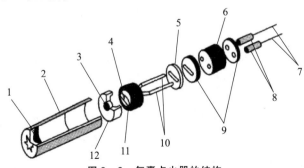

图 6-6 气囊点火器的结构

1—引爆炸药；2—药筒；3—引药；4—电热丝；5—陶瓷片；6—永久磁铁；7—引出导线；8—绝缘套管；9—绝缘垫片；10—电极；11—电热头；12—药托

气囊点火器的工作情况是：当 SRS ECU 发出点火指令使电热丝电路接通时，电热丝迅速红热引爆引药。炸药瞬间爆炸产生热量，药筒内温度和压力急剧升高并冲破药筒，使充气剂（叠氮化钠）受热分解并释放氮气充入气囊。

3）气体发生器

气体发生器又称为充气器，其结构如图 6-7 所示，由上盖 1、下盖 3、充气剂 4 和金属滤网 6 等组成，其功用是在点火器引爆点火剂时，产生气体向 SRS 充气，使气囊膨开。上盘与下盖用冷压工艺压装成一体。壳体内装充气剂、金属滤网和点火器。金属滤网安放在气体发生器壳体的内表面，用以过滤充气剂和点火剂燃烧产生的渣粒。

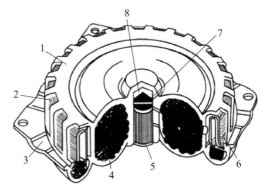

图 6-7 气体发生器结构

1—上盖；2—充气孔；3—下盖；4—充气剂；5—点火器药筒；
6—金属滤网；7—电热丝；8—引爆炸药

6.2.3 安全气囊系统工作原理

当汽车发生较严重碰撞时，碰撞传感器将汽车碰撞信息（汽车减速度）转换成相应的电信号输入电子控制器，与此同时，安全传感器内部的触点也在汽车减速惯性力的作用下闭合，接通点火器电源。电子控制器对碰撞传感器输入的信号进行分析处理后，迅速向点火器输出点火信号，点火器通电引燃点火剂并产生高温；使气体发生器产生大量气体，并经过滤与冷却后，充入安全气囊，使气囊在 30 ms 内突破衬垫而快速膨胀展开，在车内人员还没触及前方硬物之前，抢先在二者之间形成弹性气垫，并及时由小孔排气收缩，吸收强大惯性冲击能量，以保护人体头部、胸部，减轻受伤程度。如图 6-8 所示。

安全气囊系统工作流程如图 6-9 所示。接通点火开关后，安全气囊系统便开始工作，CPU 用自检子程序通过检测电路对安全气囊系统器件和电路逐个进行检查，如果有异常，SRS 警告灯就闪亮不熄，提示安全气囊系统有故障，

第 6 章　车辆被动安全技术

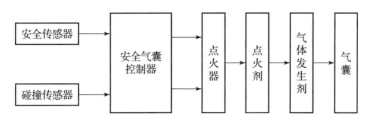

图 6-8　安全气囊工作原理示意图

需要读取故障码，检查并排除故障；如果均正常，则运行信号采集子程序，对各个传感器进行巡回检测，并运行信号分析与比较程序。

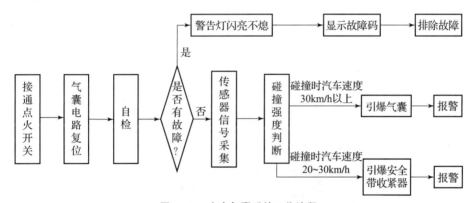

图 6-9　安全气囊系统工作流程

如果汽车运行中没有发生碰撞，CPU 在重复运行信号采集及分析比较程序的间隙，运行自检子程序，一旦检测到异常，便使 SRS 警告灯亮起，并在 RAM（随机存取机）中储存相应的故障码。

如果汽车运行中发生碰撞，但 CPU 分析比较其碰撞强度还不需要气囊膨胀（大约碰撞时汽车速度为 20~30 km/h），CPU 就只发出引爆安全带收紧器的指令，使安全带拉紧，以保护驾驶员与乘员。当碰撞强度很大（大约碰撞时汽车速度大于 30 km/h），CPU 发出引爆气囊充气装置和安全带收紧器指令，使安全气囊膨胀展开，同时安全带收紧。

6.3　安全带

汽车座椅安全带是重要的乘员保护约束系统设施之一，在减轻碰撞事故中乘员伤亡方面起着重要作用。系上安全带除了可防止乘员在碰撞事故中被抛出车外，还可以减少乘员与物件的二次撞击。随着安全带使用率的大幅升高，事故中乘员伤亡率也下降。统计数据表明，佩戴安全带使碰撞事故中乘员伤亡少 15%~30%。

6.3.1 预紧式安全带作用原理

预紧式安全带是近年来发展的一种安全带。一般来说，为了乘员的舒适，安全带的预紧力不能太大，安全带与人体之间总有一定的间隙，当乘员衣服较厚时，此间隙会较大。在碰撞时，这个间隙将缩小安全带的有效作用范围，降低安全带的效能。预紧式安全带是在普通安全带上增加预紧器构成的。预紧器可以与锁扣结合在一起（锁扣预紧器），也可以与卷收器结合在一起（卷收器预紧器）。安全带使用预紧器后，可在碰撞达到一定强度时，启动预紧器，带动锁扣回缩或卷收器回转，使得安全带缩短一定距离，有效消除间隙，可以提升安全带的作用（图 6-10）。

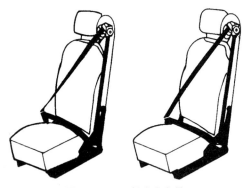

图 6-10 预紧式安全带

6.3.2 锁扣预紧器

锁扣预紧器使用火药作为动力，锁扣上面与织带相连，下面由钢丝绳与预紧器内的活塞相连。

发生碰撞时，其通过点火设备点爆安装在预紧器上的火药，火药燃烧产生气体充入气室内。活塞在气体的压力下向右移动，通过钢丝绳将锁扣向下拉回约 80 mm，消除安全带与乘员间的间隙。在活塞中安装有钢球，使得活塞只能向右移动，防止在安全带的拉力下活塞向左移动（图 6-11）。

6.3.3 卷收器预紧器

卷收器预紧器安装在卷收器的侧面，使用火药作为动力。发生事故时，点燃火药，推动齿条移动，从而带动卷收器回卷（图 6-12）。

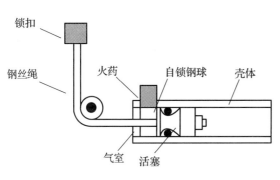 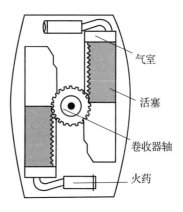

图 6-11 锁扣预紧器　　图 6-12 卷收器预紧器

参考文献

[1] 周云山,张军. 汽车电子控制技术[M]. 北京:机械工业出版社,2014.

[2] 凌永成,于京诺. 汽车电子控制技术[M]. 北京:北京大学出版社,2017.

[3] 李建秋,赵六奇,韩晓东. 汽车电子学教程[M]. 北京:清华大学出版社,2011.

[4] 魏民祥. 车辆电子学[M]. 北京:科学出版社,2016.

[5] 徐家龙. 柴油机电控喷油技术[M]. 北京:人民交通出版社,2004.

[6] 董辉. 汽车电子技术与传感器[M]. 北京:北京理工大学出版社,1995.

[7] 何忠波,张培林,白鸿柏,等. 轮式车辆概论[M]. 石家庄:军械工程学院,2007.

[8] 孙骏,汽车电子工程学[M]. 合肥:合肥工业大学出版社,2010.

[9] 麻友良,汽车电器与电子控制系统[M]. 北京:机械工业出版社,2018.

[10] 王尚勇. 现代柴油机电控喷油技术[M]. 北京:机械工业出版社,2013.

[11] 王尚勇. 柴油机电子控制技术[M]. 北京:机械工业出版社,2005.